Vom Hören und Staunen

Michael Depner

Vom Hören und Staunen
Sprache, Psyche und Wahrheit

Bibliographische Information der Deutschen Nationalbibliothek:
Die Deutsche Nationalbibliothek verzeichnet diese Publikation in der
Deutschen Nationalbibliographie, detaillierte bibliographische Daten
sind im Internet über http://dnb.dnb.de abrufbar.

© Michael Depner

Herstellung und Verlag:

BoD - Books on Demand Norderstedt

ISBN: 978-3-7386-2755-8

Inhalt

Einleitung   9

1. **Meinung**   12
   Die Meinung ist das Werkzeug verborgener Wünsche.
2. **Verstehen**   16
   Der Verstand drängt in die Ferne.
3. **Absicht**   19
   Manches Ziel steht für die Flucht vor einem Drachen.
4. **Lösung**   24
   Man ist das Problem, dessen Lösung man sucht.
5. **Suche**   28
   Aufzuwachen ist Etappenziel.
6. **Bedeutung**   30
   Jedes Wort beweist den Sinn der Welt.
7. **Wesen**   33
   Wesen sind, indem sie sich verwandeln.
8. **Arbeit**   41
   Arbeit ist das Schicksal der Waisen.
9. **Leben**   44
   Das Leben sucht die Versammlung des Ganzen.
10. **Wirklich**   47
    Unwirklich bleibt, wovon niemand weiß.
11. **Staunen**   53
    Nichts ist selbstverständlich.

12. **Wehr** 59
   Das Leben überwindet die Wirklichkeit.
13. **Recht auf Irrtum** 61
   Recht hat der Aufrichtige. Wenn er bejaht, dass er
   sein Ziel nicht kennt, hat er auch Recht, wenn er irrt.
14. **Urteil** 66
   Das Urteil ist die Ohnmacht Gottes.
15. **Sinn** 72
   Man reist, um zu entstehen.
16. **Zeit** 77
   Nach der Zeit kann man sich mit ihr versöhnen.
17. **Welt** 81
   Wer satt ist, hungert nach Freiheit.
18. **Wahrheit** 86
   Wahr ist, womit sich unser Wesen verträgt.
19. **Wahrnehmen** 89
   Teile Dir den Schutz zu,
   den die Wahrheit in Dir zum Wachsen braucht.
2o. **Objektiv und Subjektiv** 93
   Freiheit ist der Sturz in den Himmel des Seins.
21. **Sein** 97
   Das Sein ist mein Gesetz und ich bin seine Freiheit.
22. **Schwindel** 106
   Angst ist die Suche nach dem Heil in der Enge.
23. **Wissen** 109
   Humor ist liebender Mangel an Respekt vor sich selbst.

24.	**Himmel und Hölle**	115
	Tugend ist das Laster des moralischen Hochmuts.	
25.	**Gehören**	124
	Der Freie gehorcht der Wahrheit.	
26.	**Freiheit**	127
	Das Freisein im Frieden ist der König der Ziele.	
27.	**Verbrechen**	132
	Wer lebt, verbricht den Fortschritt.	
28.	**Erziehung**	138
	Erziehung ist Missbrauch.	
29.	**Nachricht**	146
	Wissen formt und richtet aus.	
30.	**Schule**	152
	Die Schule ist die Zerstreuung, vor der sie uns schützen sollte.	
31.	**Gut**	158
	Das Gute weist über seine Grenzen hinaus.	
32.	**Jenseits**	163
	Das Jenseits versteht sich ins Diesseits.	
33.	**Schlecht**	170
	Das Böse ist ehrlich besser als das Gute, das dahergeschlichen kommt.	
34.	**Trauer**	174
	Trauer und Hass sind die ungleichen Kinder des Schmerzes.	
35.	**Beachtung**	178
	Im Vergleich zu sich selbst ist man irreal.	

36. **Lunge** 184
   Mit Leichtigkeit tut man sich schwer.

EINLEITUNG

Die Idee zu diesem Buch entstand vor ein paar Jahren. Damals nahm ich an einer gestalttherapeutischen Ausbildung teil. Zur Ausbildung gehörte, dass jeder ein Referat zu einem selbst gewählten Thema seiner persönlichen Entwicklung halten sollte. Unbeeindruckt von der holprigen Ausdrucksweise wählte ich das Thema "Wie wachse ich in die Wirklichkeit des Hier-und-Jetzt?".

Die erste Antwort auf diese Frage hatte ich schon während ihrer Formulierung parat: "Durch Wahrnehmung und Handlung". So war unklar, ob ich nun eigentlich eine Frage beantwortete, oder ob ich sie nur für bereits bekannte Antworten vorgab. Außerdem, hätte mein Referat bloß aus der Überschrift und vier Worten Text bestanden, hätte ich wesentlich dreister sein müssen, als ich war, um dazu zu stehen und wäre dann doch nicht damit durchgekommen. Also musste eine umfangreichere Antwort her. Die Frage war tatsächlich wieder offen.

Auf der Suche nach einer Antwort wusste ich zunächst nicht, wo ich denn überhaupt suchen sollte. Sicherlich hatte sich noch nie jemand darüber Gedanken gemacht, wie ausgerechnet ich in die Wirklichkeit wachsen solle. Also lag es nahe, nach der Antwort in meinem eigenen Kopf zu suchen. Doch halt! Liefe ich damit nicht Gefahr, mir eine Antwort einfach auszudenken, sie mir sogar zurechtzuphantasieren und welche Anhaltspunkte außer meiner Selbstzufriedenheit hätte ich dann dafür, dass es auch die richtige Antwort ist? Lag denn die Antwort wirklich in meinem Bewusstsein, unter der einzigen Laterne, deren Lichtschein ich unmittelbar aufblenden kann oder würde es mir wie dem Betrunkenen gehen, der seinen Schlüssel vermutlich im Dunkeln verlorenen hat, ihn jetzt aber im Hellen sucht, weil er zur Suche das Laternenlicht zu brauchen glaubt?

Mir war bald klar, dass es viele verschiedene Antworten auf eine solche Frage gab. Je nachdem von welchem ersten Einfall ich ausging, führten die weiteren Assoziationen in unterschiedliche Richtungen. Eine der Möglichkeiten willkürlich zu wählen und durch diese Wahl zu behaupten, sie habe mehr Gewicht als die anderen, fand ich unbefriedigend.

Um eine größere Gewähr für die Qualität der Antwort zu erreichen, war es sinnvoll, nicht nur außerhalb der Frage, nämlich im subjektiven Lichtschein meines Denkens, sondern auch innerhalb der Frage selbst nach ihrer Antwort zu suchen. Die Idee war, dass eine Frage schon in der Struktur ihrer selbst, in der Komposition der Begriffe, aus der sie besteht, wesentliche Elemente zu ihrer Beantwortung bereithält. In der Annahme, dass in jedem Wort, das man zur Formulierung einer Frage benutzt ein ganzes Orchester sinnreicher Obertöne von Bedeutung mitschwingt - Bedeutungen, die zum eigentlichen Verständnis der Frage und so zu ihrer Beantwortung wichtig sind - galt es also, sich mit der Sichtweise eines Etymologen an die Arbeit zu machen. Es galt, die horizontale Suche nach der Antwort im Horizont des eigenen Denkens, durch spracharchäologische Grabungen vertikal in die Tiefe der Entwicklungsgeschichte der Wörter abzusichern.

Ich kaufte mir also das Herkunftswörterbuch des Dudenverlages und untersuchte die bedeutungsvollen Querverbindungen der Begriffe "wie", "wachsen", "Wirklichkeit" und so weiter zu den Mitgliedern ihrer Sinnfamilien. Je mehr ich den Sinn einzelner Wörter aus ihrer Entstehungsgeschichte, wenn möglich bis in die Schicht der indogermanischen Sprachendämmerung, ausgrub, desto deutlicher wurde mir, dass Wörter keine zufälligen Klanghülsen sind, die chaotisch und ohne Bezug zueinander von der menschlichen Willkür geschaffen, benutzt und wieder verworfen würden. Wörter wachsen vielmehr aus miteinander verwandten Familien, Sippen, Schwestern- und Vetternschaften heraus. Sie sind auch über große Entfernungen durch sinnhafte Schleichwege in eine Ganzheit verstehbarer Vorstellungen gebunden. Dieses Ganze ist keine leblose Abstraktion platonischer Ideen, die losgelöst von dem der an sie dächte in einem virtuellen Raume schwebt, sondern Organ und Werkzeug eines lebenden Geistes. Da ins Sinngeflecht des "Ganzen" auch der "Mensch", die "Seele", "du" und "ich" verwoben sind, ist dieser abstrakte Geist so handfest und konkret wie Erdreich, Saft und Blut.

Wie dem auch immer sei, durch die beschriebene Methode kam ich an genügend Stoff, um mir daraus ein Referat zurechtzustricken. Die Arbeit am Referat machte mir soviel Spaß, dass ich für später plante, nach dem selben Muster ein ganzes Buch zu schreiben. Vor drei Jahren habe ich damit begonnen. Bis dahin, wo ich es nun belasse wie es ist, habe ich es mehrfach überarbeitet. Es ist anders geworden, als ich anfangs dachte.

Vor drei Jahren glaubte ich, mit Hilfe der Wortarchäologie könne man eine weitgehend objektive Denkgenauigkeit erreichen, so dass es ein paar hundert Jahre nach Descartes doch noch gelänge, aus dem eigenen Denken eine quasi halbmathematische Wissenschaft zu machen. Dieses Ziel war unmöglich zu erreichen, selbst wenn ich mich genau ans Belegbare hielt und meine Phantasie in Fesseln legte. Es ergab bloß hölzerne Stereotypien, die für ein kurzes Referat wohl noch angingen, in einem längeren Text aber unerträglich klangen. Also gab ich den wissenschaftlichen Anspruch auf, befreite die mit den Hufen scharrende Phantasie nonchalant aus ihrer Koppel und ließ mich im Denken gehen. Das hat mir gut getan. Die Impulse, die mir die Etymologie gab, das Verständnis von uralten Wurzeln und erdfeuchter Schwerkraft gaben mir Halt und Sicherheit. Als deren Kontrapunkt genoss ich nun die Freiheit, mich manchmal von meiner altklugen Alltagsvernunft loszumachen und ein paar Dinge neu zu formulieren.

Die Wahl der untersuchten Wörter ist unsystematisch und folgt meiner persönlichen Neugier. Die Schreibweise der erschlossenen indogermanischen Stämme orientiert sich an der des Dudenverlages. Thematisch behandelt jedes Kapitel einen Begriff und einige seiner Sinnverwandtschaften. Kaum auszudenken ist die Vielfalt der Sinnbezüge, die sich zwischen den einzelnen Kapiteln ergäbe. Es gibt dort so viele Schattierungen wie zwischen den zerfließenden Grundfarben eines Aquarells im Flimmerlicht der Mittagssonne.

Die Interpretationen, die sich jeweils ergeben sind situativ, subjektiv und poetisch. Sie sind um den analysierten Begriff zentriert. Trotzdem habe ich den Eindruck, dass hinter dem Vielen etwas Einheitliches erscheint.

1. **MEINUNG**
   Die Meinung ist das Werkzeug verborgener Wünsche.

Das deutsche Verb *"meinen"* kann im Stammbaum der indogermanischen Sprachen stolz auf zwei Ahnen verweisen, die viel über das ursprüngliche Wesen des Meinens verraten. Gemeint sind die Wörter *"mïan"* und *"meniti"*, deren begriffliches Erbe neben anderen Einflüssen noch heute den Sinn des Meinens bereichert. "Mïan" hieß altirisch "der Wunsch, das Verlangen", "meniti" ist das altslawische Wort für "wähnen". Beide Wurzeln geben Auskunft darüber, welche Kräfte in der Tiefe eines Geistes wirken, der scheinbar eifrig wie ein bescheidener Diener der Weisheit arglos schreibt, was er über die Bedeutung des Meinens meint.

Der eigene Geist hantiert bereits, bevor er richtig denkt und wirklich etwas wissen will, geschickt mit einem ganzen Bündel stets parater Meinungen. Mehr bequem als weise übernimmt er sie von Freunden, Vorgesetzten und Experten, von Menschen also mit denen er verbündet ist und deren Unterstützung er sich wünscht oder, ohne dass er viel davon bemerkt, bilden sich die Meinungen im Schattenreich des Unbewussten ganz von selbst. Dann sind sie plötzlich einfach da, wenn das Stichwort fällt, zu dem sie passen.

Egal woher nun eine Meinung auch stammen mag, sobald man sie einmal bei sich hat, lässt man sie nur ungern wieder los, denn ohne Meinungen wäre man nackt, ausgesetzt und irgendwie zerbrechlich. Ist man nämlich mit Meinungen gewappnet, kann man, im Falle eines Falles, sofort damit Kontra geben. Beim Wortgefecht trägt man sie wie Schild und Lanze, als das Wappen einer respektablen Persönlichkeit mit selbstbewusster Stimme vor sich her. Mit wehrhaften Meinungen versucht man sich so in einer achtlosen Welt Respekt zu verschaffen und hat man einem unverschämten Widersacher laut und deutlich "einmal die Meinung gesagt", fühlt man sich doch gleich viel besser. Durch die Hebelkraft der Meinungen trachtet man die Welt von sich zu überzeugen und man verteidigt seine Hebel mit listenreicher Leidenschaft, als sei man seine Meinung selbst; denn erst wenn man eine Meinung hat, fühlt man sich berufen, sich als ihr berechtigter Vertreter gebührend Platz zu schaffen.

Meinungen sind aber nicht nur Waffen im wilden Wortgefecht. Wo es friedlicher zugeht sind sie gängige Handelsware zum sozialen Austausch. Beim Meinungsaustausch entsteht ein vorsichtiger Kontakt, indem man gibt und nimmt. Man nimmt sich den Platz und das Recht sich durch Meinung zu äußern. Als Dank dafür verleiht man ein offenes Ohr und wendet sich den Argumenten der anderen zu. So entsteht eine Gemeinsamkeit zu der man sich zum Austausch der Meinungen zusammentut. Hätte man keine eigene Meinung zum Sachverhalt, über den gesprochen wird, stünde man beim Austausch mit leeren Händen da und stünde daher ziemlich abseits, denn wer nichts zu geben hat, ist auf dem Marktplatz nicht mehr als ein Zuschauer, den das Getriebe in seinem emsigen Treiben übersieht. Gefragt könnte er ja auch nur mit den Schultern zucken. Wer nichts meint, ist in mancher Gemeinschaft als wäre er nicht da. Wer nicht nur abseits stehen und tatenlos dem Lauf der Dinge zusehen will, braucht daher eine Meinung, damit er mit ihr, im Auftrag tieferer Motive, herausrücken kann.

Wäre besser bekannt, dass der Sinn des "Meinens" mit "Minne" verwandt ist, kämen die verborgenen Motive aus der Tiefe zum Vorschein und so mancher Meinungsstreit wie der einfache Austausch von Meinungen hätte ein anderes Gewicht. Dann wäre deutlicher, dass nicht nur über die objektiven Sachverhalte gestritten und verhandelt wird, sondern mehr noch über die persönlichen Wünsche und Neigungen der streitbaren Meinungsvertreter. Das Wort "Minne" geht nämlich wie die "Meinung" auf jenes keltische Wort "mïan = der Wunsch, das Verlangen" zurück.

Hinter dem Verlangen nach Zustimmung zur eigenen Meinung stecken also, ebenso wie hinter den Wünschen der "Minne" mittelalterlicher Lautenspieler Bedürfnisse, die sich nach Erfüllung sehnen. Diese Bedürfnisse verzerren die Sicht dessen, der, ohne das Bedürfnis in seiner Meinung zu entdecken, insgeheim auf seine Erfüllung hofft. So sind Meinungen das Produkt selektiver Wahrnehmung. Sie sprechen über die gemeinten Sachverhalte und bergen im gleichen Zuge die verborgenen Wünsche dessen, der sie meint. Meinungen sind die Sichtweisen und heimlichen Werkzeuge des Hungers. Sie sind schamhafte Verkleidungen der Sehnsucht. Wer meint, der braucht.

Wer etwas meint, könnte also, wenn es denn wirklichen Erfolg verspräche, auch offen seine Wünsche äußern. Mal tut er es nicht aus Feigheit, mal unterlässt er es aus Klugheit; denn sich derart selbst zu offenbaren ist das eine Mal ein ängstlich vermiedenes Wagnis, so dass der Feige nichts gewinnt, das andere Mal aber raubte die nackte Offenbarung des Wunsches ihm den ganzen Charme und damit die

Hoffnung, dass das Wagnis etwas nützt. Dann ist es besser weise zu meinen; solange man trotzdem weiß, was man sich wünscht.

Daraus, dass Meinungen maskierte Wünsche sind, erwächst die Leidenschaft, mit der man sie verficht. Gäbe man seine Meinungen auf, verzichtete man auf die Erfüllung seiner Wünsche und dagegen leistet man zähen Widerstand. Wenn Wünsche schon unausgedrückt im Dunkeln bleiben, so will man sie wenigstens als Meinung gut verkleiden und man hofft darauf, dass man auf dem Maskenball jemanden findet, dessen Kostüm zum eigenen passt.

Die Leidenschaft im Meinungsstreit schürt sich durch die Hoffnung, darbende Wünsche würden doch eines guten Tages beim Happyend der Welt erfüllt, könnte man diese Welt doch nur von der Richtigkeit seiner Meinung überzeugen. Dann sähe die Welt ihre Fehler ein, hörte auf so widerspenstig zu sein und könnte all ihre Schuld mit Zins und Zinseszins begleichen. Wer sich selbst seine Wünsche nicht eingesteht, erwartet, dass die Welt ihm mütterlich ihre Erfüllung zugesteht. Er wartet meist vergebens und verkriecht sich vor der vermeintlich gemeinen Welt in die sichere Burg seiner Meinungen. Seine Bitterkeit versteckt er hinter dem hageren Stolz, zwar dürr aber recht klug zu sein.

Je mehr Meinungen jemand also hat, desto unklarer sind ihm seine Wünsche. Übermäßiges Meinen ist eine schlechte Angewohnheit, die entsteht, weil man die Freilegung seiner Wünsche fürchtet oder den zielstrebigen Griff nach dem Gewünschten vermeidet; man könnte beim Zugreifen nämlich schmerzhaft eins auf die Pfoten bekommen. Statt sich Meinungen zu bilden, sollte man sich besser davon befreien. Dann beginnt man zu ahnen, was man wirklich will. Wer nichts mehr meint, weiß was er sich wünscht.

Noch zweideutiger wird der Wert der Meinungen, wenn man die altslawische Wurzel des Meinens "meniti = wähnen" bedenkt. Man stelle sich vor, im Parlament, beim Disput am Stammtisch oder überall täglich im tausendfachen Alltag hieße es nicht:
"Meiner Meinung nach sollte....", sondern...
"Ginge es nach meinem Wahn..."
Eine derart eindeutige Rede würde manchen ohne Zweifel rasch aus seinem Meinungswahn erwecken. Das Meinen entpuppte sich als blindes Erraten einer rätselhaften Wirklichkeit und kaum noch jemand wagte es, sich auf eine Meinung allzu lange zu versteifen.

Nur noch in der geschlossenen Anstalt würde so ganz spontan gemeint, ohne dass der, der da arglos zu meinen wähnt, darüber stutzig würde. Andernorts wäre man eingedenk der Widersprüchlichkeit der Welt der Meinung, dass weiteres Meinen nur mit Vorsicht zu genießen sei, so als könne man davon, wie durch eine Überdosis Rauschgift, einem üblen Wahn verfallen. Man ahnte ohne zu verstehen, dass hinter dem Schleier der gewähnten Meinung die Welt bereits unbegreifbar ihren Wünschen gegenwärtig und dass die Wirklichkeit mehr wahre Form als Hindernis der Wünsche ist. Besser ist man aber ratlos als wunschblind von der eigenen Meinung überzeugt. Eine eigene Meinung, von der er nicht schon Abstand nimmt, enteignet ihren Eigner nämlich der Gegenwart seiner Wünsche.

Das Thema "Meinung" führt zum Begriff der "Überzeugung", denn eine Meinung, von der man nicht mehr überzeugt ist, ist schon keine richtige Meinung mehr. Sie ist bestenfalls noch ein Denkmodell. Der von seiner Meinung freie Mensch kann Denkmodelle handhaben, so wie es seinen Zielen nützlich ist. Hier verfügt der Mensch über das Denken. Anders bei dem, der in seiner Meinung gefangen ist. Da verfügt das Modell über den Menschen. Es lohnt sich also, ein Denkmodell davon zu entwerfen, wie das Überzeugtsein zur Sklaverei des Meinungsjochs beiträgt. Im Ansatz dazu greifen wir die Silbe *"zeug"* heraus.

Die Silbe *"zeug"* beim Überzeugtsein geht auf *"Zeuge"* und der geht auf das Stammwort *"ziehen"* zurück. Es ist daher nicht ganz abwegig, jegliches Überzeugtsein überhaupt für überzogen zu halten. Wer überzeugt ist, hat die Zeugen über sich. Was macht er denn da unten? Er sollte zusehen, dass er mit den Zeugen auf gleiche Höhe kommt, sonst verspannt er sich im Nacken!

Verwandt mit dem Begriff der *"Überzeugung"* sind die *Wörter "Zaumzeug", "Zögling", "Zucht", "Zügel"* und *"zögern"*. Der Überzeugte ist der gezüchtigte Zögling, der sich vom Zaumzeug und den Zügeln seiner Meinungen gängeln lässt. Er zögert, das "über" abzuschütteln und nur noch Zeuge seiner selbst zu sein.

Wer durch diese Polemik von der Fragwürdigkeit des Überzeugtseins noch nicht überzeugt ist, und es auch dann nicht wird, wenn er sich angehört hat, mit welcher anrüchigen Wortfamilie das Überzeugtsein im gemeinen Gleichklang steht, nämlich mit Wörtern wie: "überfordert", "übergeben", "übergangen", "überlebt", "übermannt", "übernächtigt", "überrumpelt" und "überspannt", der erkenne daran, dass das Wesen der Überzeugung auch ganz anders ist, als es die bedürftige Meinung des Autors zunächst wähnen will.

2. VERSTEHEN
Der Verstand drängt fort in die Ferne.

Die Verständigung miteinander und das Verständnis der Wirklichkeit sind die Ziele des Verstandes. Ohne ihn blieben die menschlichen Reaktionen auf seine Umwelt blinde Reflexe und das wenige an scheinbarer Kommunikation wäre das Werk unverstandener Instinkte.

Der Begriff *"Verstand"* setzt sich aus der Vorsilbe *"Ver"* und dem Hauptwort *"Stand"* zusammen. Der "Stand" im Sinne dessen, was man an einem Standort einnimmt, ist das Hauptwort zum Verb *"stehen"*. Damit verwandt ist eine verzweigte Sippe weiterer Wörter, die uns in der Alltagssprache geläufig sind und bei deren Erwähnung man sowohl vom Wortklang als auch vom zu Grunde liegenden Gedanken her den gemeinsamen indogermanischen Urgroßvater *"st[h]a-* = stehen, stellen" leicht erkennen kann. Als Beispiele aus dieser Wortfamilie seien hier die *"Stadt"*, die *"Stätte"*, *"stabil"*, der *"Stuhl"*, das *"Gestell"*, das *"Gestade"*, *"staunen"*, *"stur"* und der *"Stab"* genannt. Bei all den hier aufgezählten Begriffen deutet der gemeinsame Stabreim auf die Idee der Stabilität und einer unbeweglichen Unverrückbarkeit hin, die zwar nur bei der "Stadt", der "Stätte" und dem "Gestade" nach menschlichem Ermessen Vollständigkeit erreicht, die aber auch beim "Stuhl", dem "Gestell" und dem "Stab" als Zielvorgabe anklingt. Die Starre der Sturheit ist offensichtlich, die des Erstaunten wird an seinem plötzlichen Innehalten erkennbar.

Im Suffix *"ver"* sind drei Silben zu einer einzigen verschmolzen, die im Gotischen noch voneinander getrennt waren:
"faír = heraus", *"faúr* = vor, vorbei" und *"fra* = weg".
Noch früher, bei den Römern, lauteten diese Vorsilben *"per"*, *"por"* und *"pro"*, und ganz ähnlich klang es bei den Griechen: *"peri"*, *"par"* und *"pro"*.
Die gemeinsame indogermanische Wurzel, der diese drei Silben entspringen, benannte als Vorstellung ein "Hinausführen-über". Mit der Vorsilbe "ver" bezeichnet die Sprache gemäß dieser Tradition verbaler Symbole eine Bewegung, die ihren Ursprung verlässt und hinaus, nach draußen, ins Offene drängt.

Durch den Verstand wird so der Unbeweglichkeit des "Standes" im Suffix "ver" ein Kontrapunkt gesetzt, so dass dem, was über das feste Gestade hinausführt eine Heimat bleibt, um deren Sicherheit herum sich das Starre im Spiel von seiner Sturheit befreien kann.

Der gemeinte Inhalt des "Hinausführens-über-etwas" klingt in den Wörtern *"für"*, *"fort"* und *"fern"* deutlich durch. Auch diese drei stammen wie das Suffix "ver" aus derselben ursprachlichen Quelle. Folgender Gedankengang kann die Sinnverwandtschaft der Idee vom Verstand mit den Wörtern "für", "fort" und "fern" verdeutlichen:

Ist man verständig, führt der Verstand über den Standort des bisher Gedachten hinaus. Für mehr Verständnis weitet man seinen Horizont aus und greift damit nach dem, was bisher in der Ferne lag. So führt der Verstand fort von dort, wo man einmal auf vertrautem Boden fest und sicher stand. Man versteht nichts neu, ohne sich damit vom ursprünglichen Verständnis der Dinge zu entfernen. Verstehen ist Abschied und Aufbruch. Versteht man nicht, bleibt man im jenem überschaubaren Geistesdorf zurück, das den engeren Horizont der Vergangenheit umfasst. Dort ist alles in gewohnter Nähe. Dort ruhen die Dinge in gewohnten Grenzen, die man bereits so gut kennt, dass man sie zu verstehen vergisst.

Wen wundert es da, dass Reisen bildet, wenn das Verstehen an sich schon ein Verlassen der gewohnten Heimat ist. Das Wort "Verstand" heißt verständlich übersetzt "das Verschieben des Standortes" oder noch besser "das Über-das-Unbewegliche-hinausgehen". Der Verstand versteht sich nicht als feste Position oder als ein wägbares Vermögen der menschlichen Seele, sondern als Ruf zum Aufbruch in die Ferne ist "Verstehen" immer schon Bewegung und Verwandlung dessen, was sich da bewegt. Mit der Zahl der Standorte, zu denen ein Verstand hinüberwechseln kann, wächst mit der Beweglichkeit auch der sichere Boden einer neuen Stabilität.

Der eigene Standort ist stets dort, von wo aus man die Dinge sieht. Er ist damit der Brennpunkt einer Perspektive (perspicere = durchblicken). Er ist der Punkt, an dem man in der Welt und damit zwischen ihren Elementen steht und von wo aus man durch sie hindurch zur Unendlichkeit einer unabgrenzbaren Ferne blickt.

"Dazwischen-sein" heißt auf lateinisch "inter-esse". Ein Standpunkt, an dem man zwischen den Elementen seiner Umwelt steht, ist daher der Brennpunkt eines persönlichen Interesses. Im Brennpunkt einer Linse wird ein Bild deutlich, weil das Licht im Brennpunkt scharf gebündelt wird. Das Bild, das dem Seher als Ich in seiner Seele deutlich wird, ist das Bündel seiner Interessen. In dem, der sieht werden seine Interessen sichtbar. Man ist so die Sichtweise seines eigenen Seins. Jemand ist, was das Sein von ihm sieht.

Als Individuum ist man Abbild und Brennpunkt seiner Interessen. Der Verstand führt, wenn man verständig ist und ihm folgt über das Bündel bisheriger Interessen hinaus. Wenn man ihn machen lässt, steigt der Verstand über das hinweg, was man bisher für sich hielt. Wer versteht, lässt ab.

Die Wendung "was-man-für-sich-hält" meint zweierlei: sowohl "womit man sich gleichsetzt" als auch "was man für sich festhält". Solange es eine Ferne zu verstehen gibt, versucht der Verstand uns zu verlassen. Er ist der Bewegungsimpuls, der versucht die Grenzen der Individualität zu überwinden. Wer sich sträubt, mit dem Verstand von sich fort zu gehen und als vorübergehende Metapher zu erkennen, was er bis dahin als feste Trutzburg des eigenen "Mit-sich-identisch-Seins" hielt, wird den Verstand verlieren. Verstand ist der Versuch, die Trennung der Gegensätze, die starr und unbeweglich auseinanderragen in jene Einheit zu verschmelzen, in der Widerspruch Bejahung ist. Im Verstehen sind Gewinn und Verlust, Sieg und Niederlage, Tod und Geburt ein und dasselbe. Der Verstand macht sich auf den Weg und durchquert die feste Struktur.

Ein unverständiger Esel hat es verständlicherweise leichter. Der Esel ist stur, weil er von dort, wo er in sich steht, nicht fort kann, selbst wenn er in Galopp verfiele. Er kann nicht aus sich heraus; er steht stur auf der Stelle, weil er zwar einen festen Stand hat, aber kein "für" und kein "fern" und kein "fort". Er geht und steht ohne Verstand. Solange er die Welt nur von sich aus kennt, von dort, von wo aus seine Augen die saftigste Karotte sehen, weiß er nichts von sich und der Eselei in seiner Welt. Er kann sich selbst nicht sehen. Er weiß nicht, dass es ihn gibt und dass er, obwohl er doch eigentlich eselhaft stur ist, einen Reiter durch die Gegend trägt, weil der ihm seine Sturheit mit einer Karotte überlistet. Kein Esel kann deshalb sagen:

"Ich bin der Esel Jonathan und ich bin stur, obwohl ich auch nachgiebig bin. Ich stehe für mich, obwohl ich auch fort von mir könnte".

Erst durch das Verstehen, dadurch dass man sich aus sich herausstellt und dass einem als Esel der Kopf woanders steht als im Bauch und in den Beinen, entsteht dem, der weiß, ein Bewusstsein seiner selbst. Selbstbewusstsein entsteht, indem man sich selbst versteht, indem man aus sich selbst verrückt. Selbstbewusst wird ein Verstand, der sich abgerückt vom Recht auf seine Starre auch zulässt, wenn er schwindet.

Man versteht einen Sachverhalt nicht nur unverbindlich ins Blaue hinein, sondern der Verstand sucht nach dem "Für", denn das "Ver" in "Verstand" hat ja hörbar mit "für" und nichts mit "gegen" zu tun. Man hat immer nur Verständnis für etwas, nie gegen etwas. Daher ist der Verstand ein "Fürstand" und kein bloßer Gegenstand. Er ist ein reiner Bezug, der nur in der bejahenden Bewegung auf das Ferne zu tatsächlich ist. Er will seine Weite, damit er als Fürstand zum tragenden Boden dessen wird, was als Sache und Gegenstand sein Ausgangspunkt ist. So schöpft der Verstand aus der Quelle, die er selbst sprudeln lässt.

3. **ABSICHT**
Manches hehre Ziel steht für die Flucht vor einem Drachen.

Das indogermanische Quellwort der Silbe *"ab"* in *"Absicht"* heißt *"apo = ab, weg"*. Diese Vorsilbe taucht so zahlreich in deutschen Wörtern auf, dass man ohne sie kaum ein längeres Gespräch führen könnte. Wenn sie auftaucht, geht es um Trennung, Aufteilung und Abspaltung. Dieses besondere Thema und die Funktion der Vorsilbe "ab" soll zunächst durch den Gebrauch einer Reihe von Wörtern verdeutlicht werden, in denen die Trennung durch die besagte Silbe angekündigt wird:

Zwischen der Hand und dem, was ihr *abhanden* kam, klafft überhandbreit eine Lücke.

Im Stollen werden Erze *abgebaut*. Man bricht sie aus dem Berg, wo sie bis zu diesem Raub Jahrmillionen lang in ihrer dunklen Mutter ruhten und zerrt sie fort von ihrer wundgeschlagenen Lagerstätte.

Abstürzen in *Abgründe* gegenüber ist man *absolut* abgeneigt. Beim Abgrund besteht zwischen der Stelle, von der man *abrutscht* und jener wo man aufschlägt eine vertikale räumliche Trennung. Eine horizontale räumliche Trennung findet sich oben an der Kante und zwar zwischen der kritischen Abrutschstelle und jenem noch sicheren Ort, auf den zu man sich von der Abrutschstelle wegneigt. Absolut mag nun die *Abneigung* gegen Abstürze sein, passiert das Malheur aber doch, dann gibt man mit dem letzten Atemzug im freien Fall womöglich einen gellenden Schreckensschrei ab, dessen jäh abbrechende Vibrationen nach dem Aufschlag noch eine Zeitlang unterwegs zu den Ohren der umstehenden Hörer sind. Die mitteilsamen Vibrationen müssen nämlich erst den *Abstand* zwischen Hörer und Schreier überwinden. So absolut wie jene Abneigung gegen Abstürze ist auch die Verschrobenheit vorstehender Formulierungen. "Absolut" kommt von lateinisch *"ab-solvere"* und heißt losgelöst. Der Begriff "absolut" spricht also vom *Abgetrennten.*

Bei Ebbe fließt das Wasser ab, denn auch das Wort *"Ebbe"* ebbt mit einem Nachkommen der Silbe "apo" an.

Ein „*ab-er*" im Satz kündigt an, dass der, der da spricht, sich von dem, was er sagte, klammheimlich wieder absetzt. Auch das „aber" kommt von „*apo*" Man höre, was ein ehrgeiziger Redner mit geübter Überzeugung sagt: "Wir sind für die Erhaltung unserer Umwelt, brauchen aber neue Straßen".

Bei den Wahlen gibt das Volk seine Stimme *ab*. So kommt sie weg. Kein Wunder, dass die Mehrheit dann aufs Neue für vier Jahre schweigt. Von den Möglichkeiten artikulierten Ausdrucks bleibt es ihr zwischenzeitlich jedoch belassen, hoffnungsvoll auf Holz zu klopfen. Was die *Ab*geordneten derweil fernab beschließen, verschlägt der schweigenden Mehrheit manchmal über ihr Schweigen hinweg ihre Sprache.

Der *Ab*-ergläubische ist vom wahren Glauben abgefallen. Wehe ihm, denn jetzt ist er bindungslos wie Staub auf trockener Erde.

Der zweite Bestandteil des Wortes "Absicht" gehört zur Wortfamilie des Verbs *"sehen"*, dessen indogermanische Wurzel auf *"sek^u=* bemerken, sehen" zurückgeht. Die wesentliche Bedeutung des Begriffes ist jedoch erst im lateinischen Wort *"sequi = nachfolgen, verfolgen"* erkennbar. Eine *"Sequenz"* kommt folglich als Abfolge zu Gesicht.

Eine Abfolge ist wohlgemerkt mehr als ein zufälliges Nacheinander diskreter Elemente. Solch ein zufälliges Nacheinander entsteht zum Beispiel beim mehrfachen Werfen eines Würfels oder beim Roulette, weil die Zahlenreihen hier durch Handlungssequenzen entstehen, nämlich durch das Schütteln des Bechers oder das Drehen des Tellers, durch Sequenzen also, die durch die echte Willkür der Knobler und Croupiers in jeweils diskrete Einzelakte voneinander abgetrennt werden. Gewinnsysteme beim Roulette gibt es nicht, weil die Freiheit des Croupiers unberechenbar bleibt und mit jedem Wurf einen neuen Zufall erzeugt.

Eine echte Sequenz dagegen entsteht, wenn auf holpriger Strecke lose Eierbriketts von einer Lore herab und in den Graben kullern oder wenn eine schamlose Kuh im Laufen ihre Fladen fallen lässt. Die Sequenz diskreter Elemente besteht aus dem Nacheinander indiskreter Exkremente, das dann im zweiten Falle auf dem Boden liegt und den Betrachter an Hand aufeinander bezogener Elemente erkennen lässt, dass sich die Fladenspur auf das sinnvolle Ganze des trottenden Rindviehs bezieht.

Beim Fallen der Eierbriketts weisst die Sequenz ihrer Lage zuletzt auf das physikalische Spiel der Bewegungsvektoren im Feld schiefer Ebenen hin. Wohin die schwarzen Klunker rollen ist kein Zufall, sondern sinnvolle Gestalt, die man sehenden Auges erkennen kann.

"Sequi" und "sehen" sprechen von einer Spur, die als Teil eines Ganzen sichtbar wird und dass es der Sinn des Sehens in sich trägt, die Spur zu verfolgen, bis sie sich zu einem Ganzen ergänzt.

Das Sichtbare wird mit optischen Mitteln zwar aufgespürt, aber erst, wenn man ihm nachgeht, wird es tatsächlich errungen. "Sehen" meint daher mehr als einen passiven Vorgang, bei dem auf dem Boden von Gesetzen der optischen Physik Lichtstrahlen und Bilder durch Augen und Nerven zur Sehrinde dringen, so als seien diese Augen organische Objektive einer biologischen Kamera. Tatsächliches Sehen, ein Sehen also, das Tat eines lebenden Organismus ist und damit mehr als ein Aufblitzen flüchtiger Potential im gereizten Hirnareal, erschöpft sich nicht im Funktionieren der Organe. Wer so mit seinen Augen umgeht, der sieht nicht, sondern er glotzt; oder er ist gerade scheintot.

Wirkliches Sehen heißt Handeln. Dazu gehört, dass man das Gesehene als Spur begreift und weiterverfolgt. Sehen fordert dazu auf, die Spur des Erkannten weiterzuverfolgen, als nur bis zu dem Horizont, den ein kurzsichtiger Wissenschaftler in positivistisch vereinfachter Sicht als Sehweite des Organismus definieren könnte. Bereits einfaches Sehen setzt in Bewegung und zu sehen, ohne sich damit fortzusetzen setzt aktiven Widerstand voraus. Eigentliches Sehen setzt sich unmittelbar in die Füße fort, damit der, der mit den Augen sieht, es auch mit den Beinen tut.

Geht man einer Sache nach, dann ist man folglich kon-*sequ*-ent. "Konsequent" gehört ebenfalls zur Sinnfamilie des Sehens und Nachfolgens und heißt auf deutsch "folgerichtig". Folgerichtig ist das Verhalten, das der Richtung der gesehenen Spur folgt. Sehen ist eine ganzheitliche Tat, die uns also im wahren Sinne der Sache Beine macht. Die Sequenz der Wirklichkeit, die am physiologisch Sichtbaren ihren Anfang hat, geht der, der sieht, zu Ende. Pflanzen haben deshalb keine Augen, weil sie einer Spur nicht folgen könnten.

Sehen ist gefährlich und ängstliche Menschen meiden Blickkontakt. Wer weiß denn schon, wohin das führt, wenn man einer Spur mit frecher Neugier und Abenteurerlust nachgeht? Hinter dem Horizont der blanken Optik beginnt jedenfalls ein unbekanntes Land und im noch unentdeckten Dickicht lauert womöglich ein riesiger Drache, ein hungriger grüner Lurch mit warzigen Lippen, der den tapferen Spurensucher mit einem nassen Zungenschnalzen direkt von seiner Fährte schnappt. Gulp!

Jeder hat schon aus Furcht vor den unabsehbaren Konsequenzen der Begegnung mit einem dumpf erahnten Schicksalsprüfungstier hinter dem Horizont seiner Sinne den Blick gesenkt und absichtlich vom Offensichtlichen weggeschaut. Um von einer offensichtlichen Spur in der Nähe abzusehen, hat mancher ein unverrückbar fernes Ziel ins ängstliche Auge gefasst. Dabei ist der Drache am Ende der Spur von Nahem betrachtet oft viel kleiner als der Ängstliche aus der Ferne denkt.

Nach der Analyse beider Bestandteile des Wortes "Absicht" folgt jetzt, was der Begriff über die dynamische Struktur jener Systeme verrät, deren Weh und Wandel so sehr dem Einfluss ihrer Absichten unterliegt. Solche Systeme sind die Menschen.

Eine Absicht ist ein Ziel, auf das man es abgesehen hat. Das Absichtenhaben bedeutet, dass man von etwas absieht, und zwar von dem Teil der Möglichkeiten, der der konkret ins Auge gefasste Absicht nicht dienlich ist oder ihrer Verwirklichung sogar im Wege steht.

Zur Illustration ein konkretes Beispiel:
Der Bauer vom Erbhof Eichenreich fragt sich zu Recht, ob der fesche Hans, der um die Hand seiner geliebten Tochter Lene angehalten hat, dies mit ehrlichen Absichten tat. Mit den "ehrlichen Absich-

ten" ist gemeint, dass Hansens Absicht es aufs Herz und, in Gottes Namen, auf die Hüften Lenes abgesehen haben sollten und nicht etwa auf die Aussicht auf eine reiche Mitgift. Am besten, Hans wäre vor Liebe quasi blind und wüsste gar nichts davon, dass ein Heirat mit Lene nicht nur sein Herz sondern auch seinen Beutel füllen würde. Ehrlich sind die Absichten des trunkenen Freiers außerdem nur dann, wenn er die Reize anderer Töchter im Dorfe gar nicht wirklich sieht. Auch von den Hüften Annas, den Schenkeln Gretchens und den drallen Brüsten der lockend lachenden Edeltraut sollte der ehrlich die Ehe mit Lene beabsichtigende Hans den Blick abwenden. Hans sollte die fremden Reize nicht "wirklich" sehen, er sollte von ihnen absehen. Wenn er sie sieht, sollte das bei ihm nichts weiter bewirken.

Absichten formen die Weite und den Horizont des Lebens, indem man leichter sieht, was zu ihnen passt und übersieht, was man durch ihren Drang zur Wirklichkeit an Möglichkeiten fahren lässt. Absichten sind damit Regelgrößen der Identität. Wofür man sich hält und wer man faktisch ist, hängt davon ab, was man absichtlich in seiner Bedeutung vergrößert und wovon man im selben Atemzuge absieht, weil es die erklärte Absicht für belanglos erklärt.

Absichten sind komplexe Wirkstrukturen des Lebens. Sie bestimmen, was vom Möglichen als relevant in den Vollzug des Lebens wahrgenommen wird. Sie steuern Austausch zwischen Phantasie und Realität.

Beabsichtigt man etwas, fasst man ein Ziel ins Auge, dann engt diese Absicht die Wahrnehmungsweite ein, um den Impuls zum beabsichtigten Ziel zu verstärken. Beim Erreichen des Zieles wird das Absehen beendet. Das Absehen von den Alternativen diente der Verwirklichung einer Phantasie. Durch die Verwirklichung einer Absicht verändert sich die Realität und gibt den Blick frei auf ein neues Feld möglicher Sichtweisen. Ihr Drang zur Verwirklichung vergrößert der Phantasie ihre Möglichkeiten. Die Wirklichkeit ist der Ort, an dem das Mögliche wächst, das seiner Grenzen überdrüssig ist.

Abgesehen vom Vergnügen, das die Spekulation über das Thema "Absicht" macht, gibt die Analyse des untersuchten Begriffes auch lebenspraktische Erkenntnisse preis. Wenn Absichten derart großen Einfluss auf den Ausschnitt der Welt haben, die man unter ihrem Diktat erlebt, dann lohnt es die eigenen Absichten zu kennen, um nicht von ihnen geblendet zu sein. Es gibt Absichten, die man kennt und deren Scheuklappen man durch die Kenntnis durchschaut und es gibt solche, deren verborgener Steuerung man unterliegt, ohne etwas Konkretes von ihrer Macht zu ahnen. Kann sich eine unbewusste Absicht dadurch, dass sie von einem Menschen Besitz ergreift, verwirklichen, fallen ihre Scheuklappen beim Erreichen des Zieles ab und als Dank dafür, dass die eigenmächtige Absicht ein Bewusstsein ohne dessen Wissen für ihre Zwecke gebraucht hat, belohnt sie es mit einem neuen Blick auf die Dinge. Nach dem Ende einer Absicht wächst die Freiheit zur Wahl.

Anders ist es mit Absichten, die, zum Beispiel wegen begrenzter Möglichkeiten, nicht verwirklicht werden. Ihr Absehen vom tatsächlich Möglichen zu Gunsten des unerreichbaren Zieles ist keine nützliche Verengung der Aufmerksamkeit, der eine neue Weite folgt, sondern nutzlose Verblendung. Wer solche Absichten nicht bei sich durchschaut, bleibt ihr Gefangener. Gefangenschaft droht also dem, der nicht weiß, was er bestimmt nicht kann.

4. LÖSUNG
Man ist das Problem, dessen Lösung man sucht.

Beim Löschen einer Ladung Importbananen, räumen die Schauerleute den Frachtraum der "Albatros" frei. Der Schiffsbauch, in dem die krummen Früchte aus Afrika kamen, ist nach getaner Arbeit bis auf ein paar verschreckte Vogelspinnen wieder leer. Nach dem Löschen der Ladung löscht Leichtmatrose Lüddensen in der Hafenspelunke "Hart Backbord" seinen Durst. Übertreibt er dabei, lässt er sich von der Wirtin dazu verführen, tief ins Glas zu schauen und versäuft er die ganze Heuer, dann kann es sein, dass es in seinem Kopf zu einem Filmriss kommt, der die Erinnerung an das Löschen der Ladung und das Laden des Umtrunks am Tresen auslöscht.

Der Begriff *"löschen"* hat in dieser Geschichte zwei verschiedene Quellen. Wo er vom Löschen des Durstes und der Erinnerung spricht, geht er auf *"liegen"* zurück und beschreibt ursprünglich, wie der Durst und die Erinnerung daran, von der Wirtin zum Trinken verführt worden zu sein, zum Erliegen kommt. Im selben Sinne erreicht es die Feuerwehr mit ihren Spritzen, dass ein lodernder Großbrand sich kleinmütig legt.

Aus anderer Quelle stammt das Wort, wenn es sich mit einer Ladung Bananen beschäftigt. Dann heißt es "ausladen, leermachen, freimachen" und geht auf die indogermanische Wurzel *"leu-* =

(ab)schneiden, (ab)reißen" zurück. Zum selben Stamm gehören die Wörter *"los"*, *"verlieren"*, das *"Verlies"*, *"lösen"* und die *"Lösung"*. Hier, wie in jenen Begriffen, die sich mit der Endsilbe *"los"* von den Lippen lösen, in "arg*los*", "grenzen*los*", "end*los*", "problem*los*" und dergleichen, hat die Silbe *"los"* etwas mit Freiheit, Leere und der Entledigung von lästigen Lasten zu tun. *"Los"* deutet auf die Abwesenheit hemmender Strukturen, von Grenzen, Problemen und Endpunkten oder eines Misstrauens, das den Arglosen warnt, von damit zwar ärgerlichen Strukturen, aber immerhin von Strukturen, die gute Orientierungspunkte sind und so, trotz ihrer Hinderlichkeit, ein gehöriges Maß an Sicherheit bieten. Am Beispiel "problem*los*" kann dies gut beleuchtet werden.

Freiheit setzt die Lösung von Problemen voraus. Probleme müssen gelöst werden, um den Weg nach vorne frei zu machen. Bleiben sie bestehen, engen sie den Spielraum ein. Probleme behindern Entwicklungen, indem sie zwischen Ist und Soll störend herumliegen. Wie der Begriff "Problem" es in sich andeutet, liegen Probleme herum, weil sie, dort wo sie liegen, hingeworfen wurden. Im Begriff "Problem" stecken die griechischen Wörter "*pro* = vor" und "*ballein* = werfen".

Zum Wesen der problematischen Situation gehört also eine räumliche Beziehung zwischen dem Betroffenen und seinem Hindernis und eine vektorielle Ausrichtung dessen, der das Problem überwinden will. Räumlich festgelegt ist der Ort, wo das dann Problematische nach seinem Geworfensein zum Liegen kommt, nämlich auf dem Weg und damit vor den Bewegungsvektor dessen, dem das so entstandene Problem entlang seiner Entwicklungsrichtung zum Hindernis wird. Dabei wird das Geworfene wohlgemerkt nur dann problematisch, wenn der, vor dessen Füße es fällt, einen ausgerichteten Bewegungsimpuls in sich trägt, der auf ein Soll jenseits des Problems zielt.

Wirft ein Herbststurm einer roten Schnecke auf ihrem zielstrebigen Weg vom Gebüsch zu Nachbar Meiers Schrebergarten einen morschen Ast vor die verschreckten Fühler, dann wird der Ast für die Überwindungskünste der Schnecke zu einem vor sie dahingeworfenen Problem. Fällt der Ast aber hinter die Schnecke, dann kommt ein Problem gar nicht erst auf, ebenso wenig, wenn die Schnecke nur da hockt und schläft und womöglich davon träumt, dass sie höher als eine Schwalbe fliegen kann und Hindernisse von der Art herabgefallener Äste in leicht beschwingtem Fluge nähme. Im Traum sitzt sie dann schon im Gemüsebeet, während sie im Schlaf noch hungert.

Nichts was wirklich hinter dem Betrachter liegt, ist folglich für ihn problematisch. Man hat keine Probleme mit der Vergangenheit, sondern damit, dass man in der Gegenwart problematisch an seinen Erinnerungen hängt. Statt Vergangenes hinter sich zu lassen, hält man es als Erinnerung in sich fest und türmt es vor sich auf. Freiheit setzt daher nicht nur die Lösung, sondern auch die Loslösung von Problemen voraus.

Probleme von der Art, wie sie der Sturm des Schicksals seinen Kindern mutwillig in den Weg wirft, gibt es im Leben mehr als genug. Man überwindet sie, man umgeht sie, man bleibt in ihnen stecken und man wird zuletzt von einem Volltreffer der Vorsehung gnädig erschlagen. Derlei Probleme sind abwechslungsreich und die Grenze zwischen dem Problem und dem, den sie herausfordern, ist klar erkennbar.

Unklarer ist der Grenzverlauf bei Problemen, die nicht ein fremder Sturm aus ihrem unproblematischen Verankertsein reißt, sondern die man sich selbst, blind für sein eigenes Tun, vor die Füße wirft. Als Hindernisse auf dem Weg in die erhoffte Zukunft sind solche "persönlichen" Probleme oft vertrackt. Sie tauchen nach dem selben Muster immer wieder auf. Man müht sich ab, bekommt sie aber schlecht zu fassen und hat man Pech, erkennt man nicht einmal, dass man ein Problem mit sich persönlich hat. Persönliche Probleme sind im Besonderen schwer zu lösen, weil sie Spielarten des Problems "Persönlichkeit" im Allgemeinen sind. Persönlichkeit, zunächst ein Werkzeug zur Lösung von Problemen, wird selbst problematisch, sobald sie die eigene Entwicklung behindert. Sie wird leicht unlösbar problematisch, weil sich die Persönlichkeit gerne für den Lösungsansatz jenes Problems hält, das sie sich selbst geworden ist; so dass sie am Ausmaß ihres Bemühens um eine Lösung immer wieder scheitert. Sie verwechselt das Problem mit seiner Lösung und, anstatt dass sie sich aus der festen Bindung zu sich selbst erlöst, strengt sich die Persönlichkeit furchtbar an, um noch stärker als sie selbst zu sein. Je mehr sie sich bemüht, die Grenzen ihrer Struktur zu überwinden, desto mehr wird sie sich so zur Sackgasse. Nach der Sackgasse geht es weiter, wenn sie sich durch einen Sprung von sich selbst entscheidet.

Meist kommt es nicht so weit, denn Probleme, die man mit sich hat, sind wie körperlose Seelenpartner. Solange man mit ihnen beschäftigt ist, weiß man, wo man hingehört. Man hadert zwar damit, doch ohne das Problem an sich, wäre man freier, als man sich zu sein getraut. Löste man sich vom Problem, wäre man frei zum Sprung in eine unbeschwerte Existenz, in der man als kühner Springer das sichernde Gewicht seiner persönlichen Identität verlöre.

Etruskisch hieß "Maske" *"phersu"*. Im Lateinischen wurde das Wort zu *"persona"* und auf deutsch heißt es heute die *"Person"*. "Persönlichkeit" ist folglich jene schützende Maske, hinter der sich das eigentliche Gesicht verbirgt. Sofern Persönlichkeit ein Bündnis von Strukturen ist, das die nackte Seele zu ihrem Schutz verdeckt und in ihren Käfig zwingt, ist sie für das Gesicht dahinter das davorgeworfene Problem. Die Lösung des Problems ist die Ablösung der Maske und die Auflösung der Persönlichkeit, die, sobald sie kein Problem mehr ist, erlischt. Die Schutzhaft ist beendet, sobald das Gesicht nicht mehr an der schützenden Maske haftet.

Verständlich wird, wie zögerlich ein solcher Schritt vonstatten geht, wenn man sich den ursprünglichen Sinn des Löschens und Lösens ins Gedächtnis ruft. *"Löschen"* und *"lösen"* gehen auf die Wurzel *"leu- = (ab)schneiden, (ab)reißen"* zurück. Auch wenn das Wort "Lösung" zunächst behutsam klingt, meint es in seiner Tiefe ein schmerzhaftes Schneiden und Reißen. Was nach der Lösung der Probleme, hinter deren Schutzwall sich das Wahre verbirgt, so schmerzlich in die Seele schneidet, ist das unverstellte Sein, das schwerer und leichter als jedes Problem zu ertragen ist.

Solange man noch Persönlichkeit ist, sitzt man geschützt in ihrem Verlies. Das Wort *"Verlies"* enthält die Silbe *"los"* und geht ebenfalls auf das Thema der Befreiung ein. Das Wort *"Verlies"* spricht vom Missraten des Freiseins. Im Verlies sitzt der Verlorene in seiner Verlassenheit und im schlimmsten Fall kann ihn nur der Tod als kühnster aller Sprünge aus der Enge seiner Welt befreien. Ein Verlies aus Mauerwerk und Gitterstangen ist ein konkretes Bild vom Gefangenen in der eigenen Existenz. Doch auch wenn Grenzen nicht sichtbar aus Stahl und Stein bestehen, sondern aus alten Bildern im Kopf ist der Mut zum Selbstverlust Bedingung freien Atmens. Man hüte sich, sich für sich selbst zu halten, denn niemand ist wirklich er selbst. Zwar bunkert uns das Lebensschiff als seine Fracht, doch nur um sie am Ziel der Fahrt zu löschen. Der beste Hafen ist das Leben selbst und nicht der Tod. Im Leben ist der Tod kein Hafen, sondern unbegrenzte See und leere Schiffe wirft die See an unberührte Küsten.

5. **SUCHE**
   Aufzuwachen ist Etappenziel.

Das Wort *"suchen"* geht auf die indogermanische Wurzel *"sag-"* zurück. *"Sag-"* hieß "witternd nachspüren", und die Nase des Cro-Magnon-Menschen, der das Wort benutzte, war so empfindlich, dass er bei günstigem Wind den animalischen Duft des brünstigen Wollnashorns über große Entfernungen aufspüren konnte. Als das letzte der Nashörner Europas längst erjagt und ausgestorben war, war bei den Römern das indogermanischen "sag-" zum das lateinischen *"sagire =* wittern, spüren, ahnen" geworden.

Bemerkenswert ist die griechische Wortbildung *"hegaisthai =* vorangehen, führen", aus der man die Ursilbe "sag-" mit beflügelter Phantasie herauslesen kann. Von "hegaisthai" ist das Fremdwort *"Hegemonie"* abgeleitet.

Verständlich werden die Zusammenhänge zwischen den Wörtern "suchen", "wittern" und "führen" wenn man die Spur der Silbe *"sag-"* von den jungfräulichen Urwäldern der Vorzeit über den Kahlschlag der Römer bis in den Nutzwald der heutigen Zeit weiterverfolgt. Bei einer alltäglichen Jagdszene an einem sonnigen Oktobermorgen sagt im Forst der Jäger am Beginn der Hatz zu seinem Hund das eine Wort:

"Such!"
und löst das ungeduldig in die Duftspur drängende Tier von seiner Lederleine.

Dieses eine Wort "such" übersetzt der kluge Hund in seinem Raubtierhirn in die komplexe Anweisung zu einem vollständigen Handlungsablauf:

"Gehe, der Witterung nachspürend, voran und führe mich zum Hasen!"

Handelt es sich bei dem Jagdhund um den Dackel Cäsar, so dekodiert er, einem Feldherrn gleich, das Befehlswort "such!" entschlossen, prägnant und wesentlich kürzer:

"Rieche, laufe und führe!"

Dann läuft er, die feuchte Nase tief am Boden, und sucht den Duft des frischen Hasentalgs. Der Jäger folgt dem Dackel hoch zu Ross - oder mit keuchendem Atem. Ob nun zu Pferd oder zu Fuß, die Verbindung von Suche und Führung wird darin offensichtlich.

Die Sprache weist vielsagend auf den Sinnverbund der beiden Handlungen hin. Führung ist ein Strukturelement gesellschaftlicher Ordnung. Eltern führen ihre Kinder, Lehrer ihre Schüler, Regierungen ganze Völker, Betrüger ihre Opfer an der Nase herum. Führungsansprüche werden von denen, die sie erheben, mit der Behauptung begründet, man wisse den Weg und nicht etwa damit, dass man ihn suche. Die Sprachanalyse zeigt jedoch, dass Führung den Suchern zukommt und nicht den Schlaumeiern, die immer schon wissen, wo es entlanggeht. Mit ihrer Verknüpfung von Suche und Führung zu einem ergänzten Sinn findet die Logik der Sprache die Führung im Suchen. Sie sagt:

"Wer nicht sucht, soll auch nicht führen. Wer nicht sucht, soll nicht so tun, als ginge er voran. Führen soll, wer Wege sucht, nicht, wer meint, dass er sie schon kenne".

Wenn Suche den Menschen führen soll, dann scheint Suche als Thema und Motiv eng in das Eigenschaftsgefüge des menschlichen Wesens verflochten zu sein. Ein führendes Thema für das Nachdenken ist es daher, der Verbindung zwischen dem Menschen und der Suche nachzugehen.

Wer der Suche nachgeht und daher vorangeht, wird finden. Das verspricht uns das Sprichwort. Nun mag man verschiedene Sachen finden, je nachdem was und wo man sucht und was die Wirklichkeit als Antwort auf die Suche schickt. Alles zusammen macht dann das Schicksal aus. Die Frage ist, ob all das verschiedene Finden im Menschen ein gemeinsames Ganzes bedingt. Gesucht wird, was das Suchen und Finden im Menschen als Ganzes benennt. Gesucht wird ein gemeinsamer Nenner, dem das Schicksal einen Namen gibt.

"Finden" entspringt der indogermanischen Wurzel "*pent* = treten, gehen". Griechisch gibt es das Wort "*patos* = der *Pfad*, der Tritt", deutlich verwandt mit dem altindischen "*panthah* = der Weg, der Pfad, die Bahn". "Finden" meint ursprünglich "einen Weg betreten".

Wer sich auf den Weg macht, hat also schon gefunden. Mit der Richtung jedes Schrittes, den er geht, liegt er für den einen Schritt schon richtig, auch wenn das Finale seines Schicksals in einer anderen Richtung liegt, und sein Weg wie ein träger Fluss durch die Welt mäandert. Was es zu finden gibt, findet sich nicht am Endpunkt einer langen Strecke, die man, begierig das Ziel zu erreichen, auf dem kürzesten Wege hinter sich bringt, so als ob man im Gehen nur mühevoll einen störenden Zwischenraum überwindet. Was die Suche wirklich finden lässt, findet sich schon unterwegs. Die Suche lässt finden, dass sich der Sucher unterwegs findet. Die vermeintlichen Ziele sind Vorwände, die das Leben vor seiner Nase baumeln lässt, wie der schlaue Reiter eine Möhre vor den Augen seines Esels. Esel, die stur wie sie sind nur die Möhre sehen, sind am Ende der Reise so dumm wie am Anfang.

Ein Esel aber, dem es gelingt die Augen zu öffnen für den Weg, der die Gestalt seiner Suche ist, wird sich seiner Dummheit bewusst. Suchen macht wach. So schult der Dackel in der Duftspur seine Sinne. Der Hase, den er mit Glück und Tüchtigkeit dann fangen mag, ist ein Mittel, damit sich der Dackel in seine Sinne übt. Der Sinn des Hasen sind des Dackels Sinne. Er ist ein Mittel jenes Seins, das den Hasen erfindet, um aus der blinden Stofflichkeit den Sinn des Dackels in das Sein zu wecken. Im selben Zuge ist der Dackel für den Hasen Mittel, damit er daran die Kraft seiner Schenkel und den Nutzen der Vorsicht entdeckt.

Das Bewusstsein ernennt sich zum gemeinsamen Nenner jeder Suche nach dem Sinn aller Wege. Es ist als Produkt der Suche ihr Ziel. Das Erwachen einer Welt, deren Ablauf determiniert durch ihre Gesetzmäßigkeiten wäre, verwandelt die Zwänge der Vorsehung in freie Sicht. Die Macht der bewussten Sicht auf die Dinge macht den Ernst der begrenzter Gesetze zu den Regeln eines zwanglosen Spiels. Suchend springt die Welt aus ihrer Bahn. Bewusst wird ihr Schicksal zur freien Entscheidung.

6. **Bedeutung**
    Jedes Wort beweist den Sinn der Welt.

Der Sterndeuter übersetzt die Sprache der Planeten in die Sprache seiner astrologiegläubigen Kundschaft. Beide sind der Meinung, dass die Planetenbahnen für das menschliche Schicksal bedeutsam sind. Da die Planeten nicht mit Worten sprechen, sondern, wie mancher eben glaubt, mit Kreisbewegungen, Winkeln und Schlangenlinien am Firmament, übersetzt der Astrologe das himmelsmechanische Planetengeplauder ins Deutsche. Resultat sind vieldeutige Aussagen über eine ungewisse Zukunft.

Wie im besonderen Fall der Astrologe, so übersetzen Wörter im allgemeinen die Bedeutung der bildsprachigen Wirklichkeit in die mitteilbare Symbolsprache des Verstandes. Dem liegt unausgesprochen die Annahme zu Grunde, dass die Strukturen der Welt bedeutsam sind und sich ihre Teile sinnvoll aufeinander beziehen. Die Sprache belegt, dass die Welt ihren Sinn durch ihr Sein bebildert. Wäre das Sein der Welt nicht die Offenbarung ihres Sinnes, wäre die Welt in sich ein sinnloses Chaos und semantisch stumm, dann gäbe es auch nichts ins Verständliche zu übersetzen. Die Sprache diente keinem Zweck und man hätte sich nichts zu sagen. So beweist die Existenz der Sprache grundsätzlich Sinn im Sein der Welt.

Leicht zu erkennen ist die Verwandtschaft der Wörter *"Bedeutung"* und *"deuten"*. Das Verb "deuten" ist eine Ableitung des germanischen Wortes *"Þeudo-"*. Dieses "Þeudo-" kann man mit "das Volk" übersetzen. Davon ausgehend heißt "deuten" seinen germanischen Ursprüngen zufolge "dem Volk erklären, verständlich machen, in Volkes Sprache übersetzen".

Urverwandt mit dem Wort "deuten" ist das Wort *"deutsch"*. "Deutsch" war ursprünglich kein abgrenzender Name, der eine bestimmte Menschensorte im Gegensatz zu anderen bezeichnet hätte. "Deutsch" bezeichnet vielmehr eine Spezies lebendiger Kreaturen, deren Hauptmerkmal es im Unterschied zu anderem Getier ist, dass sie in einem gewissen Maße die sinnvoll aufeinander bezogene Bedeutsamkeit ihrer Lebensmatrix begreift. "Deutsch" bezeichnet den Tatbestand der Klugheit jener Affensorte, die in ihrer Lebensmatrix Welt nicht nur herumkreucht, zappelt und sich um die besten Plätze auf den Bäumen balgt, sondern die die Motive ihrer Geschäftigkeit vor dem Hintergrund eines Ganzen zu deuten weiß. Der deutsche Affe weiß, warum die Banane nicht gerade ist.

Abgrenzend zu Nachbarvölkern, so kann man hier einmal leichten Sinnes spekulieren, wurde der Begriff, als der wachsende Horizont der teutonischen Vorfahren diese die auseinanderstrebende Entwicklung der Menschengruppen erkennen ließ und gleichzeitig die ursprüngliche Bedeutung des Wortes "deutsch" aus den Augen verlor. "Deutsch" ist eigentlich ein deutsches Wort für "Homo sapiens" und wie alle Deutschen Menschen sind, sind strenggenommen alle Menschen deutsch; jedenfalls, wenn sie verstehen, was die Sprache ihnen zu erklären versucht.

Es ist kein Zufall, dass dieses deutsche Wort für den Verstandesaffen so nah mit dem Begriff "Bedeutung" verschwistert ist. dass der Welt und den Taten ihrer Bewohner Bedeutung zukommt, macht das Leben erst lebendig. Die lebenspraktische Orientierung geschieht an der

Bedeutung der Dinge, nicht an den Dingen selbst. Ampeln geben grüne und rote Signale. Wie man sich bei deren Aufleuchten verhält, bestimmt aber nicht das Licht, dass da bunt herüberfunzelt, sondern die Bedeutung die man den Farben im Sinngefüge der Gesamtsituation beimisst.

Bei den Ampeln ist die Differenzierung zwischen Signal und Bedeutung belanglos. Je komplexer die Signalmuster aber werden, desto wichtiger wird die Freiheit der Interpretation, die die Dinge und ihre Bedeutung in eine neue Einheit verwebt. Sichtbar wird das an jedermanns Verhältnis zu seinen Mitmenschen. Was diese ihm bedeuten, ist vielschichtig, weil Menschen komplex sind und weil das, was der eine dem anderen bedeutet, davon mitbestimmt wird, wie es umgekehrt ist. Deshalb beschäftigt man sich damit, was man den anderen bedeutet und das Gefühl, bedeutungslos zu sein, ist unbehaglich.

Eng ist daher die Legierung zwischen dem aktiven und dem passiven Sinn des Verbs "bedeuten". Dazu soll, an der Geschichte des trunkenen Gastes, verdeutlicht werden, dass das Verb "bedeuten" in seinem aktiven Sinne nicht "Bedeutung haben", sondern "mitteilen" meint. Bedeutung ist aktive Kommunikation. Wie bedeutend man ist, hängt davon ab, was man wem sagen kann.

Betrinkt sich ein Gast auf einem Fest ungehemmt und heftig, rülpst er dann lautstark, während jemand klingenden Glases ankündigt, er wolle zu Ehren der Ehre eine Tischrede halten, greift er dann zu allem Überfluss der Dame des Hauses distanzlos lüstern ins pralle Dekolleté und wird die Rede so vom schrillen Protestschrei der Attackierten schon im Anhub gestört, dann wird dem Trunkenbold vom Hausherren mit Nachdruck bedeutet, dass er das Fest zu verlassen habe.

Hier wird klar, dass die Welt nicht nur Bedeutung hat, die der Entdeckung harrend passiv in ihr ruht, sondern dass die Welt beim Bedeuten aktiv handelt. Sie neigt dazu, dem, der ihre Regeln grob verletzt, die Bedeutung ihrer Strukturen mit drastischen Mittel klar zu machen. Durch sein aktives Handeln wurde der Hausherr für den unflätigen Gast zum Boten der Welt, als er dem achtlosen Säufer die Botschaft überbrachte, dass der Geduldsfaden der Festgemeinschaft gerissen war. Wäre der Gast allerdings selbst so bedeutsam gewesen wie einst Chruschtschow bei der Uno, dann hätte man sich wohl gehütet, über sein Benehmen ein Missfallen anzudeuten und ihm die Tür zu weisen. Wer wem was zu bedeuten hat, hängt eben davon ab, wer was bedeutet.

Man liest aus den Dingen nicht nur soviel Bedeutung heraus, wie man gerade Laune hat und bleibt ansonsten unbehelligt. Nein, die Welt spricht durch ihr dramatisches Sein eine so eindringliche Sprache, dass man die Regeln ihrer Grammatik nicht ungestraft missachten kann. Egal wie oft man im Übermut von einem Turm herunterspringen mag, man bricht sich jedes mal die Beine; solange bis man es begriffen hat.

"Bedeuten" heißt also mehr als "Sinnbezug und Bedeutung haben". Im aktiven Sinne heißt "bedeuten" "sich verständlich machen, sich mitteilen". Wenn die Wirklichkeit daher etwas bedeutet, dann versucht sie uns etwas mitzuteilen. Sie teilt sich mit, indem sie sich um uns ergänzt. Die Welt ist auf der Suche nach dem, der sie versteht.

Dem Bedeutungsgefüge der Welt ist der Verstand des klugen Affen, der aus der Dynamik seiner Steppen entstand, keine bizarre Blüte des Zufalls, den es tatenlos in sich geschehen ließe. Vielmehr winkt es ihm zu und bedeutet ihm so mit einer übervollen Bildersprache, sich dem Urgrund zuzuwenden, damit zwischen dem Affen und dem Schoß, aus dem er kam, als Experiment etwas Neues entsteht. Die Welt bedeutet, weil sie sich zum Geist hinübersetzt. Das Gefüge will, dass sich sein Spross mit ihm beschäftigt, damit er sich aus seinem Zugriff entbindet und ihm die Freiheit gibt, über den Stoffen zu fliegen.

7. **Wesen**
    Wesen sind, indem sie sich verwandeln.

Als Wesen bezeichnet man eine ganz bestimmte Gruppe von Erscheinungen, die sich aus dem unerweckt in sich ruhenden Gefüge weltlicher Strukturen tatkräftig heraushebt. Zu den Wesen gehört der Mensch, die Tiere und die Pflanzen. Wer darüber hinaus an die Realität des Märchenhaften glaubt, rechnet auch Gnome, Kobolde, Geister, Feen, Hexen, Engel, Götter und Gespenster zu den Wesen. Offensichtlich ist für all die genannten Phänomene ein gemeinsamer Nenner wesentlich. Obwohl man in schöpferischer Freiheit vom Wesen der Musik, der Dichtkunst, des Angelsports, ja sogar vom Wesen der Stoffe, der Steine oder vom Wesen des Raumes und des Lichtes spricht, fehlt doch den hier Aufgezählten etwas Wesentliches, ohne das man sie nicht zur Kategorie der eigentlichen Wesen rechnen möchte. Was an den Wesen so wesentlich und damit ihr gemeinsamer

Nenner ist, wird deutlich, wenn man dem Wort "Wesen" sprachhistorisch auf den Grund geht.

Das Wort *"Wesen"* geht auf das indogermanische Verb *"ues- =* verweilen, wohnen, sich aufhalten, übernachten" zurück. Noch zu mittelhochdeutschen Sprachzeiten benutzte man das Wort zur Bezeichnung einer Tätigkeit im ursprünglichen indogermanischen Sinne. Walther von der Vogelweide hielt es durchaus für modernes Deutsch, wenn ihm ein Zeitgenosse von seinen Erlebnissen in freier Natur poetisch begeistert und mit Inbrunst erzählte, dass...

"...da drauß' im Walde auf jedem Ast, in jedem Spalt und jedem grünen Busche ein lebendiges Zeugnis von Gottes heiligem Übermut west".

Dieser Gebrauch des Wortes zur Benennung einer grundlegend unspezifischen Daseinsaktivität der Lebewesen ging leider verloren. Leider, weil im Verb *"wesen"* deutlich wird, dass das Leben kein starres Dasein ist, sondern ein aktives Geschehnis, ein Prozess und ein geordneter Fortgang im Laufe seiner Zeit. Das Sein des Lebens ist ein anderes, als das Sein der Dinge. Während das Ding ist, west das lebendige Tier. Das Leben ist mehr als eine barocke Eigenschaft ausgeklügelt konstruierter Stoffgefüge, die diese dann geheimnisvoll in Bewegung setzt. Es entsteht aus dem unverfügbaren Hintergrund der belebten Situation, indem es als Leib des Tieres jene Bedingung schafft, die es vordergründig in sich trägt. Das Leben selbst ist tiefer als sein Tier.

Alle vier Übersetzungen des Urwortes "ues-" beinhalten eine zeitliche Dimension. Man erkennt sie im "Aufenthalt", im "Wohnen", im "Übernachten" und im "Verweilen". So verstanden ist Zeit ein Strukturelement der Wesen und nicht nur ein fremder Faktor der Physik, dem sie schicksalhaft ausgeliefert sind, und der ihnen trotz aller Kosmetik die Haut verrunzelt. Ohne in sich Zeit zu sein, könnte kein Wesen auf Erden sein Unwesen treiben.

Ein besonderes Abenteuer wird die Untersuchung der Frage sein, ob dem, was ein Wesen als Zeitqualität erlebt, jenseits seines Seins eine andere Wirklichkeit entspricht. Das Wesen hat sich einer Zeit versprochen, um dort nach der Sprache zu suchen, die es von seinem Versprechen entbindet.

Zu Wesen ist das einzige, was alle Lebewesen ohne Unterschiede tun. Die wesentliche Eigenschaft eines Wesens, also jenes Merkmal, das es zum tatsächlichen Wesen macht, ist die Tatsache, dass seine Existenz einer echten Eigentätigkeit entspringt. Was, um zu sein, keine Eigeninitiative aufzubringen braucht, ist auch kein Wesen. Weder die Musik und die Dichtkunst noch der Angelsport verdanken ihre Existenz und den Fortbestand ihres Seins einem eigenen Tun. Daher sind sie keine Wesen. Statt dessen sind sie Ausdruck jener Wesen, die sie als Frucht und Beweis ihrer Lebendigkeit geschaffen haben. Sie sind die komplexen Resultate grundlegenden Wesens.

Auch Stoffe und Steine, der Raum und das Licht wesen, soweit man das erkennen kann, nicht aus innerem Antrieb. Entweder sind sie in unverstehbarer Weise einfach da und dabei unfähig, etwas für oder gegen ihr Dasein zu tun, oder sie wurden von einem hypothetischen Wesen als Ausdruck von dessen seinsnotwendiger Umtriebigkeit erschaffen. Wesentlich ist, dass dieses hypothetische Gotteswesen von der erschaffenen Welt der Materie nicht erwartet, sich für ihr eigenes Sein zu engagieren. Die Physik bleibt stoisch bestehen, auch wenn sie sich zur eigenen Existenz nicht aufrafft.

Möglicherweise sind die Lebewesen Schöpfungen eines wesenden Gottes. Dann haben sie die Initialzündung ihres Seins nicht zu verantworten, wohl aber ihren Bestand und ihre Weiterentwicklung. Besonders vom Menschen wird ein Engagement in eigener Sache erwartet, denn seine Individualität erzeugt der Mensch erst, indem er west. Dies ist ein wesentliches Merkmal seines Seins.

Gäbe man sein Engagement auf, zerfiele man zu Staub und wäre damit eben das, was sich nicht für sich selbst zu engagieren braucht. Das Verlöschen des Eigenimpulses führt folglich zur Verwesung.

Die Wirklichkeit macht jeden für das Gelingen seiner Sache haftbar. Für sich verantwortlich ist man unausweichlich immer selbst. Man kann diese Verantwortung zwar vertuschen, abgeben kann man sie nicht. Jene eigene Sache, für die man sich engagieren muss, um nicht mit ihr unterzugehen, bezeichnet man als lateinelnder Wissenschaftler mit dem scheußlichen Wort "Ego". Der Mensch ist in seinem Wesen egoistisch. Die Welt bestraft den Verrat an dieser Mitgift der Schöpfung, denn auch wenn der Egoismus eine Erbsünde wäre, ist die Verleugnung des Lasters noch lange keine Tugend. Der Mensch hat den Auftrag gütlich böse zu sein.

Bei allem Lebendigen ist die Sicherung des Fortbestandes aus eigener Kraft mit einem Fortschritt der eigenen Sache verbunden. Das Leben bleibt nicht stehen. Lebewesen entwickeln sich weiter oder sie sterben aus. Die Wirklichkeit erwartet vom Menschen, dass er sein Wesen entwickelt. Sie sieht im ihm keinen Seinszustand, der bleibt, wie er geschaffen ist, solange ein Tod ihn nicht beendet, sondern das Fließen im Fluss. Der Mensch ist, indem er wird, was er sein könnte. Er ist keine Krone der Schöpfung, die diese oben abschließt, wie ein Brett vor dem Kopf, sondern ein Etappenspiel in einem namenlosen Unterwegs. Er ist ein Funkeln von Licht im glitzernden Kronenstein und als ein Prozess ist er bereits Zerfall. Das Leben stirbt nicht durch den Tod, sondern es lebt als er.

Doch zurück zu den Wörtern! Es sieht aus, als würde sich das genauere Hinhören auch beim Wort "wesen" lohnen. Die vier wichtigen Bedeutungen des Begriffes "wesen" sind:

a.) sich aufhalten
b.) wohnen
c.) verweilen
d.) übernachten

Die Untersuchung aller vier Wörter erscheint verlockend. Zur besseren Übersicht seien die weiteren Betrachtungen in ein glückliches Kleeblatt entsprechender Abschnitte unterteilt:

a.) sich aufhalten

Die Silbe *"auf"* hat vielschichtige Bedeutungen. Indogermanisch hieß es einerseits *"up[o]"* oder *"eup";* dies im Sinne der Vorstellung "von unten an etwas heran" oder "hinauf".
    Zu "up[o]" gehörig gab es andererseits zu Urzeiten das Wort *"upér[i]* = über, oberhalb".
    Neben dem "auf" stammt außerdem das Wort *"offen"* aus derselben Quelle.

Im sich aufhaltenden menschlichen Wesen richtet sich das Sein "von unten an etwas heran". Diese Ausrichtung ist vorgegeben. Sie ist vorindividuell, da sie bereits zum Wesen an sich gehört und nicht vom Wesen gewählt werden kann. Vorindividuell heißt, dass niemand sich für oder gegen das Ausgerichtetsein entscheidet. Man entsteht erst, weil das Leben ausgerichtet ist. Man ist die Richtung in die das Leben zielt und die Quelle, aus der es stammt.
    Eine ähnliche Aussage macht das Wort *"Existenz"*. *"Existere"* heißt "hinausragen, hinaustreten, hervortreten". Die Richtung, die das

Wort "Existenz" benennt, zielt von innen nach außen. Was dabei innen und was außen ist, ist unverstanden, wenn auch dem Innen mehr ein Unten und dem Außen mehr ein Oben naheliegt. Menschen sind ihrem Wesen gemäß ausgerichtet. Wo man auch ist, rechts und links gibt es überall.

Im Begriff "sich aufhalten" klingt die Existenzbedingung des Wesens Mensch an, tätig zu sein, um sein eigenes Bestehen zu bewirken. Wer sich aufhält ist nicht nur tatenlos so da wie ein Kieselstein im Sand, sondern er hält sich selbst tatkräftig auf.

Bloß die Augen aufzuhalten ist auf Dauer schon anstrengend. Um so schwieriger ist es, sein Selbst für den Ozean der Welt offen zu halten, aus dem sich das Neue als endlose Folge von Wellen zu seinem Strand drängt und von ihm fordert, mit jeder ablaufenden Welle etwas von sich fortzugeben. Deshalb macht man beim Schlafen Augen und Seele zu. Man erholt sich, indem man sich vor den Wellen der Welt verschließt. So holt man sich aus der wirbelnden Welt zurück in sich als deren ruhenden Pol. Im Menschen sucht die Welt nach der Stille, die ihrem Wesen gegenwärtig ist. Um ihre Stille zu sein, muss sich die Welt als Mensch von sich trennen.

Das Begriffspaar "auf" bzw. "offen" und "zu" ist für das Verständnis des Lebens wesentlich. Wer sich aufhält, hält sich am Ort, wo er ist, offen. Er hält sich offen für das, was geschieht und was als Eindruck in ihn dringt. Sein Sichaufhalten dient zur gleichen Zeit dem Ausdruck. Als Ausdruck greift man durch das Offensein mutwillig ins Getümmel der Geschehnisse ein. Der Aufenthalt der Wesen spricht vom Eingriff der Willkür in die Gesetze der Welt. Der Wunsch verwandelt sich in wollende Wesen und eröffnet sich so die Welt. Indem sie jenseits der Gesetze Wesen schafft, erfüllt sich die Welt ihre unmöglichen Wünsche.

Das Offensein des geometrischen Raumes als Zugriffsbedingung auf die Abläufe gesetzmäßiger Folgen ist sinnvoll, weil es einem zum Raume geöffneten Wesen entspricht. Die Entsprechung zweier Facetten des einen Offenseins, der physikalischen und der psychologischen, ist die Wiege der Bewusstheit. Bewusstheit ist das sich öffnende Vakuum, in das die Welt ihre Wirklichkeit gebärt. Sie gebärt sich, indem sie ihr Sein von seinem Sosein darin freispricht.

Neues über das Wesen des Menschen erfährt man, wenn man sich klar macht, dass der Sinn der Silbe "auf" in "Aufenthalt" auch aus der

Vorstellung eines "oben" gespeist wird. Man sagt, ein Baum stehe auf einem Berg.

Der Sichauf(etwas)haltende hält sich "über etwas, oberhalb von etwas". Er versucht sich oberhalb dessen zu halten, wohin er aus innerem Sollen nicht fallen will und er will nicht fallen, weil er dann an sich leiden würde. So ist dem menschlichen Wesen schon ein Oben und Unten ins Fleisch und die Seele eingeschrieben, noch bevor es etwas ist, woran es sich erinnern könnte. Diese Unterscheidung ist die Grundlage jeder Werteordnung. Jede Werteordnung ist hierarchisch, weil ein Wesen ein wachsendes Werden von unten nach oben beschreibt.

Beim Fallen geht es um einen Prozess innerhalb des Wesens. Zwar kann auch ein Kieselstein fallen, aber er fällt nicht in einer inneren Hierarchie. Sein Fallen ist ihm daher gleichgültig. Selbst seine Zerstörung wäre ihm egal. Anders ergeht es dem Menschen. Er leidet unter jedem Sturz.

Das wesentliche Sein kann fallen. Diese Möglichkeit ist die Urquelle der Angst vor dem Sein. Wenn man vom Balkon oder von der sozialen Stufenleiter fällt, ist das, was im tiefen Wesen schmerzt, der Fall innerhalb der inneren Wertehierarchie. Es ist ein Zurückfallen hinter das Soll des Werdens. Der Werdewert des Körpers oder des gesellschaftlichen Ranges könnte dabei Schaden nehmen. Körper und Rang sind nur die Mittel des Werdens.

Noch eine Botschaft steckt im Begriff vom "Sich-aufhalten".

Der Mensch muss, so will es sein Wesen, sich selbst aufhalten, so wie man eine Sturmwelle aufhält, damit sie nicht die zerbrechlichen Hütten am Strand der Schöpfung zerstört. Da man nicht in sich ruht, sondern immer in seinem Wesen bereits eine Richtung und einen Impuls enthält, läuft man Gefahr, sich in seiner Bewegung zu verrennen. Dieser Möglichkeit muss man eine Kraft entgegensetzen. Dabei ist man es selbst, der sich aufhalten muss. Man ist die Kraft, die sich gegen sich stemmt. Setzt man sich seinem Impuls nicht als Hindernis in den Weg, wird man sein Gleichgewicht verlieren. Solange man sich für sich hält, erzeugt man sein Ich und man braucht es, damit man sich damit aufhält.

Das Ich versteht sich in dem, woran es, sich anklammernd, Halt findet, in der angstvollen Ahnung, dass jedes Voranschreiten zuletzt seinen Untergang bedeutet. Es findet Halt, wo immer es sich als etwas Festes denken kann. Haltsuchend setzt es sich gleich mit ewigen

Werten und Idealen, mit Besitz und Reichtum, Herkunft, Stand und Rang, dem eigenen Ruhm und Werken, die möglichst lange halten sollen und mit dem, was es bisher schon gedacht, geleistet und erlitten hat. Soweit es etwas von alledem für wichtig hält, gibt es ihm das Gewicht, das es zu seinem Anker macht.

Wenn man erkennt, dass man in der Fülle untergeht, dass die Welt so reich ist, dass man an ihrem Reichtum sterben muss, klammert man sich an seine Form. "Ich" wird so zur Weigerung einzusehen, dass seine Sterblichkeit es als zerbrechende Form für lebendigen Inhalt ausweist und es sonst für unwichtig erklärt. Das Ich, das sich festhält, ist ein leeres Gefäß. Indem es sich gibt, wird es Inhalt des Lebens. Je mehr ein Ich das Gewicht seiner Form betont, desto weniger wichtig werden seine Inhalte. Je mehr ein Ich sein Ende befürchtet, desto mehr hält es sich fest für sich selbst. Je besser ein Ich den Tod versteht, desto wichtiger nimmt es, was in ihm ist. Das Verständnis des Todes bestimmt das Gewicht auf der Welt.

b.) wohnen

"Wohnen", *"Wonne"*, *"wünschen"* und *"gewinnen"* gehören zur selben Wortfamilie. Am leichtesten gewöhnt man sich an die Wonne. Man wünscht sich ein wohnliches Zuhause, denn dort lockt ein Zugewinn an Wohlgefühl. Wo es einem gut geht, bleibt man gerne wohnen.

Da das Wohnen ein wesentlicher Aspekt des Menschseins ist und "Wohnen" eigentlich meint, sich in der herbeigewünschten und gewonnenen Wonne wohl zu fühlen, ist das Wohlergehen ein Teil des ganzen Menschen selbst. Wohlergehen ist Signal, nicht dass der Mensch für den wohligen Augenblick im passenden Umfeld ruht, sondern dass er sich zu seinem Wesen ergänzt. Der Mensch ist nur ganz, wenn er sich genießt. Der ganze Mensch ist sein Wohlergehen.

Wie kommt es nun, dass man zufrieden in seinem Wesen wohnt? Kinder bis zu einem gewissen Alter tun es von selbst, solange eine sanfte Hand und eine volle Brust für neue Ergänzung sorgt, sobald das Erreichte unter lautstarkem Geplärre auseinander zu brechen droht. Dieses zufriedene Wohnen im eigenen Sein geht zu Ende, wenn die fürsorglichen Stützen ermüden und sich das bis dahin bescheidene Ganze selbst langweilig wird. Dann merkt es, dass seinem bescheidenen Ruhen im kleinen Wunschkreis seiner Selbst die maßlose Spirale einer Welt entspricht. Mit seinem ersten Griff nach einem bunten Glitzerstück, greift es nach dem Teil des Schicksals, der, kaum ergriffen, schon nach seiner Ergänzung ruft. So nimmt das Wachstum seinen Lauf. Es wächst die Erkenntnis, dass in der Weite der Welt größere Wonnen zu bewohnen sind, als man sie in der engen Wiege sich wünschen könnte. Aber, bevor man die Wonne mit bebendem Wesen erreicht, muss man sie erst gewinnen und, Hand aufs Herz, hätte man von diesem Haken vorher gewusst, hätte man die Geburt womöglich verweigert. Jetzt ist es aber zu spät, und es lohnt sich nicht, den ersten trunkenen Blick des Auges zu bereuen.

"Gewinnen" geht auf die indogermanischen Wurzel *"uen-* = umherziehen, etwas suchen, trachten" zurück. Es ist dieselbe Wurzel, der auch das Wort *"wohnen"* entstammt. Die Goten und die Angelsachsen verstanden beim selben Wort noch den Sinn "sich abmühen, sich quälen, leiden". Verständlich wird der gemeinsame sprachliche Urgrund so verschiedener Vorstellungen, wenn man sie in einen sich untereinander bedingenden Kontext bringt:

Man müht sich ab und leidet, um zu gewinnen. Was man letztlich zu gewinnen sucht, ist das wonnige Wohnen im eigenen Wesen. Bevor man behaglich in sich wohnt, streift man umher, müht sich ab, quält sich und leidet. Niemand kann zu sich finden, wenn er sich nicht verlässt. Um wohlig in sich zu wohnen, muss man im Ringen um den Wandel sein Wohl gewinnen.

c.) verweilen

Eine Weile ist ein Zeitraum. Zeiträume haben einen Anfang und ein Ende. Dieses Axiom legt nahe, dass die Ewigkeit selbst kein Zeitraum ist, sondern aus sich heraus so viele Zeiträume erfindet, wie sie für ihre Launen braucht.

Zum Wesen des Menschen gehört das Verweilen. Zum Verweilen gehört die Zeit mit ihrer Endlichkeit und ein Drittes, das sich durch die Silbe "ver" verständlich macht. "Ver" heißt "Hinausführen über". "Verweilen" meint daher ein Bleiben, obwohl das Bleiben nicht eigentlich gemeint ist. Wer verweilt bleibt, damit er durch sein Verweilen vorwärts kommt.

So spricht das Thema "Verweilen" davon, dass es zum Wesen gehört, über sich als Grenze und Zeitraum hinauswesen. Nur wessen Wesen ein Verweilen ist, beschäftigt sich damit, was dieses Wesen nach seinem Tod noch bedeutet; entweder, was aus ihm im Jenseits wird, oder was von ihm im Diesseits bleibt. Da geht es den Menschen nicht anders als der Pflanze und dem Tier. Alle sind in der Gegenwart mit der Zukunft beschäftigt.

d.) übernachten

Wer übernachtet, überwindet die Nacht und sein Ziel ist der Tag. Auch im "Übernachten" bedeutet das Wort "Wesen", dass es in sich ausgerichtet ist von einem dunklen Anfang, über dessen Dunkelheit es nur verschwommene Schatten zu vermuten gibt, zu einem hellen Horizont. Das Überwinden der Nacht ist Inhalt der Wesenszeit und bezweckt das Erreichen des Tages. Bei aller Wachheit, die ein menschliches Bewusstsein in seiner Dämmerung erreicht, meint das Wort "Wesen", wie hell der Menschengeist auch leuchten mag, so ist er doch mehr noch ein nächtliches Tappen durch die Dunkelheit. Denn wenn der Tag begänne, wüssten wir, dass wir keine Menschen sind.

8. **Arbeit**
    Arbeit ist das Schicksal der Waisen.

Das Wort *"Arbeit"* entstammt indogermanisch der Wurzel *"orbho-s"*. "Orbho-s" hieß "verwaist" oder "die Waise". Aus dem griechischen Wort *"orphanos = verwaist"* oder dem spanischen *"huerfano"* ist der betreffende Wortstamm leicht herauszulesen. Eng verwandt ist die slawische Wortgruppe um *"robota* = Arbeit". Das fehlende Glied zwischen der slawischen und der germanischen Sprachentwicklung findet man im Mittelhochdeutschen. Damals nannte der Lehnsherr seine zur Fronarbeit gepressten Bauern *"robatter"*. Zu Frondiensten für ihre menschlichen Herren gezwungen sind auch die Roboter, ohne dass sie sich darüber allerdings wie die unterdrückten Bauern beklagen könnten.

Auch die Begriffe *"Erbe"*, *"arm"*, *"Erbarmen"* und *"barmherzig"* kommen aus derselben Vorstellungsquelle. Unter einem Erben verstanden schon die Kelten und Germanen ein verwaistes und schutzloses Kind, im Sinne von altindisch *"arbha-h* = klein und schwach". Die Vorstellung der Schutzlosigkeit des Hinterbliebenen steht vor der Idee des segensreichen Erbens im Vordergrund, da es, so darf man getrost annehmen, in vorgeschichtlichen Zeiten für ein verwaistes

Kind kaum mehr als ein paar Armseligkeiten zu erben gab. Die existentielle Ungewissheit, die sich durch den verfrühten Tod der Eltern für das Kind ergab, ließ sich durch ein paar Schaber aus Wisentknochen, die Fischgrätenspange von Oma und ein paar Lederlappen kaum ausgleichen. Lateinisch heißt *"orbus"* "beraubt". Nach dem Tode der Eltern ist das Waisenkind ihres Schutzes beraubt.

Das Wort die *"Waise"* ist andererseits mit dem mittelhochdeutschen Begriff *"entwisen"* verwandt, was soviel meinte wie "verlassen sein". Gemeinsam gehen beide auf das indogermanische Wort *"ueidh- = trennen"* zurück.

Folgendes Gedankenspiel macht die oben skizzierten Zusammenhänge und die Verquickung von Arbeit, Erbfall, Erbarmen und erbärmlichem Waisenschicksal deutlich:

Selbst wenn das Waisenkind Glück hat und von seinen verstorbenen Eltern kräftig erbt, bleibt ihm zwar die Erbschaft, von den Eltern ist es aber verlassen und von ihrer schützenden Liebe abgetrennt. Noch ärmer dran ist es, wenn nichts zu vererben war. Dann ist es bloß verwaist und man kann nur hoffen, dass ein gutes Herz sich seiner erbarmt. Erbarmt sich aber niemand, ist das Schicksal der Waisen besonders unbarmherzig. Will das arme, schwache Kind jetzt nicht verhungern, muss es selbst etwas für sein Überleben tun und....arbeiten.

An Hand der durchgespielten Gedankenkette lässt sich der Zusammenhang zwischen Arbeit und Verwaisung ableiten. Arbeit ist das Schicksal dessen, den jene äußeren Kräfte verlassen haben, die ihn bisher ohne sein Dazutun am Leben hielten. Zuerst verwaist man von der Nabelschnur, dann von der Mutterbrust, von der Wiege und zuletzt von der Fürsorge seiner Eltern. Hat der Verwaiste danach nichts geerbt und findet er niemanden, der ihn ökonomisch an Kindes statt adoptiert, zum Beispiel einen großzügigen Liebhaber, einen Mäzen oder eine reiche Witwe, dann wird Arbeit zum Erwerb des Lebensunterhaltes eine dauernde Pflicht. Es sei denn, der Verwaiste begnügt sich mit den Zuwendungen der öffentlichen Fürsorge.

Eine Erbschaft ist ein über den Tod hinausreichender elterlicher Schutz vor den wirtschaftlichen Zwängen der Wirklichkeit. Wer ausreichend erbt, braucht nicht selbst zu arbeiten, weil er von den Arbeitsfrüchten seiner Ahnen zehrt. Erbschaft ist durch den Tod verschenkte Arbeit.

Arbeit ist jede zielgerichtete Handlung, die das Soll, das durch die Verwaisung entstanden ist, erfüllt. Die Fronbauern des Mittelalters mussten schuften, weil der Schuft von Lehnsherr ihnen sein geraubtes Land verlieh und als Zins Arbeitskraft von ihnen forderte. Leibeigene mussten am eigenen Leibe erfahren, dass nicht nur das Land, sondern auch ihr Leib dem Lehnsherrn gehörte.

Mit ähnlichen Besitzverhältnissen wird die Waise konfrontiert, wenn ihr, aufgeschreckt vom Tod der Eltern, klar wird, dass ihr Leben nicht autark ist. Um zu leben, muss sie etwas tun. Ihr Lehnsherr ist aber kein frecher Bandit, der nimmt, ohne wirklich zu geben. Lehnsherr der Waisen ist die Wirklichkeit und deren Schöpfer, der sie vom reinen Reich der Leere aus in Szene setzt und den Spielern im seinem Drama Rollen und Leben verleiht. Als Preis für die Leihgabe des Lebens verlangt er von den Seinen, dass sie am steinigen Acker der Realität ihren beständigen Frondienst ableisten.

Solange die Eltern noch lebten, nahmen sie dem Kind einen großen Teil dieser Sorgen ab. Nach ihrem Tod muss die Waise nun selbst dafür Sorge tragen, dass sie dem Lehnsherrn des Lebens nicht allzu viel schuldig bleibt und sie tut das durch die verschiedenen Formen der Arbeit. Arbeit ist der Frondienst am Leben, den man selbständig erbringen muss, wenn man nicht mehr getragen wird. Wer sein Waisentum annimmt und für sich selbst einsteht, arbeitet dankbar um sein Leben. Sein Leben ist dann Pflicht, Geschenk und Dank in einem. Wer sein Waisentum ablehnt und einen Zustand sucht, in dem er einem irdischen Beschützer für sein Dasein danken muss, wird sich gegen Arbeit sträuben. Erwachsen zu sein ist Waisentum. Wer danken muss, dessen Gedanken sind unfrei und der Unfreie hat keine Hand frei, mit der er die Geschenke des Lebens annehmen kann.

Hat ein Verwaister nicht die Möglichkeit, durch Arbeit für sich selbst zu stehen, dann wird er zum Kind, das von der Fürsorge am Leben gehalten wird wie von der Verwaltung eines Findlingsheims. Wer als Getragener in die Arme derer gerät, die am Verlust seiner Selbständigkeit mitschuldig sind, und der, weil er jetzt getragen ist, auch noch danken muss, kann in seinem Dank nur Hassen oder unterwürfig sein.

9. **Leben**
Das Leben sucht die Versammlung des Ganzen.

Die phantastische Ausbreitung des Lebens in unzählige Formen über Ozeane und Kontinente hinweg scheint im sprachlichen Bereich eine gewisse Entsprechung zu haben. Ob das Zufall oder notwendiger Ausdruck derselben Gestalt auf verschiedenen Ebenen ist, darüber mag man spekulieren. Bruchstücke und Sinnsplitter des Begriffes "Leben" lassen sich jedenfalls in unerwarteten Nischen der Sprache nachweisen, so als nutze das Leben auch hier jede Gelegenheit, sich facettenreich auszubreiten. Bei oberflächlicher Suche tauchen im Stammbaum des Wortes *"Leben"* zunächst drei enge Verwandte auf:
"Leim", "bleiben" und "Leib".
Forscht man von da aus weiter in die Tiefe kommen Begriffe wie *"Lehm"*, *"glätten"*, *"schleichen"*, *"schlecht"*, *"schlicht"*, *"Schlitten"* sowie die Zahlwörter *"elf"* und *"zwölf"* ans Tageslicht. Diese zählen, mit Ausnahme des "Lehmes", zur Verwandtschaft höheren Grades. Da man im ausufernden Geflecht entfernter Verwandtschaften schnell den Überblick verliert, ist es besser, die Freiheit der Spekulation hier einzuschränken. Deshalb sollen im Folgenden nur die drei erstgenannten Wörter näher untersucht werden.

Alle drei gehen auf einen gemeinsamen Ahnen zurück. Dabei handelt es sich um das Wort *"[s]lei-"* im Sinne von "feucht, schleimig, klebrig".
Die Gedankenkette von der ursprünglichen Vorstellung des Schleimighaftenden bis zum Leim ist leicht verständlich und zählt kaum Glieder. Schleim und klebriger Glibber erregen stets den Verdacht, mit Lebendigem in Verbindung zu stehen; entweder als dessen sumpfige Quelle, als Kolonie einer einzelligen Spielart oder schlicht als ausgeschiedene Hinterlassenschaft. Umgekehrt kommen solche Klebrigkeiten in der unbelebten Welt, in Fels- und Wüstenlandschaften und im Sternenstaub kaum vor. Hier gibt es keine schmatzende Adhäsion, jedenfalls nicht dort, wo es trocken ist. Schmatzend und klebrig ist zwar auch nasser Lehm, aber beides, der Lehm und das Wasser, haben schon bemerkenswert viel mit dem Leben zu tun. Diese Koinzidenz beschäftigte die Autoren des Alten Testamentes, denen zufolge Adam bekanntlich aus Lehm entstand.
Das Element des Klebrigen wurzelt tief im Sein des Lebens. Im Wissen darum, wie reduktionistisch jede ausschließende Perspektive ist, kann das Wesen des Lebens einseitig von seiner Klebrigkeit her betrachtet werden. Die Evolution vom ersten Bruchstück einer Ami-

nosäure bis zum hochkomplexen Erbmolekül lässt sich dann so verstehen, als ziehe die Triebkraft des Lebens seit Urzeiten eine Leimrute durch die Welt, an der als versammeltes Gedächtnis unzähliger Begebenheiten kodierte Erfahrung klebenbleibt. Es scheint, als baue sich in der Zeit das Einfache zum Komplexen auf. Dadurch entsteht aus dem Unzusammenhang des Möglichen kohärente Wirklichkeit. Das Wirkliche unterscheidet sich vom Möglichen durch seine bewiesene Kohärenz.

Der Begriff *"klebenbleiben"* erklärt, wie das Wort *"bleiben"* mit *"Leim"* und *"Leben"* zusammenhängt. *"Bleiben"* und *"Kleben"* sprechen etymologisch vom gleichen wie *"Leim"* und *"Leben"*. Da hängt schon wieder etwas zusammen; klebrige Sinnverwandtschaften zwischen den Wörtern, die sich das Leben ausdenkt.

Das an der Leimrute sich sammelnde Wissen des Lebens baut sich zu wachsend verschachtelten Informationsgebäuden auf, die entgegen aller Entropietendenzen der Physik innerlich zusammenhaften. Diese Tendenz zur Adhäsion, zum Zusammenkleben, Verbinden und Haften ist das Prinzip, das das Leben aus der Gegenströmung physikalischer Erosionskräfte entstehen lässt.

Die Klebetendenz des Lebens ist systematisch.

Man findet sie auf körperlichem Niveau:
Die Zellen jedes Leibes fielen wie Sandkörner auseinander, wäre da nicht zwischen ihnen eine Kraft, die sie zusammenhielte.

Man findet die Klebetendenz auf sozialer Ebene:
Menschen formieren sich zu Gesellschaften. Menschen, Tiere und Pflanzen bilden Biotope. Das Leben spielt sich im Rahmen gemeinsamer Zusammenhalte ab. Selbst wenn es einen Seefahrer auf eine einsame Insel verschlüge und er zwanzig Jahre lang dort bleiben müsste, hielte er seine soziale Seite so klebrig und zur Adhäsion bereit wie eine frisch geleckte Briefmarke. Wie viel Mühe würde er sich geben, mit Freitag ins Gespräch zu kommen!

Man findet die Klebetendenz in der Struktur des Bewusstseins:
Denken ist immer ein Zusammenfügen bedachter Elemente zu sinnvollen Gestalten. Gefühle hängen mit Zuständen des Seins und der jeweiligen Situation zusammen. Sich selbst empfindet man als einen sinnvollen und dynamischen Zusammenhang eines situativen Seins, Denkens und Fühlens. Überhaupt kann man sich selbst ohne inneren Zusammenhalt nicht vorstellen. Dort wo Teile des seelischen

Zusammenhaltes zu zerbrechen scheinen, sieht man die bergende Eischale der wesenhaften Kohärenz von spitterndem Wahnsinn (Schizo = gespalten) bedroht und zuckt instinktiv schaudernd ein Stück zurück. Sinn ist ein sinnvolles Bezogensein von Elementen zueinander. Sinn ist ein Heiligtum, weil er die Welt wie die Elemente einer Wundertüte zu etwas Ganzem verklebt. Ohne Sinn wäre die Welt ein kullerndes Chaos.

Sinn darf allerdings nicht mit Zweck verwechselt werden. Die Frage nach dem Sinn findet nur halbe Antworten wenn man fragt:
"Welchem Sinn dient...?"

Nichts dient irgend etwas anderem ohne gleichzeitig dienstfrei in sich ganz zu sein. Alles ist bereits ganz in dem, was es für sich ist. Eine Fahrt mit dem Auto zu irgendeinem Ziel dient keineswegs nur dem Erreichen dieses Zieles. Die Fahrt ist erstens auch ein Sein für sich, das nur zum zweiten mit einem Sein am Ziel zusammenhängt. Glaubt man, die Fahrt diene bloß der Ankunft, entwertet man ihre Fülle zum dürren Mittel zu einem mageren Zweck. Man glaubt, die Fahrt diene, weil man sich fürchtet frei zu sein. Man hat Angst, dass man von der Fahrt etwas weiß. Wäre man der Fahrt im Verlaufe ihres Herganges voll bewusst, könnte man in seiner Seele sehen, wie der Kosmos explodiert. Man ist sich der Fahrt nicht bewusst, weil man aus Angst vor der Freiheit des Seins lieber Diener und Sklave ist. Als Sklave glaubt man, dienen werde durch Ankunft belohnt.

Der eigentliche Sinn liegt in der zweckfreien Möglichkeit über die Explosion des Bezugs der Elemente zu staunen. Kriterium des Sinnvollen ist, ob sein Erkennen das Leben in einen demütigen Rausch der Extase versetzt. In deinen Schultern tanzt der Atlantik im Sturm. Er will, dass du weißt, wie glücklich er ist. Das Sein ist über den Sinn aller Zwecke erhaben.

Das Leben haftet untrennbar am "Kleben", weil ein Leben, das sich nicht an sich klammerte, bald beendet wäre. Man stelle sich nur vor, ein Löwe wolle uns fressen und uns wäre das egal. Wer lebt, klebt an seinem bisschen Leben, selbst wenn es schmerzhaft und erbärmlich ist.
 In Momenten der Gefahr wird die Schicksalsgemeinschaft von irdenem Leib und irdischem Leben deutlich; geht es dem einen an den Kragen, hat auch der andere den Kopf in der Schlinge. Wie siamesi-

sche Zwillinge sitzen sie im selben Boot; das irdische Leben im Leib und der irdene Leib im Leben. Als leibliches Dasein ist man im Leben da, wo der Leib ist. Man ist "im Leben" oder "am Leben", aber nicht "sein Leben". Leben selbst ist kein mentaler Gegenstand, den der Körper in seinen Geweben trüge. Das Individuum (lateinisch das "Ungeteilte") ist als ein Erleben seiner Situation zugeteilt und es kann so auch nicht von einem Körper oder einem Leben in den nächsten Körper und ins nächste Leben springen. Dann wäre es aufgeteilt. Das einzelne Leben ist so untrennbar mit seiner leiblichen Wirklichkeit und dem Horizont seines Seins verhaftet, dass es nach seinem Ende seine Vergangenheit nicht mehr als sich selbst erkennt.

1o. **Wirklich**
Unwirklich bleibt, wovon niemand weiß.

Die Wirklichkeit der Welt liegt in den Wirkungen, die in ihr zu erkennen sind. Deshalb bezeichnet man sie als "Wirklichkeit"; der Begriff "Realität" greift eigentlich zu kurz. Wenn man ein Wort namens "Tatsächlichkeit" erfände, wäre es besser, man würde es gleich wieder verwerfen, denn es geht am munteren Wesen der Wirklichkeit ebenso vorbei wie "Realität" und klingt außerdem abscheulich.

Obwohl die Wirklichkeit mehr als nur real und lebendiger als "tatsächlich" ist, kann man die Vorstellungen "tatsächlich", "real", und "wirklich" nur gedanklich unterscheiden, weil der Unterschied in der Wirklichkeit selbst nicht erlebbar wird. Jede Welt, aus deren Dämmerung ein Bewusstsein erwacht, das die Welt zu erkennen versucht, ist damit schon wirklich. Daher kann man nur eine wirkliche Welt erleben, auch wenn ohne Bewusstsein darin so manche Realität tatsächlich wäre.

Wider Erwarten macht es aber trotzdem Sinn, über Unterschiede nachzudenken, die zwar tatsächlich sind, die es in Wirklichkeit aber gar nicht geben kann, weil dieses Gedankenexperiment neue Indizien dafür erbringt, dass eine wirkliche Welt ohne Bewusstsein nicht auskäme - und das beruhigt die Nerven. Da Gedankenexperimente abstrakt sind und leicht an einem Übermaß an Substantiven erkranken, die saft- und kraftlos auf "-heit", "-keit" oder schlimmer noch auf "-heitlichkeit" enden, sei der Leser ermutigt, zu überspringen, was ihn langweilt.

Tatsächlich ist bereits, was als faktischer Zustand vorliegt. Immer sind Tatsachen dabei an Realitäten gebunden. *"Real"* stammt vom lateinischen Wort *"res* = die Sache" und meint damit alles, was auch dann "da" wäre, wenn niemand Notiz davon nähme und sich keiner daran zu schaffen machte. Macht man es aber doch, dann werden die Sachen, das Inventar der Realität, als Widerstände sinnlich erlebbar. Wer auf Holz klopft, spürt die Realität des Holzes knöchelhart am Zeigefinger und er vernimmt sie als Tok-Tok-Tok im Ohr.

"Da" steht hier in Anführungszeichen, weil man sich zu Recht fragt, wo das "da" der Sache denn ist, wenn niemand da ist, dem sie vorliegt. Die Unterscheidung zwischen "da" und "dort" ist an die Gegenwart eines Betrachters gebunden, der sie durch sein Dasein erst definiert.

Im Begriff *"Tatsache"* verbindet sich die beklopfbare Realität der Sachen mit dem Wort *"Tat"*. Das Verb *"tun"* ist ein Abkömmling der indogermanischen Wurzel *"dhe-* = setzen, stellen, legen". Tatsachen sind also "dahingesetzte Sachen". Wer die Sachen dahingesetzt hat, ist dabei unwichtig. Wichtig ist vielmehr zu sehen, dass die Tatsachen auch dann noch real sind, wenn sich der Täter nach dem Absetzen der Sache spurlos aus dem Staube gemacht hat. Zur Tatsache wird ein Faktum (= das Gemachte), wenn die Tat gemacht, dass heißt, wenn sie beendet ist. Sind Tatsachen also einmal da, kommen sie auf ewig ohne ihren Täter aus.

Ob etwas wirklich ist, fragt aber nach mehr als nach faktischer Realität. Das "Tun" bei der Tatsache ist Vergangenheit. Es hat zwar dazu geführt, das die Tatsache jetzt vorliegt, ist selbst aber nicht mehr gegenwärtig. Im Unterschied dazu ist Wirkung ein Schaffen in statu nascendi. Wirkung wird am Tatsächlichen gegenwärtig erkennbar, da sie sich nur im Präsens beobachten lässt. Dinge könnten daher jenseits der wachen Präsenz des Bewusstseins tatsächlich sein, ohne dass sie deshalb wirklich wären.

Eine solche "Tatsächlichkeit" wäre eine Ansammlung realer Zustände, die beisammen sind, ohne aufeinander einzuwirken. Der Autor phantastischer Romane kann sich eine derartige Welt jenseits des relativen Raumes leicht ausdenken. Sie liegt hinter den sieben mathematischen Megonen im Reich der abstrakten Objektivität. So ein Tatsachenfeld enthielte allerlei Verschiedenes und könnte mit einem endlosen Zyklus innerer Abläufe beschäftigt sein. Raum und Zeit Transmegoniens wären absolut. Zu Gesicht bekäme man die reine Realität Transmegoniens aber nicht, da jede Beobachtung durch ein Raumschiff, das sich aus dem wirklichen Kosmos hinweg nach

Transmegonien beamte, die Tatsache des transmegonischen Zyklus augenblicklich in eine Wirklichkeit verwandeln würde. Transmegonien wird von seinem Schöpfer, der es zur Tatsache gemacht und hinter die Megonen gesetzt hat, weder bewohnt noch eines Blickes gewürdigt. Außer der Leiche fehlt hier vom Täter jede Spur.

Ohne einen Beobachter, ohne jemanden, der sich die Tatsachen ansähe, ließe sich die unwirkliche Realität also denken, aber im Geiste weiß man, dass die transmegonische Dynamik nur scheinbar, und dass sie ohne Nachweis echter Wirkung wäre. Transmegonien läge mitsamt der verwunschenen Abläufe in seinem Inneren jenseits der Wirklichkeit in einem Dornröschenschlaf.

Ebenso wichtig wie es zum Verständnis des eigenen Daseins ist, die "Wirklichkeit" von den "Tatsachen" zu unterscheiden, ist die rechte Bewertung des Begriffspaares von "Wirkung" und "Ursache".

Jede Wirkung hat ihre Ursachen. In der Welt sind Verkettungen von Ursachen und ihren Wirkungen jedenfalls erkennbar. Die Welt, in der der Mensch seine zwiespältigen Geschäfte betreibt, nennt man jedoch "Wirklichkeit" und dann fragt man erst, wer sie verursacht hat. Obwohl man, bei der Beschäftigung mit der Wirklichkeit, "Wirkung" und "Ursache" stets in einem Zuge denkt, wird auf den Begriff "Ursächlichkeit" im Deutschen getrost verzichtet. Dadurch verweist die Sprache auf Tatkraft und Verantwortung, und sie hält das menschliche Ausgeliefertsein an eine Vergangenheit, die die Gegenwart in ihrer Unvollkommenheit als missglückte Wirkung schuldhaft verursacht hat, für weniger erwähnenswert. Die Sprache sagt, man sei Täter, obwohl sie weiß, dass man auch Opfer ist.

Die Richtung der bewussten Entwicklung weist in die Zukunft. Sie geht zwar von Ursachen aus, aber sie zeigt davon weg. So wie ein Bewusstsein sich entwickelt, verlässt es also im Laufe der Zeit seine Ursachen. Es lässt die Ketten seiner Verursachung hinter sich und wird mit einem Selbst identisch, dessen Entstehen nie verursacht worden war. Überspringt man nun frohen Mutes die entscheidenden aber ungeklärten Etappen der Schöpfungsgeschichte, erreicht man zuletzt ein Losgelöstes, das so identisch mit sich selber ist, dass es das Diktat seiner Ursachen vergessen kann. Das Absolute kann seine Ursachen als eigene Wirkung beliebig neu benennen.

Gäbe es nur eine physikalische Welt, eine Welt lebloser Strahlen, Felder und Atome, so wäre diese Welt unwirklich, weil die Kräfte zwischen den Objekten nur scheinbar wirken. Eine solche Welt wäre zwar real, im Sinne des unbestimmten Dortseins Transmegoniens, aber dieses Sein wäre unwirklich, da die unbelebten Dinge nicht aufeinander einwirken.

Dazu ein Beispiel:

Es sieht nur so aus, als wirke die Gravitationskraft der Erde auf den Mond. In Wirklichkeit sind Erde, Mond und das Kraftfeld dazwischen ein starres, naturgesetzliches System. Der gesamte Ablauf seines Verhaltens liegt, solange von außen nicht auf das System eingewirkt wird, fest. Die übliche Deutung, die Erde wirke mit ihrer Gravitation auf die Sonne, den Mond und die Planeten, ist ein eingefahrenes Zerrbild der menschlichen Wahrnehmung. Es wird eine Kette von Ursachen behauptet, wo keine ist, weil man die zeitliche Abfolge der Wahrnehmung als Kausalitätsfolge fehldeutet.

Mit gleichem Recht könnte man sagen, das Kraftfeld bewirke an seinen Enden, dass Erde und Mond entstehen, indem es beide um einen Schwerpunkt dreht. Diese Deutung des Sachverhaltes ist so kurzschlüssig, wie jene, die man als Selbstverständlichkeit annimmt. dass Materie und Kraftfeld gleichzeitig auftreten und in einem gesetzmäßigen Bezug zueinander stehen ist zwar ein Tatsache, aber kein Hinweis darauf, dass das eine durch das andere bewirkt würde. Eine Kausalbeziehung wäre nur anzunehmen, wenn man mit Hilfe von Materie vorher inexistente Kraftfelder erzeugen könnte. Das kann man nicht.

Man schließt aus der Form der Wahrnehmung auf eine Folge von Ursache und Wirkung. Weil die Augen Dinge sehen, nimmt man die Wirklichkeit als Welt sichtbarer Gegenstände wahr und im Glauben, dass man glauben könne, was man scheinbar sieht, glaubt man, sichtbare Dinge seien wirksam. Wären die Sinnesorgane aber anders ausgerichtet, hätte man keine Augen, sondern wäre man ein phantasievolles Weltraumgeschöpf aus der Feder jenes Autors, der schon Transmegonien für den Sciencefiction-Leser schuf, dann hätte man womöglich Schwerkraftfühler und man nähme nicht das Sichtbare der Körper wahr, sondern ihre Kraftfelder. Man würde daraus schließen, dass das Kraftfeld ursprünglich sei und den Körper bewirke und dass die Gravitation Planeten verursacht.

Innerhalb eines materiellen Kosmos gibt es keine Wirkungen. Er ist in sich abgeschlossen, weil der Endzustand seiner Existenz durch die herrschenden Gesetze bereits vorliegt. Die Welt der Felder, Strahlen und Atome ist von Anfang an bereits an ihrem Schluss. Sie ist ein starrer Zustand, egal was in ihr, auf wie vielen Zeitachsen auch immer, scheinbar passieren mag. In Wirklichkeit ereignet sich in diesem

Kosmos nichts. Er ist der materialisierte Beweis der Mathematik und tickt wie eine aufgezogene Uhr ausgerechnet bis zu seinem Ende. Trotzdem gibt es zwischen seinem Anfang und seinem Ende keine wirksame Zeit, ohne dass das Paradox der Begriffe sich an der Realität seiner Fakten stören würde.

Wenn das scheinbare Geschehen zwischen leblosen Dingen also nichts mit Wirkung zu tun hat, kann man erneut die Frage stellen, was das entscheidende Quäntchen Salz in die fade Suppe des Realen bringt, damit es zum aufregend schmackhaften Consommé der Wirklichkeit wird.

Ein Geschehen ist ein "Von-statten-gehen" gesetzmäßiger Abläufe. Das ist selbst im frei erfundenen Transmegonien real. Wirklich ist es nicht, weil der Ablauf des Gesetzmäßigen nichts bewirkt, was mathematisch nicht sowieso schon wäre und somit kein Ereignis ist. Wirklich sind nur die echten Ereignisse und die gibt es nur, indem sie wirklich sind. Bedenkt man, dass das Wort *"Ereignis"* bis ins 18. Jahrhundert noch *"Eräugnis"* hieß, dann hat man das Wesentliche schon begriffen. Es wird darin deutlich, dass sich ohne den Betrachter, der die Eräugnisse mit eigenen Augen sieht, eigentlich nichts ereignet. Die Wahrnehmungen des Betrachters erst verwandeln starre Realitäten in ereignisreiche Wirklichkeit. Ohne den Betrachter gäbe es keine Gegenwart in der die Wirkung der Ereignisse gegenwärtig ist.

Mit dem Begriff "Eräugnis" bringt das Deutsche bei der Unterscheidung zwischen den realen Abläufen der lebensfernen Langeweile Transmegoniens und dem überraschenden Ereignis "Wirklichkeit" ein bemerkenswertes Element ins Spiel: Das Auge.

Zu Sehen bewirkt im Betrachter Effekte, deren Folgen für die betrachtete Welt nicht vorauszuahnen sind. Betrachtet man den Begriff *"Betrachter"*, stößt man darin auf das Verb *"trachten"*. Ein Betrachter sieht also nicht nur unverbindlich mal so hin, sondern im Hinsehen trachtet er schon. *"Trachten"* stammt vom lateinischen Verb *"trahere = ziehen, schleppen"* und ist nahe verwandt mit dem *"Traktor"*. Wie der Traktor den Pflug gemäß den Wünschen des Bauern durch die Erde zieht und die Bodenschichtung damit willkürlich verändert, zieht der Betrachter durch die Wahrnehmung der Dinge diese aus ihrer mathematisch festgesetzten Bahn. Das ist, was über das Reale und seine Tatsachen hinausgeht und das Wesen der Wirkung begründet. Der Betrachter bewirkt, weil er schon beim Betrachten der

Physis nach deren Beeinflussung trachtet, dass sich durch ihn die Physik überwindet.

Mehr Klarheit über das Geflecht aus wachem Betrachter und betrachteter Wirklichkeit kann man gewinnen, wenn man sich erneut der Struktur des Wortes *"Wirklichkeit"* zuwendet und ihm so Gelegenheit gibt, weitere Aspekte seiner Weisheit ans Tageslicht zu bringen.

Der Begriff besteht aus drei fassbaren Komponenten, die erst im begrifflichen Zusammenspiel ihrer drei verbalen Instrumente den Wesenssinn der "Wirklichkeit" erklären. Am Anfang findet man das Verb *"wirken"*, in der Mitte ist die Silbe *"lich"* zu erkennen und am Ende das Suffix *"keit"*.

"Wirken" ist das Verb zum Hauptwort *"Werk"*. Über die griechische Ahnenreihe der indogermanischen Sprachen geht es von da zu *"ergon* = Arbeit" und zur *"Energie"*. *"Ergein"* heißt "einschließen". Energie ist folglich in der Bewegung, in der Lage oder im Akkumulator eingeschlossene Arbeit.

Den Alten Indern kam, wenn Buddha ihnen auf Sanskrit vom achtfach rechten Pfad durch die Wirklichkeit predigte, beim Thema "einschließen" das Wort *"vrajah"* mit der Bedeutung die *"Hürde"* und die "Umhegung" in den Sinn. All diese Begriffe gründen im indogermanischen Wort für das "Flechten".

Indem das Leben die ehernen Stränge der Physik aufgreift und zu einem geistigen Gewebe verflechtet, erschafft es die Wirklichkeit als transzendierte Realität. Nicht umsonst benennt das Verb *"wirken"* im speziellen Sinne die Erzeugung von Wirkwaren. Wirken ist eine Form des Webens, Wirkwaren sind gewebte Stoffe. Wirklichkeit ist weiterverarbeitete Realität.

Das Flechtwerk der Wirklichkeit ist dem Leben Hürde und Umhegung. Hürde ist es, weil es dem Leben jenen Widerstand entgegensetzt, der es gottlob daran hindert, auf die Welt in der ungezügelt freien Willkür seiner Launen einzuwirken. Setzte die Wirklichkeit der Willkür nämlich keine Grenzen, wären die Menschen missratene Götter.

Umhegung ist die Hürde, weil sie vor der nackten Wucht der Freiheit schützt. Würde man von der Wirklichkeit nicht auf den Boden ihrer Tatsachen zurückgeholt, stutzte sie nicht jeden ungehemmten Wuchs zurück, dann verliefe man sich ausweglos im Labyrinth seiner freien Entschlüsse. Dort würde man über die Unzahl der möglichen Seitengänge bitter fluchen und wäre froh, könnte man dem

Fluch des Freiseins in die schützenden Fesseln der Umhegung entrinnen.

Die Silbe *"lich"* kommt vom germanischen Wort *"lika"*. Als Arminius der Cherusker im Teutoburger Wald die Legionen des unglücklichen Varus niedermachen ließ, verstanden seine Mannen unter dem Wort "lika" sowohl den "Körper" und die "Gestalt" als auch "die *Leiche*", was akustisch noch heute gut zu erkennen ist. Nach der Schlacht lagen die Körper der besiegten Legionäre als Leichen im Wald. Um der Wirklichkeit keinen makaberen Sinn zuzuschreiben, sei für die aktuelle Analyse des Begriffes die Sinnvariante "Gestalt" ausgewählt.

Um zuletzt zu erkennen, was das Wort "Wirklichkeit" in seinem Dreiklang meint, fehlt jetzt noch der ursprüngliche Sinn des Suffixes *"keit"*. *"Keit"*, wie es in "Helligkeit", "Süßigkeit" und Großzügigkeit zu vernehmen ist, geht bis zur heiteren Urwurzel *"kai* = scheinen, leuchten" zurück.

Die Wirklichkeit ist folglich dergestalt, dass sie beim Flechten erst erscheint. Sie ist jenes helle Leuchten, dessen Lichtgestalt am Horizont einer unwirklichen Realität aufscheint, wenn darin ein bewusster Weber nach der Freiheit trachtet.

11. **Staunen**
    Nichts ist selbstverständlich.

Die Wörter *"staunen"* und *"stauen"* sind eng miteinander verwandt. "Staunen" im Sinne von "sich wundern" heißt eigentlich "starr sein" und entspricht dem mittelniederländischen Wort *"stunen* = sich widersetzen". Als der Widerstand der Geusen gegen die Spanier um Hollands Freiheit rang, war das Wort "stunen" noch als Verb zur Bezeichnung für ein widerborstiges Aufbegehren im alltäglichen Gebrauch.

"Stauen" ist das ältere Wort derselben Sinnfamilie. Über die indogermanische Wurzel *"st[h]au-* = zum stehen bringen, stellen" ist es mit dem Verb *"stehen"* verschwistert. Vor diesem Hintergrund betrachtet heißt "stauen" soviel wie "festschichten, hemmen, Einhalt gebieten".

An Hand einiger Szenen aus der großen Zeit der Wassergeusen soll nun demonstriert werden, was die Vorstellungsbilder des *"Stunens"* und des *"Stauens"* mit dem erstaunlichen Abschütteln des spanischen Jochs durch die Niederländer zu tun haben:

1566 hatte Jan van Dijk seine Pläne zum Bau eines Deiches fertiggestellt, dessen gewaltige Staumauern die gefräßige Nordsee dereinst vom Ijsselmeer fernhalten sollten. Inspiriert wurde van Dijk durch den Staudamm von Assuan, der sich in Oberägypten stolz und starr den Wassern des Nils entgegenstemmte und durch die Staustufen des Nordostseekanals, dessen Wehre jener Strömung Einhalt geboten, die aus den unterschiedlichen Pegelständen von Nord- und Ostsee entstand. Van Dijk rollte zufrieden seine Baupläne zusammen, verstaute sie in den Packtaschen seines Fahrrades und wollte gerade zum Deichbauamt fahren, als sejn Meisje Antje mit zerzaustem Rock und aufgerissenen Augen herbeistürzte und van Dijk von der Belästigung durch einen lüsternen spanischen Besatzer berichtete. Van Dijk war empört. Da beschloss er, nicht die Nordsee aufzuhalten, sondern sich der spanischen Niedertracht zu widersetzen. Er bat Antje, seine Deichbaupläne vorerst im Käsefach zu verstauen und heuerte im Hafen auf einer Geusenkogge an.

An Bord der Kogge erkannte van Dijk, dass die Geusen zwar freiheitsliebend aber auch undiszipliniert waren. Kanonenkugeln und Pulverfässer lagen unordentlich an Bord herum und kullerten im Takt der Wellen über die Planken. So war die Freiheit nicht zu gewinnen. Käme es zur Seeschlacht mit den Spaniern, würden die Geusen im Getümmel über die eigenen Kugeln stolpern. Beherzt stapelte Van Dijk die wertvolle Munition im Stauraum mittschiffs fest und legte so den Grundstein für die Unabhängigkeit seines Landes.

Bei der Betrachtung dieser Anekdote aus Wahrheit und Dichtung wird deutlich, dass zum Stauen immer ein "Sich-widersetzen" gehört. Dort, wo etwas aufgestaut oder verstaut wird, widersetzt man sich dem Zufälligen. Man widersetzt sich einer Unordnung oder einem Status quo, jedenfalls irgendwelchen Zuständen oder Vorgängen, die ohne ein Dazutun so ablaufen würden, wie es ihnen durch das Gesetz ihrer Trägheit zufiele. Durch ein Stauen greift man in den bisherigen Gang der Dinge verändernd ein. Dem Fluss der Ereignisse verwehrt man es so, unhinterfragt weiterzufließen, wie er es dem spontanen Gefälle seines gewohnten Flussbettes gemäß tun würde.

In dieser Weise bestimmt auch ein "Sich-widersetzen" den wesentlichen Sinn des Wortes "Staunen". Das Staunen ist ein verändernder Eingriff in den Ablauf eines jeweiligen Lebensmomentes. Es ist damit nicht nur ein aufflackernder Affekt, der bei erstaunlichen Ereignissen begleitend auftaucht wie Nordlicht am nächtlichen Himmel und so rasch wie er kam wieder ohne Spur im Dunkel verlischt. Das Staunen hat vielmehr eine entscheidende Funktion. Es verändert ein Schema. Es stört einen automatischen Ablauf in seiner Monotonie. Es reisst aus der Routine des gewohnten Wahrnehmens und Handelns heraus. Wer staunt, hält sich in seinem Trott an. Bildlich gesprochen macht er sich erst einmal starr und widersetzt sich damit dem unbedachten Weitermachen-wie-bisher. Wer staunt hält inne und ist wach. Es wird ihm bewusst, dass er sich dem Strom der Ereignisse, in dem er treibt, widersetzen kann. Wer staunt ist auf die bestaunte Sache und den Augenblick, in dem er sie bestaunt, konzentriert. Noch nie hat jemand gestaunt und war dabei in Gedanken an gestern, an morgen oder an anderswo zerstreut. Wer staunt, versammelt sich ganz in der Gegenwart.

Das Wesentliche am Erstaunen sind nicht die wechselnden Inhalte, an denen es sich entzündet, sondern die Überraschung, mit der das Staunen eine bis dahin als selbstverständlich geglaubte Annahme zum Einsturz bringt. Jedes Staunen beseitigt einen Glauben über die Wirklichkeit. Gestaunt wird dann, wenn der einstürzende Glaube so fest an sich glaubte, wie an ein uraltes Gesetz, an dessen Gültigkeit es bisher scheinbar nichts zu bezweifeln gab. Jeder Glaube glaubt an das Gesetz, dass es so und so ist und immer so sein wird.

Das deutsche Wort *"glauben"* stammt vom germanischen *"galaubjan"*. "Galaubjan" heißt "gutheißen" und gehört zur Wortgruppe um das Adjektiv *"lieb"*. Man glaubt, was man gutheißt, was einem lieb und recht wäre. Der Glaube begrenzt sich in jenen Horizont, den sein Träger angstfrei befürworten kann und von dem er glaubt, dies sei der Stall, in den er seine Schäfchen ins Trockene bringt. Der Glaube ist blind, weil er nicht sehen will, dass die weißen Wölfe draußen vor dem Stall das Schicksal der schwarzen Schafe in seinem Inneren sind.

Glaube ist nicht nur eine Mitgift überlieferter Religionen und die von Glaubenseiferern als Ungläubige verunglimpften sind durchaus nicht frei vom Glauben überhaupt. Geglaubt wird vielmehr überall und noch viel mehr, als man sich so denkt. Besonders verbreitet ist der Glaube an die Selbstverständlichkeiten. Er ist die Urform und der einfachste Baustein der übrigen Formen des Glaubens und doch unterscheidet er sich vom religiösen Glauben nicht nur durch seine Weltlichkeit, sondern durch die Qualität der Inhalte, deren kritische Überprüfung auf Richtigkeit man für überflüssig hält.

Während, wie es ihrem lateinischen Ursprung, dem Verb "*religere* = zurückbinden" entspricht, die *Religion* das Weltliche in das Wahre zurückzubinden versucht, indem sie, im guten Falle nach eingehender Gewissensprüfung, zugesteht, dass große Wahrheiten für die Klugheit unverstehbar sind und indem sie sich mit diesem Bekenntnis zu einer gläubigen Demut erhebt, bezieht sich der Glaube an die Selbstverständlichkeiten des jeweils kontemporären Zeitgeistes nicht auf das Wahre, sondern er begnügt sich mit dem Wahrscheinlichen, das dermaßen wahrscheinlich sei, dass es sich angeblich von selbst versteht. Mit der Überprüfung des bereits Wahrscheinlichen glaubt sich ein fortschrittlicher Geist nicht lange aufhalten zu müssen, weil er meint, dass ihn derlei Zögerlichkeiten beim eifrigen Voranschreiten nach Vorwärts bloß aufhalten. Statt Religion, könnte man diesen Glauben maliziös auch "Proligion" nennen. Die Religion glaubt heroisch ans Unverstehbare, die "Proligion" voreilig ans Selbstverständliche. Die Religion bindet zurück, die "Proligion" stürzt nach vorn.

Im Unterschied zur Religion ist der Glaube an die profanen Selbstverständlichkeiten nicht systematisch. Während die Bausteine religiösen Glaubens so gut verfugt wie Zyklopenmauern aufeinander ruhen, ist das wechselvolle Spiel des jeweils Selbstverständlichen außerhalb der Religion beweglicher. Es unterliegt mehr oder weniger langlebigen Moden. Deshalb bewegen sich hier die Horizonte etwas mehr. Wenn sie sich aber auch in der Zeit mehr bewegen und individueller sind, so bleiben sie doch Grenzen, um so mehr, je öfter man "das ist doch wohl selbstverständlich" sagt und dabei glaubt, man habe sich durch diese Zauberformel und den Brustton der Überzeugung, mit der man sie ausstößt, von lästigen Zweifeln am Rechthaben rechtmäßig freigemacht.

Gerade das Wort "selbstverständlich" verrät jedoch den eklatanten Irrtum dessen, der sich seiner Hypnose in blindem Glauben unterwirft. Der Begriff gaukelt dem, der ihn nicht staunend hinterfragt und sich so seiner Macht widersetzt, gefällig wie Schmiergeld zwei Trugbilder vor:

Zum einen liegt die Behauptung darin, ein Sachverhalt verstehe sich von sich selbst, so als gehe das ganze Verstehen alleine von ihm aus. Er sei also derart absolut, so die trügerische These des Begriffes, dass man ihn, um ihn zu verstehen, zu nichts in Bezug zu setzen bräuchte; auch nicht in Bezug zu den Motiven des Betrachters, der ihn zu verstehen versucht. Damit schreibt man ihm eine Abgelöstheit, eine Absolutheit zu, die ihm zwar nicht wirklich zukommt, die den Verstand aber vor dem Selbstverständlichen so fraglos zurückscheuen lässt, wie einen einfältigen Wilden vor den Tabus und dem Hokuspokus seines Voodooglaubens. Innerhalb einer Wirklichkeit, die ein verflochtenes Gewebe ist und kein Schüttelhaufen, ist die Annahme eines objektiv Absoluten aber falsch. Es gibt nichts auf der Welt, was zu verstehen wäre, ohne es in seinem Kontext zu sehen. Alles Verständnis ist relativ. Deshalb kann man weder Tabus und Voodoozauber noch das Selbstverständliche verstehen, ohne seine angebliche Existenz bereits als Ausdruck jener Hypnose zu erkennen, die, an den gefährlichen Fragen und den großen Chancen vorbei, den Schläfer schlecht und recht durch die Brandung des Daseins steuert.

Zum anderen suggeriert das Wort "selbstverständlich", man könne es den Angelegenheiten, mit denen man es zu tun hat, überlassen, sich selbst verständlich zu machen. Wenn das so ist, braucht man das eigene Hirn gar nicht erst aus der Ruhe zu bringen und man kann gutgläubig darauf vertrauen, dass das Selbstverständliche seiner frommen Gemeinde die richtige Art des Verstehens noch rechtzeitig mitteilt.

So ist das Selbstverständliche gerade das, was sich der Unverstand eintrichtern lässt und das er passiv absorbiert, lange bevor er merkt, dass es weder schmeckt noch gut tut. Das Selbstverständliche ist totgekochte Fertignahrung aus abgelaufenen Dosen. Fast unbemerkt wird so von Kindheit an ein überlebtes Repertoire selbstverständlicher Denk- und Lebensgewohnheiten vermittelt, die als Denk- und Lebenskäfige schon die Lebendigkeit der Urgroßeltern zu einem kümmerlichen Bonzaibaum verkrüppelten. Selbstverständlichkeiten sind die Regelgrößen jener Trance, die dort durch das Leben führt, wo man nicht wagt, wach zu sein. Selbstverständlich tut man dies und lässt man das, genauso wie ein zum Halbschlaf Erwachter, ohne zu wissen warum, jene Suggestionen ausführt, die er unter Hypnose hat glauben wollen. Weil das Selbstverständliche eben so selbstverständlich ist, muss es sich nicht vor dem Leben verantworten. Sein Schutz vor unliebsamen Fragen entbindet es von seiner Verantwortlichkeit. Daher ist das Selbstverständliche oft unverantwortlicher Unfug. Wer auf seinen Schienen denkt, fährt damit in eine Geisterstadt. Wacht jemand aus der Trance auf und widersetzt er sich der Suggestion, indem er für das, was er treibt, die Verantwortung selbst übernimmt, dann staunt er, um wie viel leichter das Leben ist, wenn man statt der Last alter Gleise bloß die Verantwortung für die eigenen Entscheidungen trägt.

Selbstverständlich vergeudet man ahnungslos wie ein dressierter Pudel die ungezähmte Mitgift seiner Lebenswucht. Wer staunt, widersetzt sich der Vergeudung des Lebens. Er staunt, wie viel er schon vergeudet hat. Er staunt, wie offenbar die Welt vor seinen Augen liegt und wie unerklärbar sich das eine maßlose Geheimnis in dieser nackten Vielfalt verbirgt. Bisweilen staunt man auch, welch Pathos man verbreiten kann, indem man eine handvoll großer Worte nimmt und im Geiste solang mit sich ringt, bis der so geborene Satz fast schon schamlos wohlig klingt.
Staunen heißt "verwundert sein". Staunen heißt, die Wirklichkeit als das ein Wunder zu erkennen und dann darin gelassen selbst zu sein. Das Wunder widersetzt sich dem Gesetz mit einem erstaunten Erwachen in der Gegenwart des Jetzt. Jetzt erkennt man, dass das Gesetz die Willkür der Freiheit ist und dass strenge Regeln hemmungslose Spiele sind.

Erstaunlich ist der Wunderglaube vieler Zeitgenossen. Wer an sogenannte Wunder glaubt, hält die offenbare Wirklichkeit anscheinend für belanglos und profan. Wie könnte er sonst auf das Wunder hoffen, dass ihm endlich etwas, sei es nun die Verwandlung von Wasser zu Wein oder ein neuer Trick mit unsichtbaren Fäden, ein erstauntes "Ah" oder ein verwundertes "Oh" abringt? Könnte er über das Wirkliche verwundert sein, hätte er Wunderzeichen aus einer anderen Welt, die er für realer, für wahrer und absoluter hält, kaum nötig. Zeichen gibt es im Offenbaren mehr als genug. Die Wirklichkeit ist immer schon, so wie sie beschaffen ist, die Offenbarung einer fließenden Flut von Verwunderlichkeiten. Die Wirklichkeit ist als Ganzes bereits absolut. Jedes Diesseits ist auch schon sein Jenseits. Deshalb gründen Wunder nicht woanders, sondern immer hier. Beim Blick in tanzende Birkenblätter oder abends nach Westen über das Meer, wenn Rot und Blau und Gelb diesem Tag in ihrer Liebe schwören, dass er nie vergehen wird, ist das Jenseits im Diesseits jedenfalls deutlich zu sehen.

Warum sollte das Alltägliche denn auch weniger wunderbar sein, als wenn es faustdicke Dukaten vom Arsch eines himmlischen Esels regnete? Auch der Dukatenregen erschiene nur verwunderlich, weil er unerwartet käme und käme er seit Menschengedenken jeden Dienstag um halb fünf, wäre das Wunder schon längst verblasst. Dukaten wären bloß wertloser Tand und man hätte das lästige Problem, Berge von glitzerndem Eselskot kostengünstig zu entsorgen. Selbst das Auftauchen leibhaftiger Engel, hörbare Mitteilungen aus den Wolken oder Schnappschüsse vom Angesicht Gottes verlören bei verlässlicher Wiederholung das Interesse jedes verwöhnten Publikums.

Obwohl man in einer Welt lebt, in der jede Antwort neue Fragen aufwirft, lebt man mit einer handvoll selbstverständlicher Ansichten recht passabel. Man kann damit sogar glauben, die Welt zu verstehen. Zöge man aber von dem, was man zu verstehen meint das angeblich Selbstverständliche ab, bliebe nicht viel vom Verstand schon Erledigtes übrig. Doch nur selten ist man so wach, sich dem Sog der Selbstverständlichkeiten zu entziehen und darüber zu staunen, wie immer unverstehbar das Wundergewebe der Welt in jeder seiner Fasern ist.

12. **Wehr**
Das Leben überwindet die Wirklichkeit.

Ein Wehr ist ein Stauwerk aus Menschenhand. Es steht stolz wie eine starre Grenze im Flussbett und hindert unbeugsam das Wasser daran, gedankenverloren talabwärts zu plätschern. Bevor das Wasser seinem spontanen Drang zum Ozean folgen kann, muss es sich vor dem Wehr zu einem See versammeln. Das Wehr verlangt, dass es seinen Fluss zum Meer mit Zeit verzollt. Es ruft: Halt ihr arglosen Tropfen, unterbrecht euren hurtigen Lauf! Versammelt euch vor mir zu einem tiefen See, damit das Leben dort das Dunkel finde, um aus seiner schwarzen Tiefe neue bunte Formen auszubrüten!

Während derselben Zeit, in der das Wehr vom Wasser fordert, als See die Wiege neuer Möglichkeit zu sein, sickern stete Tropfen ruhelos wie eine Kolonne emsiger Blattschneideameisen durch die feinsten Risse im Mauerwerk und untergraben seinen Widerstand, bis die aufgestaute Kraft des Wassers das morsch gewordene Wehr befreit talabwärts spült.

Diese Gedankenkette ist eine Beschreibung bemerkenswerter Tatsachen. lässt man sich neugierig von den Bildern verführen, dann sieht es so aus, als sei das konkrete Wehr im Bachbett ein tiefsinniges Symbol, das den Bezug des Lebens zur Wirklichkeit und der Seele zum Körper in eine grobstoffliche Metapher verschlüsselt.

Betrachtet man die Schlüsselbegriffe, die die Sprache für ihre Botschaft benutzt, dann gelingt es, durch das Tor dieser Metapher hindurch einen Blick auf das Wesen des Daseins zu werfen.

Das Wehr ist ein Stauwerk, heißt es am Anfang. Der Begriff *"Stauwerk"* besteht aus zwei Wörtern, deren Verwandte, *"staunen"* und *"Wirklichkeit",* schon untersucht wurden. Es sind die Wörter *"stauen"* und *"Werk".* Über diese zwei Verbindungswege des Verstehens hat das Wehr mit dem Sinn und dem Wesen des Staunens und der Wirklichkeit zu tun.

Das Wehr ist nach dem Verb *"wehren"* benannt. Dieses "wehren" stammt aus demselben indogermanischen Ursprung wie der Begriff *"wirken".* Es handelt sich um das Wort *"uer-"* in der Bedeutung von: "Mit Flechtwerk umgeben, flechten, bedecken, verschließen, mit einem Schutzwall umgeben". Durch diese gemeinsame Ahnenreihe sind das Wehr, das Werk und die Wirklichkeit miteinander sinnverwandt.

Was unsere europäischen Vorfahren in der Bronzezeit vermutlich benannten, wenn sie das Wort "uer-" aussprachen, lässt sich in der Zusammensicht der verschiedenen Sinnkomponenten des Begriffes erahnen. Sie sprachen von einem geflochtenen Schutzwall, der sie wehrhaft, bergend und verschließend umgab. Mit Hilfe des derart geflochtenen Wehres wehrte man sich gegen unliebsame Elemente der Wirklichkeit, zum Beispiel gegen Säbelzahntiger oder gegen struppige Brauträuber aus dem ruchlosen Nachbartal. Sich dergestalt der Gefahren zu erwehren, bedeutet im gleichen Zuge hinter dem Schutzwall eingeschlossen zu sein.

Man lasse nun den Deichbruch zu und halte den ungeduldigen Fluss der gedanklichen Funken nicht mehr länger mit der weiteren Analyse des Wehres als Begriff zurück und wage getrost den frechen Sprung vom Weiher in den Gottesgrund! Setzen wir im Übermut das Wehr mit dem Körper und seiner Wirklichkeit und das Wasser mit der Seele, dem Geist und ihrem Leben gleich!

Etymologisch gesehen ist dann die Seele "das zum See Gehörende". Sie ist wie der See reiner Inhalt ohne eigene Form, wie ein See bereit, jede Form zu füllen, die sie in den Senken findet. So wie das Wehr Wasser dazu drängt, sich zum See zu versammeln, so sammelt die

Wirklichkeit in ihren Senken Seelensaft. Wie sich im See das Leben zu einem neuen Geheimnis entfaltet, von dem der Bach in seinem flachen Bett nichts ahnte, so wächst in der Seele Geist heran, der die Senken der Wirklichkeit braucht, um sich darin verfrühter Weite zu enthalten. Vor den Schranken der Wirklichkeit wächst der Geist wie der Druck des Wassers vor dem Wehr. Mit der Zeit zersetzt und durchbricht er die Wirklichkeit, deren Schoß seine Wiege gewesen war. Dann fließt er fort und sucht nach einem stärkeren Hindernis. Der Körper ist ein Wehr, der das Leben in sich schützt und sammelt, der es aber aufhält und behindert, wo es weiterfließen will. Deshalb nagt die Seele am Körper, bis er als Grenze zerbricht.

13. Recht auf Irrtum
Recht hat der Aufrichtige. Wenn er weiß, dass er sein Ziel
nicht kennt, hat er auch Recht, wenn er irrt.

Ebenso schwierig wie verlockend ist der Versuch, den Sinn eines zusammengesetzten Begriffes nach der archäologischen Methode mit neuen Erkenntnissen transparent zu machen. Schon ein Wort alleine birgt so viele Sinnverweise, dass ein Menschenhirn nur wenig davon überblicken kann. Noch schwerer tut sich daher der Verstand mit einem Ideengefüge aus drei einzelnen Wörtern. Wer sich leichten Sinnes etymologisch philosophierend aber doch an diese Sache wagt, der reklamiere für sich vorweg die dann untersuchte Sache: Das Recht auf Irrtum.

Um den Überblick besser zu bewahren und die Grabungsfunde einander verlässlicher zuordnen zu können, steckt man die Ausgrabungsstätte zunächst ab und unterteilt sie in überschaubare Felder; hier sind es derer drei:

a.) Recht
b.) auf
c.) Irrtum

Nach Abschluss der Einzelgrabungen kann man dann versuchen, die gefundenen Scherben zu einem Gefäß zusammenzusetzen, in dessen bauchigen Wänden sich der alte Sinn des "errare humanum est" zu einer neuen Form menschlichen Umherirrens zusammenfügt.

a.) Recht

Der indogermanische Vorfahre des deutschen Wortes *"Recht"* hieß *"reg-"* und ist der Urvater einer Sippe sinnreicher sprachlicher Kristallisationskeime mit rüde redendem "r" im rollenden Anlaut. Zwei davon seien hier zunächst aufgezählt:
"recken", und *"richten"*.

Aus diesen Keimen stammen zahlreiche weitere Abkömmlinge, die sich im Laufe der verplauderten Jahrhunderte zum blühenden Geäst eines wachsenden Sinnbaums auffächerten:
"regieren", *"Regent"*, *"Rektor"*, *"Regie"*, *"rechnen"*, *"direkt"*, *"Gericht"*, *"richtig"*, *"Regime"* und andere mehr.

Die Betrachtung der semantischen Vorväter des Begriffes "Recht" zeigt, dass das Wesen des Rechtes nicht statisch ist. Es sucht nicht nach dem einen richtigen Zustand, wie er, lange umkämpft, endlich erreicht und dann dauerhaft sein soll, sondern das Recht ist in sich eine zielgerichtete Bewegung. Sein Wesen ist ursprünglich verbal. Es handelt, es bewegt, es beabsichtigt und es ist, weil es sich bewegt, immer nur vorübergehend und instabil. Es beabsichtigt aufzurichten, hochzurecken, zu lenken und zu herrschen. Das Recht will das Aufrichtige zur Herrschaft bringen. Sucht es keinen Wandel mehr, dann ist es tot. Will ein Gesetz das Aufrichtige beugen, räumt es der List Vorteile ein, belohnt es, der Ruhe und der Ordnung wegen, Willfährigkeit und Unterwerfung, dann ist es ein Unrecht.

Wegen der revolutionären Neigungen des Rechtes gibt es keine gerechte Gesellschaft, die irgendeinen dauerhaften Zustand erreichen könnte. Das Recht ist nicht damit zufrieden, Güter und Chancen der Welt nach einem vereinbarten Schlüssel zu verteilen und dann uniformiert und in schwarzen Roben darüber zu wachen, dass sich niemand verstohlen am Kirschbaum seines Nachbarn vergreift. Auf Erden ist ein gerechtes Paradies des Ausgleichs nicht erreichbar, denn sonst könnte die Geschichte durch vertragliche Einigung der Menschheit beendet werden - und das ist ein absurder Gedanke!

Überall versucht das Aufrichtige zu seinem Recht zu kommen und hält so die Gemeinschaft ständig in Bewegung. Recht ist, was sich zur Gegenwart des anderen aufrichtet. Es entsteht nicht außerhalb des Berechtigten, etwa durch Beschluss im Parlament oder als gönnerhafte Geste eines Mächtigen, und kommt dem Berechtigten dann in einem zweiten Schritt erst zu, indem es ihm nämlich jemand formell erteilt, sondern es erwächst dem von innen heraus, der sich aufrichtet. Der hat dann das Recht zu sein, wozu er sich aufrichtig bekennt. Aufrichtig ist, was sich offen zeigt, was keine Maske trägt und keinen Hehl aus seinen Zielen macht. Die Rechtmäßigkeit gründet also nicht in dem, was etwas ist, sondern darin, ob es zu seinem Wesen steht. Selbst ein Teufel ist deshalb in vollem Recht, wenn er nicht verbirgt, dass er, aus Lust an der Bosheit, anderer Leute Hölle werden will. Ein Räuber, der, gut geplant, braver Leute Bankhaus überfällt, weil er ungeschminkt seinen Wunsch auslebt, sich schamlos zu bereichern, hat, weil er den Mut aufbringt, aufrichtig habgierig zu sein, mehr Recht, als seine Opfer, wenn die bloß brav sind, weil sie nicht zu ihrer Raublust stehen.

Was Recht und Unrecht ist, hängt davon ab, zu wie viel wacher Aufrichtigkeit sich die Akteure emporzurecken wagen. Rechte, die dem Aufrichtigen von innen her zukommen, machen, von oben erteilt, den Unaufrichtigen ungerecht. Da das Unaufrichtige sie missbrauchen kann, können Rechte ungerechtfertigt sein. Wahre Gerechtigkeit ist auch daher mit vereinbarten Regeln nicht zu erreichen, weil sie der wechselnden Aufrichtigkeit der Einzelnen angemessen sein müsste. Man glaube aber nicht, dass das Unrecht der Welt der Unaufrichtigkeit ihrer Bürger immer gerecht würde, denn nicht jedes Leid, dass ein Unaufrichtiger zu erdulden hat, geschieht ihm zu Recht; wäre es so, dann gäbe es keine Schuld.

Aufrichtigkeit lässt sich weder messen noch lässt sie sich vergleichen. Was bei dem einem schon aufrichtig ist, kann beim anderen das Gegenteil sein. Im einzelnen ist immer das rechtmäßig, was sich in ihm aufrichtet. Unaufrichtig ist man darin, was man in sich als Möglichkeit nicht gelten lässt. Welches Recht man sich zu nehmen versucht, muss man selbst entscheiden und man ist dem Leben dafür verantwortlich. Einen Mangel an Rechten, die man sich nicht nehmen könnte, braucht man auch nicht zu beklagen.

Was politisch als Recht gilt, ist eher Ausdruck der Machtverhältnisse. Politische Rechte sind die Kompromisse im gesellschaftlichen Gerangel um die Plätze auf der Sonnenbank. Wenn der Machtkampf nicht zur Barbarei entgleist, sind die vereinbarten Rechte, die die Gemeinschaft vergibt, eher Regelwerk des Machbaren als Ausdruck von Aufrichtigkeit. Im besten Falle sind gegebene Rechte pragmatisch.

Nimmt sich jemand Rechte mit Macht, dann ist das nur rechtmäßig, wenn es als Ausdruck aufrichtigen Seins geschieht. Rechtmäßige Macht offenbart ihre Ziele, weil das zur Existenz aufgerichtete Sein sich nicht verstecken muss. Das Richtige versucht sich in die Begegnung mit dem Wahren zu entbergen, weil nur das Wahre den Raum gibt, in dem, was ist, ohne Enge sein kann. Ohne Beengung durch die Angst ist das Sein nur in der Wahrheit. In Wahrheit nimmt die Liebe jedes Sein an, als was es ist, ohne sich selbst zu verengen.

Mit den Wörtern *"Herrschaft"* und *"aufrichtig"* spricht man mit militanter Strenge Vorstellungen aus, die nach Wert, Macht und Rang geordnet sind. Der Begriff *"Herrschaft"* benennt eine Rangordnung der Macht. Der Begriff *"aufrichtig"* spricht von der Rangordnung des Echten. Das Recht versucht diese beiden Rangordnungen in Einklang zu bringen. Dadurch, dass es davon spricht, dass das Aufrichtige über das Unaufrichtige herrschen soll, pflanzt es der Menschenwelt den Impuls zum Wandel ein, der die Geschichte in Bewegung hält. Das Aufrichtige soll führen. Recht soll Macht werden, aber nur, wenn es sich nicht aufgerichtet, um Richter zu sein.

b.) auf

Schon bei der Untersuchung des Wortes "Wesen" kam das Wort "auf" zur Sprache. Das Wort "auf" als Silbe in "Aufenthalt" weist darauf hin, dass das Wesen des Menschen ausgerichtet, zukunftsweisend und entwicklungsträchtig ist. "Auf" heißt "von unten an etwas heran" oder "hinauf" und benennt so mehr eine Richtung, als bloß einen Ort. "Auf" unterstreicht, dass es das Recht des Aufrichtigen ist, die Richtung zu bestimmen.

"Auf" meint außerdem soviel wie "offen". Wenn bei der Frage, was rechtens und daher richtungsweisend ist, letztlich das Aufrichtige mehr Mitspracherecht hat als das Kluge, dann, weil das Aufrichtige blind offener für das Kommende ist, als alle planende und noch so weitsichtige Menschenklugheit es je sein kann. Nur wer für die Zukunft offen ist, indem er ihr das mühevoll erkämpfte Stückwerk seiner Planung guten Glaubens überlässt, wird von ihr empfangen. Ist man aber unempfänglich, dann wird die Zukunft das Stückwerk zerschlagen. Es ist der Wunsch der höchsten Zukunft, dass man nackt in ihre Nähe kommt.

c.) Irrtum

Trotz dichten Nebels rasen leichtsinnige Fahrer wie die Irren. Kein Wunder, denn Irren ist menschlich. Geisterfahrer, die sich nicht nur im Tempo, sondern auch in der Fahrtrichtung irren, werden schnell für echte Irre gehalten. Irre nennt man auch geistesgestört und man sperrt sie daher in Häuser, wo man sie selbst und ihre ratlosen Mitmenschen vor ihrem rastlosen Irrsinn zu schützen versucht.

Die Begriffe *"irren"* und *"rasen"* sind Kinder gemeinsamer Eltern. "Irren" heißt ursprünglich "rasen" im Sinne von "sich schnell, heftig und ziellos bewegen".
   Das Wort *"Irrtum"* setzt sich aus diesem "irren" und der Nachsilbe *"tum"* zusammen. Im Mittelhochdeutschen war das Suffix "tum" noch ein selbständiges Wort. Man sprach damals von *"Tuom"* und meinte die "Macht", den "Besitz", die "Würde" oder das "Urteil".

Die ursprüngliche Bedeutung des "Tuom" lässt sich in Wörtern, die heute auf "-tum" enden, nachweisen. Ein paar willkürliche Beispiele sollen den ehrwürdigen Sinn der Nachsilbe *"tum"* in geläufigen Begriffen aufzeigen:

Im Wort "Eigen*tum*" benennt sie den "Besitz. Beim "König*tum*" sind es "Macht", "Besitz" und "Würde". Beim "Unternehmer*tum*" ist es mehr die "Macht" und der "Besitz", während bei den "Alter-" und "Heilig*tüm*ern" eher die "Würde" alleine im Vordergrund steht.

Hauptquelle der Irrtümer ist, so verrät uns der erste Teil des Begriffes, die Hast. Es ist die Hast, mit der man nach dem zweiten Teil des Begriffes, also nach der Würde, dem Besitz und der Macht strebt. Besonders aber ist es die Hast mit der man Urteile fällt. "Irrtum" heißt "überhastetes Urteil". Man urteilt vorschnell, was Würde gäbe und was Macht und Besitz verspricht. Man urteilt, weil man Würde und Macht erhasten will. Gemäß überhasteten Urteilen bewegt man sich kopflos auf unklare Ziele zu. Um den Irrtum des Vorurteils zu vermeiden, sollte man also im Geiste langsam sein. Die Göttin der Weisheit ist eine wild zum Bummeln entschlossene Schnecke.

Nachdem nun die Sinnextrakte aller drei Teile des Ausdruckes "Recht auf Irrtum" einzeln untersucht wurden, wäre es jetzt an der Zeit, in weiser Synopsis den Ausdruck als Ganzes zu betrachten. Doch was tun, wenn trotz allem hoffnungsfrohen Lauschen die Gedankenstimme schweigt oder sie, indem man sie ungeduldig am Halse packt und schüttelt, nur noch verkopften Blödsinn von sich gibt, Geschwätz sozusagen, belanglose Verbalakrobatik und Geisteshülsen triefend vor ranziger Klugheit? Sollte man dann nicht so aufrichtig sein und vor aller Augen an der selbstgestellten Aufgabe scheiternd zugestehen, dass man das Interesse an der ganzen Aufrichtigkeit und ihrer nervtötenden Tugend selbst verloren hat, obwohl man doch gerade noch ein Loblied darauf sang, und es einem nur noch darum geht, das Kapitel eben unvollendet zu einem ehrenvollen Abschluss zu bringen? Die Tugend ist nun mal der Lohn, den man als Preis bezahlen muss, und die Kapitulation in der Sackgasse ist besser, als wenn man so täte, als sei eine der faden Denkmöglichkeiten, die man lustlos aus seinen Hirnwindungen klaubt, es wert, vor den anderen durch Erwähnung hervorgehoben zu werden. So bleiben die Grabungen Stückwerk und statt einer bauchigen Flasche, der zum Dank dafür, das man sie ausgegraben und für ihn wieder bewohnbar gemacht hat, ein dienstbarer Geist entweicht, hat man nur lose Scherben in der Hand.

14. Urteil
Das Urteil ist die Ohnmacht Gottes.

Zu Luthers Zeiten wurde das Wort "Urteil" nur im Zusammenhang mit einem Richterspruch benutzt, wenn es also darum ging, einen Übeltäter in seine Schranken zu verweisen und seine Missetat zu sühnen.

Vor Gericht steht das Urteil am Ende der Beweisaufnahme. Die Beweisaufnahme ist ein Vorgang, der es dem Richter durch Befragung der Zeugen und Inkenntnisnahme von Indizien und Beweismaterial ermöglicht, jene Erkenntnisse zu gewinnen, die er zur gerechten Beurteilung des Sachverhaltes braucht. Vor der Beweisaufnahme sollte der Richter noch nicht geurteilt haben, weil ein Vorurteil weiteres Erkennen unmöglich macht. Durch das Urteil wird der Prozess weiteren Erkennens beendet. Der Richter urteilt, wenn er meint, genug über den Gesamtzusammenhang der Tat erkannt zu haben. Als Urteil spricht er dann ein Machtwort.

Das Wort *"Urteil"* besteht aus den Bestandteilen *"ur"* und *"Teil"*. Die Vorsilbe "ur" bedeutet ursprünglich "aus etwas heraus" und benennt damit die Quelle eines Sachverhaltes.

So springt ursprünglich eine jede Sache aus ihrer *Ur*sache ins Licht ihres Seins hinaus. Die Linie der Nachfahren lässt sich sogar als konkrete Inkarnationen rückwärts bis in die Leiber der *Ur*großeltern hineinverfolgen. Diese wiederum gingen über eine lange Kette von Generationen aus den *Ur*menschen hervor. Das war aber schon zu *Ur*zeiten, damals als die Geschichte aus der Dunkelheit der Prähistorie ins lichte Bewusstsein der Menschheit sprang.

Im gleichen Sinne, nämlich als "aus heraus" ist auch die Silbe *"ur"* im Wort *"Urteil"* zu verstehen. Ein Urteil wird dem Angeklagten von seinem Richter erteilt. Es wird als Strafe an den Angeklagten ausgeteilt. Dieses "Austeilen" meint vor Gericht "schlagen, strafen, draufhauen", auch wenn man im Namen des Volkes meist mildere Worte wählt. An das gleiche "Austeilen" denkt jedenfalls angriffslustig ein Raufbold, wenn er im Rausch und im "Goldenen Ochsen" einem Dorfstreit sucht, um durch die Prügelei zu entscheiden, welcher Hirsch den Platz beherrscht. Im Austeilen und im Urteilen taucht das uralte Thema "teile und herrsche" auf.

Der Ursprung des Wortes *"teilen"* konnte von der etymologischen Wissenschaft bis zum indogermanischen *"da[i]-"* erhellt werden. Bemerkenswert ist, dass dieses "da[i]-" auch die Quelle des Wortes *"Zeit"* ist und Richter durch ihre Urteile so oft über Zeiträume entscheiden. Bei der Untersuchung des Begriffes "Urteil" wird also der semantische Gehalt der Wörter "teilen" und "Zeit" eine wichtige Rolle spielen.

Durch das Urteil des Richters wird die Freiheit des Verurteilten in zwei Urteile aufgeteilt. Zum einen Teil gehört, was der Verur-ge-teilte noch machen kann, zum Beispiel jahrelang in der Zelle sitzen, bei guter Führung Däumchen drehen, Ausbruchspläne schmieden, Rache schwören oder seine Tat bereuen. Der andere Teil besteht aus dem, was ihm dann nicht mehr möglich ist: draußen herumzulaufen und den tausend Möglichkeiten seiner Menschenfreiheit nachzugehen. Das Wesen des Urteilens ist also die Einschränkung von Möglichkeiten. Es teilt die Lebenszeit des Täters in die Zeit, in der er sitzt und die, in der das Leben weitergeht.

Das Urteil teilt das Leben in das Noch-mögliche und das Nicht-mehr-mögliche. Immer macht ein Urteil dadurch unfrei. Jedes Urteil engt ein. Geurteilt wird, um vom Ganzen etwas abzuziehen. Jedes Urteil zerbricht das Ganze in zwei Teile. Da das Ganze immer mehr ist, als die Summe seiner Teile, riskiert man im Urteil, den Reichtum des Lebens zu vermindern.

Erst 2oo Jahre nach Luther war das Wort "Urteil" auch im übertragenen Sinne gebräuchlich, nämlich als "abwägende Stellungnahme" zu einem Sachverhalt. Das Element der Machtausübung als "divide et impera" ist auch jenseits des Gerichtshofes heute in jedem Akt des Urteilens noch lebendig. Die Urform des Urteilens liegt im Erkennen der Unterschiede zwischen "richtig" und "falsch". Die Urteilung des Menschseins vollzieht sich an diesem Graben.

"Richtig" ist ein Verhalten, wenn es in jene Richtung zielt, in die das eigene Wesen weist. *"Falsch"* ist ein deutsches Adjektiv, entstanden aus dem lateinischen Verb *"fallere = täuschen"*. Liegt man falsch, täuscht man sich über den richtigen Weg. Wer sich täuscht, hat die Dinge vertauscht.

Die Polarität zwischen "richtig" und "falsch" hat nur deshalb Bedeutung, weil der Mensch nach seinem wahren Wesen sucht und ihn die Wahl des richtigen Verhaltens jenem Sosein näherbringt. Was "richtig" ist, wird entlang des Weges zum gesuchten Sosein abgestimmt und ausgemessen. Ohne dass man dieses eigentliche Wesen bereits in sich hätte, könnte man nicht ermessen, wann man richtig liegt, und wann man mit sich stimmig ist. "Richtig" und "falsch" kann es ohne eigentliche Identität nicht geben. Die Begriffe haben aber nur für den eine Bedeutung, der noch nicht mit sich identisch ist und der nach seiner Identität noch sucht. Dann deuten sie ihm wie Verkehrszeichen am Straßenrand die Richtung an, in die er geht. Hat er das Ziel seiner Identität erreicht, fallen die Zeichen blechern klappernd in den Graben. Was ist, was es ist, ist über "richtig" und "falsch" erhaben.

Jedes Urteil hat also nur vorübergehend einen Sinn, weil Urteilen Wegsuche ist. Unterwegs geht man durch seine Urteile hindurch. "Richtig" und "falsch" sind an Situationen und damit an die Gegenwart gebunden. Geurteilt werden muss immer wieder neu und zwar an Hand von dem, was man in der Situation als richtungsweisend anerkennt.

Im Missbrauch des Urteilens werden die beiden Attribute "richtig" und "falsch" nicht durch Vergleich am eigenen Wesensziel erkannt, sondern von sonst woher als "gut" und "böse" zugewiesen.

Die Unterscheidung von "gut" und "böse" ist eines der ältesten Themen der Menschheit. Ein Blick ins Buch Mose zeigt, dass im abendländischen Mythos die Kette der menschlichen Irrfahrten durch das Erdenleben mit einem solchen Urteil begann. Gott verurteilte in Adam und Eva seine Schöpfung zur lebenslänglichen Diaspora. Durch die Vertreibung aus dem Paradies wies er dem Menschen das Böse zu und wandte sich dadurch von ihm ab. So machte ein leichtsinniger Gott als erster den Fehler, den seine Menschheit bis heute schier endlos wiederholt. Er suchte sich einen Sündenbock, um das eigene Versagen zu verbergen; denn mit der Erschaffung eines Adam nach seinem Abbild, war er es, dem der Bau einer heilen Welt so gründlich misslang. Erst als Sohn gestand der Vater sich seinen Irrtum ein und seitdem versucht das Gute im Menschen das Böse zu erkennen, statt es immer neuen Sündenböcken zuzuweisen. Das Gute kann das Böse in sich anerkennen.

Bis zu dem Tag, an dem Gottes Werk vom Baum der Erkenntnis aß, waren "gut" und "böse" paradiesisch in sich eingebettet. Es gab keinen Hochmut, keinen Neid und keinen Streit um Gottes Gunst. Es gab keinen Widerspruch zwischen dem Sein und dem Soll. Selbst heftige Gegensätze ruhten friedlich beieinander in der vollen Achtung ihres Wertes. Das Viele schlief friedlich im Ganzen. Nichts wies die Gegenwart des anderen von sich ab. Der Löwe war der geschätzte Gast der Antilopen, der Räuber schmuste lustvoll mit den frömmsten Nonnen.
Das Wort *"Paradies"* stammt ursprünglich aus dem Persien der großen Kalifen. In den Basaren der klangvollen Städte des mittleren Orients nannte man eine Einzäunung, die die wertvollen Karawanenkamele nach Sonnenuntergang zusammenhielt, *"pardez"*. Dem paradiesischen Eingebettetsein ins Ganze entspricht daher ein Eingezäuntsein in dementsprechende Grenzen. Dabei besteht die paradiesische Eintracht im Inneren nur, solange die Grenze nach außen nicht in Zweifel gezogen wird. Das Wesen des Menschen war so eingebettet, eingezäunt und damit sowohl vor Gefahr geschützt als auch an der Entfaltung gehindert, die jenseits des schützenden Zaunes lag. Es war umfriedet und durch den Frieden in sein einmal festgelegtes Sein gezähmt.

Das Wort "zähmen" kann in Anlehnung an seine indogermanischen Ursprünge mit "zusammenfügen, bauen, verfugen" übersetzt werden. Was sich zusammenfügt und sich so zu einem Ganzen aufbaut, muss das Ganze mit seinem Wesen achten. Im Ganzen ist jedes Teil geborgen. Das Ganze birgt seine Teile. Es rettet damit seine Teile vor deren frei dahingeworfener Existenz in die anheimelnde Wärme einer Schutzburg sinnbezogenen Seins. Was dem Ganzen dient, wird durch dessen Sinn geschützt und fühlt sich vom Ganzen wahrgenommen. Es spürt, dass das Ganze es kennt.

Das Eingezähmtsein ins paradiesische Weltenbett war Schutz und Hemmung zugleich. Seitdem das Menschenkamel seine Umfriedung aber verlassen hat, ist es ausgesetzt, losgerissen und enthemmt. Sein Wesen wächst, indem es über seine Wege selbst entscheiden muss, frei unter den Schlägen eines Schicksals, das es für seine Reaktionen auf diese Schläge vor sich selbst zur Verantwortung zieht.

Die Entzähmung und Auswilderung hinaus über die Grenzen der gefügten Gemeinschaft in die beängstigende Weite der Freiheit begann mit einer folgenschweren Grenzüberschreitung im zunächst noch paradiesischen Inneren. Die Bildersprache der Bibel berichtet davon, wie Gott durch seine Verurteilung der anderen sein Gewissen veräußert.

Untersucht man das biblische Drama genauer, dann stellt man fest, dass es aus zwei Akten besteht:

Im ersten Akt wird "gut" und "böse" erkannt.

Im zweiten wird das "Böse" vom "Guten" verurteilt und in ängstlichem Hochmut in die Fremde geschickt.

Die Erkenntnis von "gut" und "böse" ist eine Erkenntnis ganz besonderer Art. Die Wahrnehmung dieses Gegensatzpaares ist, mehr als die Erkenntnis anderer Unterschiede, bereits das erste Urteil. Erkennt man den Unterschied zwischen "grün" und "rot", zwischen "rau" und "sanft", zwischen "spitz" und "stumpf" noch mit den abgetrennten Sinnen, so erkennt man den zwischen "gut" und "böse" nur mit der ganzen Seele. Doch durch diese Erkenntnis wird die Seele urgeteilt.

Auch wenn man heute beim Thema Sündenfall vorschnell vom "Baum der Erkenntnis" spricht und so die sinnliche und die abstrakte Art der Erkenntnis in einem Topf vermengt, unterscheidet die Schöpfungsgeschichte zwischen beiden Arten sehr genau. Um den entscheidenden Unterschied zu erkennen, höre man was zwiespältig die Schlange zur einfältigen Eva sprach:

"Vielmehr weiß Gott, dass euch, sobald ihr davon esst, die Augen aufgehen, und ihr wie Gott sein werdet, indem ihr Gutes und Böses erkennt" (1 Moses 3,5).

Hier geht es nicht um ein beliebiges Erkennen, sondern um das besondere Erkennen von "gut" und "böse". Das Erkennen des abstrakten Gegensatzes zwischen "gut" und "böse" ist aber seinem Wesen nach nicht nur Erkennen, sondern im Erkennen ein Urteil.

Die sinnliche Erkenntnis der sonstigen Muster im Ganzen der Schöpfung ist dementsprechend durchaus kein Tabu. Sie ist sogar der Seinssinn des Menschen:

"So bildete Gott aus der Erde allerlei Tiere des Feldes und Vögel des Himmels und brachte sie zum Menschen, um zu sehen, wie er sie benennen würde" (1 Moses 2,19).

Benannt wird mit Namen, und Namen sind die Kennzeichen des Erkannten. Wie sollte der Mensch denn auch irgend etwas benennen, wenn er nichts davon erkennen könnte? Und warum sollte Gott und die Wirklichkeit dem Menschen Augen und Ohren verpassen, wenn nicht zu dem Zweck, dass er damit etwas erkennen kann?

Im ersten Akt des Dramas findet so im Erkennen eine Ur-teilung statt. Urgeteilt in zwei Lager wird, was in den Augen der sinnlichen Erkenntnis noch friedlich in Gottes Wesen beieinander lag. Gut und böse hat sich Gott entzweit.

Im zweiten Akt entlarvt sich der von Mose erfundene Gott durch seine Albernheit als Menschenwerk. Da isst in paradiesischer Naivität der Mensch vom verbotenen Baum. Na und! Was ist da schon dabei! Recht hat er gehabt! Solange er nicht davon gegessen hat, konnte er doch nicht wissen, was daran böse sein soll. Wer den Unterschied zwischen Tugend und Sünde nicht kennt, muss die Sünde begehen, um die Tugend als Sünder zu verstehen. Wenn ein Gott das nicht begreift, dann sind seine Wege zwar unerfindlich, er selbst ist jedoch gleichzeitig fürchterlich dumm.

Mose mangelte es offensichtlich an der Phantasie, das Bild eines Gottes zu erfinden, der dem Menschen im Geiste tatsächlich überlegen ist. Hier ist nicht der Mensch ein Abbild Gottes, sondern Gott ein Abklatsch des Menschen.

Was Mose aber treffend beschrieb war, wie ein ohnmächtiger Gott sich für seine eigene Schwäche an der Schöpfung rächt. Gott war das paradiesische Ganze, das er wütend zerschlug, als er darin seinen Schatten sah. Er zerschlug es, indem er ver-ur-teilte und den

Sündenbock, beladen mit dem abgelehnten Teil seiner Selbst, in die Wüste schickte.

15. Sinn
Man reist, um zu entstehen.

Häufig wird die Frage nach dem Sinn des Lebens gestellt. Sie gehört zu den Lieblingsfragen der Denker auf den tosenden Gipfeln des Geistes und taucht ebenso in den anheimelnden Tälern der alltäglichen Denkprozesse auf. Im Alltag stellt man die Frage zwar weniger provokant als einst Sokrates auf der attischen Agora, nicht so rein und vernünftig wie Kant und weniger pathetisch als Nietzsche in Sturmwind sterbender Götter, doch in misslichen Lebenslagen, wenn ein hübsch durchdachter Plan mal wieder frech missglückt, oder wenn das alltägliche Einerlei besonders fade schmeckt, fragt man von mal zu mal: "Was soll das Ganze?!" - und fragt damit nach dem Sinn der ganzen Plackerei. Meist wirft man den Satz mehr als trotzige Klage dahin, als dass man ernsthaft eine Antwort erhofft und doch steckt auch in dieser flapsig hingefluchten Frage das große alte Kopfzerbrechen.

lässt man das Jammern und Klagen aber sein und hält den kindlichen Trotz zurück, dann findet sich im Satz "Was soll das Ganze?" ein Thema, über das man Jahrhunderte lang munter spekulieren kann. Zum besseren Verständnis seiner Tragweite lässt es sich in abstraktere Formeln übertragen, die ungewöhnlich sind und bei deren Lektüre man daher seine Aufmerksamkeit stärker fokussiert, als man es beim abgegriffenen "Was soll das Ganze?" zu müssen meint; dies zum Beispiel so:

"Welchen Sinn macht ein Erleben, das man jetzt erdulden muss und aus dem heraus man überhaupt nach seinem Sinn erst fragen kann, in Bezug auf das schrecklich weite Jenseits-seiner-Grenzen? Weist ein Erleben, das im Horizont seiner eingegrenzten Sinne steht, über diesen Horizont hinaus?"

Näher betrachtet zeigt sich, dass man, je nachdem wohin man den Schwerpunkt beim Verständnis der Begriffe setzt, es mit mindestens drei verschiedenen Fragen zu tun hat.

Die erste fragt, ob sich die innere Vielfalt der Welt auf eine umfassende Ganzheit bezieht. Sie fragt danach, ob alles zufällige Folge des Zusammenspiels der Teile ist, oder ob die Teile sich nach Willen und Geheiß eines Ganzen richten. Richten sich die Dinge nach dem Ganzen, dann ist es das Ganze, das zu seinen Zwecken die Naturgesetze, die sein Innenleben regeln, als ein zusammengehöriges Gefüge erschafft. Sind die Naturgesetze aber die Absprachen autonomer Teile, dann ist das "Alles" deren zufälliges Produkt. Fallen die Stäbe beim Mikado wie das Muster des Kosmos es will, oder sind die Fallgesetze Zufall und das Muster des Kosmos Resultat des Mikado? Ist die Unendlichkeit ganz, obwohl sie keine Grenzen hat? Wozu wird sie dann durch das Jetzt ergänzt?

Die zweite Frage ist bescheidener. Sie will nur wissen, wozu ein Leben als Ganzes gut ist und ob es überhaupt zu etwas dient. Sie fragt, ob das diesseitige Leben sinnlos in sich endet oder ob es Teil eines sich übersteigenden Selbst ist. Erschöpft sich sein Sinn in der Lebenszeit seiner Sinne oder ist das Leben dienliche Phase eines transzendierenden Prozesses?

Die dritte Frage, die kleinste Schwester von dreien, bleibt ganz im Diesseits. Sie fragt, ob das, was man jetzt erlebt und erleidet für das eigene Werden notwendig ist. Sie fragt nach dem Sinn eines erlebten Momentes in Bezug auf das Dasein im Diesseits. Ist man jetzt die Folge dessen, was man war und tat? Wie kann man jetzt darüber mitbestimmen, was man einmal sein wird? Ist das Heute einfach nur da oder ist es Baustein meines Lebens?

Für die Frage nach dem Sinn der Welt in Bezug auf das Ganze ihrer unausdenklichen Möglichkeiten hat noch keine der Antworten, die sich unruhige Denker und die Mystiker der fünf Erdkreise übermütig dazu ausgedacht haben, nachhaltig überzeugt. Ist man sich darüber klar, dass große Fragen nicht dazu da sind, um beantwortet zu werden, sondern um daran bescheiden zu scheitern und durch das Scheitern erst zu verstehen, was Größe ist, kann man sich befreit vom Irrglauben, die Theorien hätten erkennbar mit der Wirklichkeit zu tun, am Vergnügen metaphysischer Spekulation berauschen. Was das Absolute betrifft, wird die Wahrheit ins Leere erdichtet. Es ist so wahr, dass es nicht richtig zu sein braucht. Nur was ohne Richtung in sich ruht, kann Wahrheit jenseits von "richtig" erkennen.

Auch die mittlere Schwester gibt ein Rätsel auf, dessen Lösung nur vage erraten sein wird, müsste man zur verlässlichen Beantwortung doch wenigstens einen kurzen Blick von jenseits des Todes auf das eigene Leben werfen. Oder aber man behauptet, man könne seinem Leben selbst einen transzendenten Sinn geben, nach freier und heroischer Wahl, nach bestem Wissen und Gewissen, sozusagen nachdem man die Sache bei Espresso und Tabaksqualm in einem rege von Existentialisten frequentierten Straßencafé am Boulevard Choix de chemin Ecke Rue Sage mit gehörigem Weltschmerz durchdacht hat, zum Beispiel den Einsatz für altruistische oder prometheische Motive, die Aufklärung, den Klassenkampf, die Wissenschaft, den Surrealismus oder den Gottesdienst. Ist aber ein Sinn, den man noch so stoisch und willensstark selbst für das eigene Leben bestimmt und behauptet wirklich identisch mit einem Sinn, den ein Leben hat? Das hieße doch, dass man Herr über das eigene Leben wäre und ihm in erhabener Geste seinen Sinn zuweisen könnte, wie ein Herr dem Diener seine täglichen Pflichten benennt. Wenn man aber Herr des eigenen Lebens wäre, warum sollte man dann noch sterben, wenn man es nicht ausdrücklich will? Wer Gott ohne Nachweis der Leiche für tot erklärt und sich weismacht, er könne seine jeweiligen Zwecke mit napoleonischer Dreistigkeit zum Sinn des Lebens krönen, sollte sich nicht über ein Waterloo wundern. Damit das Leben lebendig bleibt, dürfen auf seinem Thron keine Bilder sitzen.

Der kleinsten der verschwisterten Fragen kommt im praktischen Leben die größte Bedeutung zu. Hier geht es nicht um Bilder, die man nur an der kaum verlässlichen Messlatte begeisterter Schwärmerei überprüfen kann. Hier kann man morgen sehen, was man heute bloß dachte. Hier erweist sich, dass aus dem Jetzt heraus ein Späteres entsteht, das als Integral durchlebter Vergangenheit nun selbst eine Zukunft erlebt, die es ohne das Jetzt nicht geben würde. Konsequent zu Ende gedacht, ist man jetzt, was die Zeit bis hier her überlebt hat und dann, was das Heute übersteigen wird. Jede Gegenwart liegt zwar im Jetzt der Zeit, hat aber schon viel mehr derartiger Zeiten überwunden. Der so verstandene Sinn des Lebens liegt weniger in dem, was es ist, als darin, was es bereits überschritten hat. Im Jetzt liegt die Antwort, wozu das Vergangene, wozu der gestrige Untergang gut war. Leben ist schon im Diesseits transzendent. Es lebt, weil etwas hinter ihm liegt. Gerade wegen der kleinsten Frage also lohnt es, sich das Wort "Sinn" selbst näher zu betrachten.

Der Urgroßvater des Wortes *"Sinn"*, das indogermanische Wort *"sent"* sprach vom "Gehen, Reisen und Fahren". Alle drei, ob "gehen", "reisen" oder "fahren" sind Verben der Bewegung. Von da, wo man ist, bewegt man sich fort. Man verändert seinen Standpunkt, man wechselt die Orte, an denen man sich aufhält. Man geht voran, lässt etwas hinter sich, ist unterwegs nach irgendwo ins Märchenland der unbekannten Ziele. Sinnvolles Dasein schreitet unaufhaltsam fort.

Der innere Sinn des Daseins ist folglich Wandel, Veränderung, Fortschritt, Bewegung. Das Dasein sinnt auf Fortschritt. Es sinnt darauf, seinen Übeln Abhilfe zu verschaffen. Es ersinnt neue Wege und besinnt sich auf sinnvolle Ziele. Man fragt, was dem Leben Sinn geben könnte und meint dabei einen gedeihlichen Lebensfortschritt. Stillstand dagegen erlahmt die Lebensgeister. Kommt man voran, empfindet man das Leben als sinnvoll.

Man höre also, was die Sprache den hungrigen Sinnen als Reiseziel vorschlägt, was sie durch ihre innere Logik folgerichtig als fortschrittlich anpreist:

Der Sinn des Wortes *"Reise"* lässt sich an seinem mittelhochdeutschen Vorgänger *"risen"* ablesen. "Risen" meinte dasselbe wie das englische *"to rise"*, nämlich "aufstehen, sich erheben". Der eigentliche Sinn jedes Reisens ist demnach ein Steigen, ein Hochheben, ein Aufstehen. Man erhebt sich also nicht nur, um zu reisen, sondern man reist, um sich zu erheben. Beispiele können das erläutern:

Sinn und Zweck von Erholungsreisen ist es, den vom Arbeitsleben verschlissenen Kräftepegel wieder ansteigen zu lassen, damit man mit Hilfe der derart angehobenen Spannkraft des Morgens wieder aufsteht und zur Arbeit geht.

Bildungsreisen sind ganz allgemein erhebend. Derart Gebildete steigen im Ansehen ihrer selbst und der Mitmenschen. Das Hochgefühl eines Aufstieges bis zur Spitze der Cheopspyramide lässt sich dort durch Rezitation von heiligen Hieroglyphentexten noch weiter steigern: "Echnaton cheops rah seti hatchepsut nafertiti" (zu deutsch: "Wer dies auf Cheops gen Himmel sagt, dem wird die Göttliche zur Gattin gegeben).

Auch Rückkehrer von gefährlichen Abenteuerreisen kommen mit gesteigertem Selbstgefühl nach Hause. Die bestandenen Gefahren, die Kämpfe mit Räubern, korrupten Beamten und der madegassischen Satanskakerlake haben sie über die Langeweile des Alltags hinausgehoben und rufen den erheblichen Respekt der Nachbarn hervor.

Selbst Phantasiereisen durch die Welt der Wörter führen, obwohl sich der Hintern dabei nicht vom Stuhl erhebt, über die Zwänge und Bindungen der Wirklichkeit hinaus. Als Phantasie (= sichtbar Gemachtes) erkennt der Geist eine Höhe, für die der Hintern in der Tiefe der Polster blind bleibt.

In allen beschriebenen Fällen hebt das Reisen die Weltläufigkeit der Reisenden, ihren Horizont und ihren Erfahrungsschatz.

Im gleiche Sinne wie in diesen expliziten Fällen ist es der Sinn konkreten Erlebens überhaupt aufzustehen und sich so hinwegzuheben. Sinn ist, was durch ein Jetzt entsteht. Wesentlich an einem sinnvollen Leben ist, dass es sich erhebt und erhaben die Welt hinter sich lässt.

"Weltläufigkeit", "geistiger Horizont" und "Erfahrungsschatz" benennen Aspekte (= Anblicke) des Bewusstseins und entstehen so über den Reiseweg hinaus. Sinn eines Soseins ist, dass aus seinem Wandel im Laufe der Zeit sein Bewusstsein entsteht, zu dessen Wesen es gehört, dem Zeitlauf selbst entbunden zu sein. Von den Zeiten zu wissen findet über dem Zeitverlauf statt. Dazu passend weist ein lateinischer Sprössling der Familiensippe des Wortes *"Sinn"* auf Wahrnehmung und Gefühle hin. *"Sentire"* heißt auf Lateinisch "wahrnehmen, fühlen". Sinn des Lebens ist, die Welt in die fühlende Wahrnehmung ihrer selbst zu erheben. Dort wird die Welt lebendig, um ihre Geschichte zu verstehen.

Leben fragt, was es werden soll und ist so bereits Transzendenz (transcedere = hindurchgehen). Ausgerichtet entlang seines Leibes aus Zeit ist das Leben der Vorgang des Sinnes. Es schaut in sich von hier nach da. Es zielt auch dann, wenn es nicht recht weiß worauf. Als Bewusstsein entsteht sich das Sein in den Sinn. Leben ist nur Sinn einer Welt, die von der Zeitwelle durchlaufen wird. Man entsteht nicht nur im Laufe der Zeit, sondern das Entstehen orientiert die Zeit. Eine Zeit, die nicht aus dem gerichteten Entstehen entstünde hätte keine Richtung, in der sie vorwärts käme. Sie hätte keinen Verlauf, sondern sie verliefe sich, wie die Wellen bei ewiger Windstille. Ohne den Sinn des Lebens stünde die Zeit nach dem Verebben still. Sinn ist ein Sturm, der die Zeit als eine Welle über den Abgrund treibt und so ist Sinn ein Zeitvertreib der Tiefe. Sinn ist der lebende Zeitleib der Welt, über den sich der Geist erhebt. Geist ist daher über "Sinn" erhaben und obwohl er dessen Wert wohl schätzt, kann er sich auch am reinen Unsinn laben. So ist der Sinn eine Dimension, in die sich die euklidische Raumzeit zur Selbstschau verstellt.

16. Zeit
Nach der Zeit kann man sich mit ihr versöhnen.

Ein Menschenleben dauert nicht lange, zumindest, wenn man "Leben" als das definiert, als was es sich objektiv nachweisen lässt: als diesseitig krabbelndes Gekreuche. Die Welt scheint diese ernüchternde Tatsache aber nicht zu bedauern, sonst triebe sie mit dem Leben ihrer Bewohner nicht derart zum Himmel schreiend Schindluder. Kaum hat die Natur eines ihrer Geschöpfe geschaffen und kaum war es wach genug, sich an seine bereits verblichene Kindheit zu erinnern und zu begreifen, dass auch der Rest des Lebens bloß noch solange wie ein träges Augenzwinkern dauert, ist es im objektivierenden Auge der Wissenschaft schon mausetot. Wo man mit dem Objektiv seiner Augen auch hinschaut, wird Leben bedenkenlos verschwendet. Keines ihrer tausend bunten Werke gefällt der Welt so gut, als dass sie viel Aufhebens um seinen Bestand machen würde, oder es gar auf Dauer auf- und aus dem hungrig-gärenden Hefegrund ihres Seins heraushöbe.

Sprachhistorisch scheint das "Dauern" einer Zeitspanne und das *"Bedauern"* als mitleidendes Gefühl über den Verlust eines wertvollen Gutes aus verschiedenen Quellen zu kommen. Sinnhafte Verbindungen zwischen den scheinbar so unvereinbaren Seinskategorien der physikalischen Zeit in ihrer erhabenen Unberührbarkeit und des traurigen Gefühls, dass deren eintagsfliegenhafte Bewohner befällt, wenn sie die tragische Rolle jener Zeit bedenken, findet man bei genauerer Betrachtung aber doch.

Das traurige Bedauern geht auf das Wort *"teuer"* zurück und meint, etwas Teures, Wertvolles, etwas Echtes sei verloren gegangen. Bedauern heißt, zu beteuern, dass das Verlorene wirklich wertvoll gewesen ist.

Natürlich bedauert man nur den Verlust des Wertvollen. Kommt etwas Wertloses abhanden, dann ist das gleichgültig oder es ist sogar gerade recht und billig, dass es einem endlich aus dem Wege und den Augen ist. Den Verlust des Wertlosen kann man leichten Herzens billigen.

Ist aber etwas teuer, Liebe, Glück, Ruhm oder Reichtum, dann versucht man ihm Dauer zu verschaffen. Das Teure versucht man vor den nagenden Zähnen der Zeit zu beschützen, damit es möglichst alle Wechselfälle seines Daseins bis in die Ewigkeit überdauert. Auch wenn Ewigkeit meist eine eitle Idealvorstellung bleibt und vom menschlichen Planen hoffnungslos verfehlt, bemüht man sich, dass man bei jedem Wechsel, der das Leben erschüttert, das Teure vor dem Untergang bewahrt.

Der Kopf Nofretetes im Ägyptischen Museum ist von unschätzbarem Wert. Deshalb wird sein Überdauern von hellwachen Wächtern überwacht. Er wird bewahrt, weil er wertvoll ist und je länger sein Bewahrtwerden dauert, desto wertvoller wird er als Kunstwerk noch werden.

Von einem sinkenden Schiff werden die Frauen und Kinder zuerst gerettet. Sie sind die biologischen Hoffnungsträger auf jene Zukunft, in der in Ermangelung anderer Möglichkeiten die Ewigkeit vermutet wird - was bereits ein Trugschluss ist, denn wenn im Jetzt die Ewigkeit noch nicht ist, kann sie auch niemals sein; zeitlich kann es kein Vor-der-Ewigkeit geben.

Entrümpelt man den Speicher im Hausdach oder das Gedächtnis im Zwischenhirn, sortiert man Wertsachen sorgfältig aus und behält sie zurück. Opas Briefmarkensammlung hebt man auf, aber seine alten Socken wirft man weg. Unnütze Namen, Telefonnummern und Gesichter werden schneller vergessen, als jene, die man in der Zukunft noch einmal brauchen könnte.

Verschrottet man sein altes Auto, baut man vorher als stolz dilettierender Handwerker das Radio aus und zuguterletzt hängt man vom Rückspiegel auch noch das Maskottchen ab.

Was bis in die Ewigkeit überdauern soll, muss haltbar sein. Sein innerer Halt muss Bestand haben. Es muss äußere Einflüsse aushalten, ohne dass sein Bestand dabei in die Brüche geht. Sein inneres Wesen muss sich in der Berührung mit dem, was ihm die Welt entgegenhält, bewähren. Dementsprechend meint das zeitliche Dauern "aushalten, Bestand haben, währen". So betrachtet scheinen also das Teure, dessen Verlust man bedauert und das Dauernde, dessen Bestand der Welt etwas wert ist, doch Geschwister derselben Sinnfamilie zu sein.

Teuer und überdauernd ist, was sich bewährt. Das Teure bewährt seinen Wert im Laufe der Zeit. Erst nach Ablauf der Zeit zeigt sich, was tatsächlich etwas taugt. Mit der Zeit wird das Bewährte immer teurer und je teurer etwas ist, desto mehr würde man den Verlust bedauern. Gäbe es keine Zeit, so könnte sich in deren Verlauf nichts als Wert bewähren. Wert und Unwert wären ohne Zeit das gleiche.

Ohne den Geist, der um die Vergänglichkeit weiß, wäre Zeit eine räumliche Dimension. Stünde die Welt in diesem kathedralenhohen Raume still, wäre Schein bereits das ganze Sein. Es stünde wie eine Fata Morgana im Nichts und wäre nur das Abbild seiner Selbst. "Jetzt" ist dort wo Geist und Welt zusammentrifft und sich zur gleichen Zeit auch von einander trennen. Diese Zeit erst zeigt, dass das Sein hinter seinem Bild auch wirklich ist. Was am Zeitraum mehr ist als Räumlichkeit ist Wesenselement des Geistes und entspricht der Macht, die den Strukturverlauf der Welt verändert. Zeit ist die Schnittmenge von Raum und Bewusstsein. Als Zeit weiß der Raum, was er enthält.

Das Sein der Welt im Jetzt ist ihre Frage, ob sie sein soll und die Antwort "nein". "Jetzt" heißt, dass dieses Seiende verworfen wird. Das zeitliche Dasein der Welt ist ihr Entschluss, sich zu vernichten. Als Urgrund der Frage Jetzt entsteht jener Geist, der die Macht haben kann, gegen das "Nein" ein "Ja" zu sagen. An der Entscheidung, ob es ein "Ja" wert ist, wird er zerbrechen oder nicht.

So verstanden ist die Zeit ein Werkzeug, um zu prüfen, welches tatsächliche Sein mehr wert ist, als seine bloße Möglichkeit.

Die Zeit ist die große Versucherin des Wertvollen. Sie stellt unvoreingenommen Versuche an, erschreckend nüchtern wie ein idealer Forscher im Labor. Sie prüft, was ihr in die Hände fällt, unerbittlich auf Bestechlichkeit. Sie befragt, was entsteht, ob es ist, als was es erscheint. Was als das erscheint, was es ist, wird von der Zeit bejaht und bleibt in ihr bestehen. Sie findet heraus, was Bestand hat, indem es ihren Versuchungen widersteht. Das Beständige und das Unbestechliche ist ihr dabei etwas wert. Was dem hohen Anspruch ihres Gaumens nach langer Prüfung entspricht, nimmt sie in den Bauch ihrer Ewigkeit auf. In die Ewigkeit überlebt, was den unbestechlichen Wert seines Seins durch die alles vergleichende Zeit hindurch bewährt. Was am Menschen nur so tut als ob es ist, fällt der Zeit zum Opfer.

Da alles Sein, das seinen Wert wahrt und sich so bewährt jenseits der Vergleiche der Zeit in der Ewigkeit ruht, gibt es dort keine Unterschiede. In der Ewigkeit braucht sich selbst die Güte Gottes von seinem Teufel nicht zu unterscheiden. Sie halten einander aus, indem sie in ihrem Gegensatz ineinander ruhen.

Die Sprache nennt die Zeit folgerichtig "Großes Löwenmaul". Das Wort *"Zeit"* entstammt der indogermanischen Wurzel *"da[i]-"*. Dieses *"da[i]-"* heißt "zerreißen, zerschneiden, *teilen*". Die Zeit fällt über ihren

Inhalt her, wie eine hungrige Katzenmeute über ein zitterndes Gazellenkalb. Sie zerreißt, zerschneidet und teilt mit der blinden Willkür ihrer Zähne. Nur ein Geist, der der Wirklichkeit in freier Wahl befiehlt, dass das Wesen der Gazelle nicht aus Fleisch besteht, kann ihr Sein in seiner Obhut bergen, während sich, was zerrissen wird, als Schein erweist. Ohne Transzendenz, ohne dass hinter dem Ding immer mehr Wahrheit ist als im Ding erscheint, lässt sich keine Ethik je begründen. Ohne dass das Sein in einem Jenseits-der-Zeit in sich ruht, kann die Welt nur ein misslungenes Schaustück ohne Zuschauer sein.

Denken setzt voraus, dass alles was die Zeit zerreißt im Vergleich zu dem, was kommen wird, nur Schein sein kann; denn Denken ist ein Akt entlang der Zeit und macht mit dem bereits Gedachten das gleiche wie die Löwen mit ihrer Beute. Was man weiß, wird zur Beute der Gedanken, die man denken kann. Das Denken zerreißt das Gedachte und baut aus den zerrissenen Brocken eine neue kognitive Struktur, die den Zähnen des Denkens besser widersteht und daher mehr Sein ist, als es der zerrissene Schein sein konnte. Die Zeit sucht nicht nur nach Zerstörung, sondern nach dem steten Wechsel, damit sich jedes Sein in der Begegnung mit dem anderen als beständig in seinem Wesen und als Wert zum Überdauern bewährt. Jenseits des Wandels sucht die Zeit den Bestand. Die Berührung des Seins mit dem, was ihm begegnet, lässt neue Facetten der Wirklichkeit entstehen, deren Bestand sich im Laufe der Zeit entwickeln kann. Die Berührung des vorläufigen Scheins durch die Wucht nachhaltigen Seins, lässt den ersten Anschein verblassen.

Im Wort "Zeit" betont die Sprache zwar das Zerstörungswerk, Ziel der Zeit ist aber nicht Zerstörung, denn sie ist Schrankenwärter der Ewigkeit. Indem sie, was ist, sich begegnen lässt, zwingt sie das Sein zu seiner Wahrheit aufzubrechen. Durch ständig neue Schnitte sucht die Zeit, obwohl man sie "Messer" nennt, nach jener Verbindung zwischen dem möglichen Sein, an der ihrer Klinge zerspringt. Ziel der Zeit ist jene Begegnung, die kein Ende und kein Bedauern kennt.

17. **Welt**
Wer satt ist, hungert nach Freiheit.

Wahlweise spricht man von seinem Geburtstag oder von dem Tag, an dem man auf die Welt kam. Eindeutig geht man davon aus, dass man schlagartig und als kompletter Mensch geboren wird. Sprechen verzückte Eltern oder Tanten von den Babys Kurt und Lise, haben sie dabei fertige Kindermenschen im Sinn und nicht etwa ein biologisches Rohmaterial, aus dem sich durch eifrige Erziehung und das beharrliche Einüben guten Benehmens erst richtige Menschen machen ließen. Diese Tatsache enthält unausgesprochen das Axiom, dass der Wesenskern des Menschen, auch wenn er alt und runzelig wird, ein frischgeborener Säugling bleibt. Er ist vor dem Faktum seiner Existenz hilflos, ausgeliefert, abhängig und seinem angeborenen Charakter gemäß reagibel und empfindsam. Er hat ein erbärmliches Repertoire eigener Handlungsmöglichkeiten und den genialischen Verstand eines sabbelnden Hosenscheißers.

Rechnet man das Resultat der weiteren Lernentwicklung ab der Geburtsstunde zum grundsätzlichen Wesen des Menschen hinzu, dann darf man nicht von seinem Geburtstag sprechen, sondern von dem Zeitpunkt, mit dem seine Geburtsphase beginnt. Man spräche dann vom Geburtsbeginn und müsste sagen, dass das Erdendasein Embryo des Menschen ist und dass die Geburt erst durch den Tod vollendet wird.

Obwohl nichts dafür spricht, dass sich die Wahrheit gegen diese metaphysische Sichtweise nachdrücklich zur Wehr setzte, ist es für die irdische Bequemlichkeit angebracht, im Stil der Renaissance zu denken und dem menschlichen Wesen schon im Diesseits Vollständigkeit zuzugestehen.

Es soll ja auch nicht geleugnet werden, dass Menschen sich nach ihrer Geburt weiterentwickeln und auch nicht, dass das Resultat dieser Entwicklung zum Individuum gehört und durchaus beachtlich ist. Die Sprache verrät aber, dass das Wesentliche des Menschenwesens bereits am Tage der physischen Geburt vorliegt und dort dann auch erkennbar ist. Alle späteren Reifungsschritte sind nicht nur zeitlich, sondern auch bezüglich ihrer Bedeutung für die Definition des Menschen nachgeordnet. Jede Entwicklung zu späterer Reife findet innerhalb eines fertig umgrenzten Menschseins statt. Durch keine noch so glänzende Tugend, die ein Mensch durch Glück und Tüchtigkeit in seinem ehrgeizigen Dasein erwirbt, kann er sein Menschsein vermehren. Kein Mensch kann mehr Mensch werden, als er selbst oder der andere von Geburt an schon ist.

Zur Definition des Menschen ist daher keine seiner vielen Kulturleistungen brauchbar. Würde man nämlich das Wesen des Menschen nach seinen Funktionen und Fähigkeiten beschreiben, die er als Erwachsener hat, müsste man behaupten, dass ein am Kindstod gestorbener Säugling das Wesentliche des Menschseins nie erreicht hätte. Eine solche Sichtweise lässt sich zwar mit einem gerüttelten Maß Zynismus explizit formulieren und ist implizit überall dort enthalten, wo man sich als ein Wesen beschreibt, das über abstrakte Intelligenz, Werkzeuggebrauch, Sprache, über sogenannte höhere Gefühle und verfeinerte Tischsitten verfügt, die Barbarei dieser Sichtweise ist aber offensichtlich. Nach heimlicher Meinung all derer, die sich ihres Menschseins in einem Atemzug mit den genannten Seinsweisen brüsten, sind Säuglinge keine Menschen und Kinder im besten Falle Aspiranten, denn die abstrakte Intelligenz des Säuglings scheitert nicht erst an der kleinsten Aufgabe, sondern sogar schon daran, zu begreifen, dass sich eine Aufgabe überhaupt stellt. Mit Werkzeugen kann er auch nicht umgehen, sein Sprechen ist Gelalle und Geplärre, hinter das die sogenannten höheren Gefühle nur hineinzudichten sind, und seine Tischsitten sind erschütternd.

Säuglinge sind aber eben doch vollständige Menschenwesen. So muss man es definieren, sonst geriete das Denken auf fürchterliche Abwege. Deshalb umfasst ihr Eigenschaftsrepertoire logischerweise alles, was einen Menschen tatsächlich bereits ausmacht. Was an Fähigkeiten über das Repertoire des Säuglings hinausgeht, gehört nicht zum geborenen Menschsein, sondern ist notwendiger Erwerb neuer Mittel in einer Welt, die über den Menschen hinausgeht und ihn im Ja bereits verneint.

Wenn man es also genau nimmt, unterscheidet sich der Kern des menschlichen Wesens nicht grundlegend von dem der Pflanzen und der Tiere. Auch diese sind abhängig von ihrer Umwelt, empfindsam und empfänglich einem Schicksal ausgesetzt, das sie zerstören wird. Auch ihre Macht, etwas aus eigenem Willen gegen das Schicksal zu tun ist winzig, und wie viel mehr man im Vergleich zum Tier von der Unendlichkeit versteht, ist angesichts von deren Maßlosigkeit mehr eine Frage der Infinitesimalrechnung als kategorialer Unterschied. Von oben betrachtet ist selbst ein König nur ein emsiger Käfer, in seiner Emsigkeit davon bedroht, dummerweise umzukippen und dann in seinen Tod zu strampeln, als würde die Welt beim Zusehen vergessen, dass er eigentlich hätte leben sollen.

Jedes Menschenbild, dessen logische Schlussfolgerungen einem Neugeborenen sein vollständiges Menschentum abspricht, ist für eine Vernunft, die im unvorhersehbaren Jetzt Menschlichkeit improvisiert, im Zeitalter der Nachrenaissance inakzeptabel. Zu behaupten, Kulturfähigkeit mache den Menschen zur Krone einer Schöpfung, die sich des wehrlosen Restes wie gesichtsloser Untertanen bedient, um durch deren Konsum jene glimmernde Kultur erst zu erschaffen, die dann zur Legitimierung der menschlichen Überheblichkeit dient, ist schon seit Nikolaus von Kues und Giordano Bruno eine unhaltbare Position. Verwunderlich ist nur, dass das Denken laufend rückfällig wird. Ohne Respekt vor dem Wert eines Käferlebens muss der Mensch jedenfalls unmenschlich sein, weil er sich dann seinen eigenen Wert nicht glaubhaft machen kann.

Was Mensch am Menschen ist, ist immer gerade erst, wie bei einem zappelnden Säugling aus dem einen Geheimnis heraus erwacht. Als Mensch benennt das Geheimnis eine Gegenwart, in deren funzeligem Lichtschein es sein Rätsel zu erkennen sucht und von der es meint, auch auf wackeligen Beinen könne diese kurze Gegenwart ein wenig vom ewigen Mysterium ertragen.

Was ist nun das Eigentliche am menschlichen Wesen, das schon beim Säugling in unantastbarer Ganzheit wirklich ist? Das Eigentliche des Menschenwesens verrät sich im Wort "Säugling" selbst. Man ist vom ersten Tage seines schütteren Daseins darauf angewiesen, sich von außen eine geeignete Zufuhr einzuverleiben, drastisch gesagt sie sogar einzusaugen, damit man überhaupt existieren kann. Deshalb ist man im Kern seines Wesens der Weltenwucht ausgesetzt. Mangels Autarkie ist man durch eine grundlegende Abhängigkeit der Mitwelt ausgeliefert und dabei unfähig, ohne nährenden Einfluss von außen zu sein. Um nicht gleich nach der Geburt sang- und klanglos unterzugehen, muss man sofort bezogen sein. Mensch zu sein heißt immer auch "Ich brauche euch", denn man kann nur sein, wenn man miteinander ist. Egal welche beachtlichen Entwicklungsschritte man auf dem Wege des Erwachsenwerdens später auch macht, gleichgültig, wie viel Wissen, Können, Macht und Weisheit man erwirbt, die wesenhafte Ohnmacht des Menschen, sich selbst genug zu sein, bleibt bis zum Tod und wird durch jeden Tod erneut bewiesen.

Das Leben ist kein Ding, das sich als Inhalt seiner Existenz asketisch mit sich selbst begnügte, sondern es ist bedingt und daher abhängig von einer Umwelt, die es als Grundlage seines Daseins mit Dingen bestückt. Das wichtigste Ding mit dem der Mensch herumhantiert, sobald er nach er ersten bunten Rassel greift, ist dabei sein eigener Körper, der aus von der Welt verliehenen Materialien besteht, die beständig durch ihn fließen. Bedingung aller großen kulturellen Taten dieser Welt ist daher das Gesamtgefüge, das dem, der schafft, die Hand verleiht, mit der er kühne Pläne wirklich werden lässt. Wenn also selbst ein eingefleischter Individualist, stets mit allem Genius seiner grauen Zellen und der ganzen Leidenschaft bemüht, aus dem Nichts heraus der Welt den Beweis zu erbringen, dass er selbst in ihr gewesen war, er als er und nicht als Teil von ihr, wenn also selbst so ein Individualist erkennen muss, dass er das Fleisch der Welt braucht, um darin jener Geist zu sein, der nach Beweisen sucht, die ihn aus dem übermächtigen Zugriff dieser Mutterwelt befreien, dann liegt es doch nahe, das Wesen dieser Übermacht, die Welt, zunächst einmal näher ins misstrauische Auge zu fassen. Vielleicht verschieben sich ja die Gewichte, wenn man sich gegenseitig besser kennt.

Das Wort *"Welt"* setzt sich aus zwei Teilen zusammen. Schneidet man es mit dem etymologischen Besteck in der Mitte durch, kann man jeden seiner Bestandteile für sich untersuchen.

Die ersten beiden Buchstaben *"We-"* sind dieselben, mit denen der Begriff *"Werwolf"* beginnt. Althochdeutsch sprach man vom *"Wer"* und meinte damit "Mensch" oder "Mann". Ein Werwolf ist dementsprechend ein Menschenwolf. dasselbe Wort "Wer" klingt im lateinischen Wort *"vir = Mann"* und im Fremdwort "der *Virtuose"* an. Ein Virtuose ist ein tüchtiger und begabter Mann, ein Mann voller spezifischer Tugenden, den man mit lauter Stimme preist und daher ist er trotz der Namensvetternschaft vom Werwolf, dessen Namen man beängstigt raunt, klar zu unterscheiden.

Die beiden letzten Buchstaben im Wort *"Welt"* sind die hinteren zwei Drittel des Wortes *"alt"*. Wenn man das *"We-"* mit dem "alt" ohne Wegfall des Vokals zusammensetzt, kann man unter Zuhilfenahme eines Kaugummis zur Verbreiterung der Aussprache aus dem dann gebildeten *"Wealt"* das englische *"world"* intonieren und bei der Betrachtung der Sprachverwandtschaften darüber nachsinnen, ob die verschiedene Aussprache der Konsonanten und Vokale nun zur Erfindung bestimmter Konsumgüter führt oder umgekehrt. Zurückübersetzt zu größerer Deutlichkeit lautet der Sinn des Wortes "Welt" jedenfalls "das Menschenalter".

Das Wort *"Alter"* scheint auf den ersten Blick eine Zeitspanne zu benennen, und unter dieser Annahme ließe sich das Alter der Welt leicht bestimmen. Sie wäre so alt wie die Lebensspanne eines einzelnen Menschen oder, wenn man großzügig zu ihren Gunsten rechnet, wäre sie maximal so alt wie die Menschheit als weise Hominidenspezies. Das klingt nicht plausibel, denn damit tauchte die Frage auf, ob es die Welt vor der Ankunft der Menschen überhaupt gegeben hat. Die Aussage, "Jahrmillionen vor unserer Zeit war die Welt von Dinosauriern bevölkert", wäre dann falsch und die Knochen, die man allenthalben findet, hätte ein arger Schalk versteckt, um die Leute zu verwirren.

Etwas scheint an diesem Gedankengang nicht zu stimmen. Nimmt man an, das Wort "alt" am Ende von "Welt" meine eine zeitliche Kategorie und benenne das Alter der Welt, dann leugnet man die ganze Evolution, was man als frühscholastischen Trugschluss bezeichnen könnte, der bestenfalls religiöse Eiferer noch befriedigt.

Näheren Aufschluss bringt eine Analyse des Wortsinnes von "alt". Der Begriff "alt" meint ursprünglich keineswegs "gebrechlich", "runzelig", "verschlissen" und "am Ende einst sprudelnder Lebenskräfte", wie die Begriffe "Altenheim", "Altenteil" und "Altersschwäche" in einer an jugendlichen Idealen orientierten Zeit suggerieren. "Alt" meint eigentlich fast schon das Gegenteil von alledem.

"Alt" entstammt dem indogermanischen Wurzelwort *"al-"*. Dieses "al-" ist mit "wachsen, nähren, wachsen lassen" zu übersetzen. Lateinisch hieß "nähren" und "großziehen" *"alere"*. Im Deutschen ist das Verb selbst, das gotisch und altenglisch *"alan"* hieß, heute nicht mehr in Gebrauch. "Alt" heißt damit eher "gewachsen" als "gebrechlich", eher "nährend" als "runzelig" und eher "kraftspendend" als "entkräftet".

Das nährende Element der Wurzel "al-" kommt auch im *"Aliment"* zum Vorschein. Wer Alimente zahlt, soll damit bekanntlich seinen Nachwuchs ernähren, wenn er dies nicht schon in der ehelichen Gemeinschaft tut.

Außerdem sind im Sinne von "ausgewachsen, vollständig, gesamt" die *Wörter "all", "alle", "allein"* und *"das All"* auf die gleiche Quelle zurückzuführen. dass alleine das All für all seine Kinder alle Alimente zahlt, stimmt trotz des Stabreimes allerdings nicht.

Der Begriff "Welt" bedeutet also, wenn man ihn in seinen eigentlichen Sinn zurückübersetzt, "die Menschennährerin". Sie ist das gewachsene, vollständige Ganze, aus dessen schwierigem Schoß der

Mensch entsteht. Die Welt ist, zumindest in den Augen und den Wünschen dessen, der sei so beim Namen nennt, ein Lebensschoß. Sie hält bereit, was der Säugling Mensch in seiner Abhängigkeit und Bedingtheit braucht. Die Welt ist das nährende Gegenüber, in das er eingebunden ist und aus dessen zwiespältigen Fesseln unser eingefleischter Individualist versucht, sich in eine authentische Existenz zu entbinden. Da die Welt nur in der Einbindung gibt, kann er kaum hoffen, von seiner Amme jemals jene Freiheit zu bekommen, die seine Existenz beweist. Als Gegenpol des personellen Seins, das sich selbst beschließen kann, ist die Welt die Bindekraft, die zwar was frei wird füttert, deren Futter selbst aber keine Freiheit gibt. Freiheit wird nicht von jener Bindekraft vergeben, die den Säugling beim Trinken in ihre Mitte saugt. Der kann sich Freiheit nur nehmen, und zwar soweit wie er bereit ist, auf das Gefüttertwerden zu verzichten. Freiheit ist ein Freisein von der Welt, nicht durch die Welt. Frei wird man, wenn man das wird, was sich nicht mehr von der Welt ernährt. Dann lässt man die Welt frei.

18. Wahrheit
Wahr ist, womit sich unser Wesen verträgt.

Die Silbe *"-heit"* am Ende von *"Wahrheit"* entspricht einem gemeingermanischen Substantiv, dessen Bedeutung sich im Sinngeflecht der Wörter mit einer Vielzahl anderer Begriffe assoziiert. Mittel- und Althochdeutsch bezeichnete das Hauptwort "Heit" sowohl die "Person", als auch den "Rang", das "Wesen", den "Stand", die "Art" und die "Beschaffenheit". Das gotische Wort *"haidus"* ist ein Verwandter derselben Familie und heißt übersetzt die "Art und Weise". Die indogermanische Urmutter all dieser sprachlichen Sprösslinge war die ersprießliche Wurzel *"kai- = scheinen, leuchten"*. Das altindische Wort *"ketu-h = die Lichterscheinung"* und das deutsche Adjektiv *"heiter"* sind zwei weitere Früchte, die am Ast des gleichen Gedankenbaumes reiften. "Ketu-h" scheint als "Lichterscheinung" am reinsten den ursprünglichen Sinn des "-heit" zu benennen.

Die Silbe "Wahr" in Wahrheit geht auf althochdeutsch *"wara =* der Vertrag, die Treue" zurück. Das althochdeutsche "wara" wiederum leitet sich von dem indogermanischen Wort *"uer-"* ab, das als Adverb gebraucht "vertrauenswürdig" heißt und als Substantiv "die Gunst" oder "die Freundlichkeit". Derselbe Klang und dieselbe Idee stecken in den Wörtern *"gewähren"* und der *"Wirt"*.

Will man sich daher in angenehmer Atmosphäre Gaumenfreuden gönnen, gewährt man jenem Wirt die Gunst sein Gast zu sein, der auch bei Extrawünschen freundlich bleibt und bei dem man darauf vertraut, dass der Koch in der Küche nicht im Ärger auf die anspruchsvollen Gäste den Schweiß von der Stirn in die Suppe tropfen lässt.

Wahrheit heißt also im eigentlichen Sinne "das freundlich Leuchtende, dessen Schein nicht trügt". Der freundliche Schein des Wahren ist Ausdruck echten Seins in treuer Absicht und nicht nur das trügerische Treiben einer heimtückischen Fata Morgana, die den dürstenden Wanderer nur tiefer in die Wüste lockt.

Wie man allerdings weiß, ist die Wahrheit nicht immer freundlich leuchtend, was ihr auch schlecht zu Gesicht stünde, denn dann wäre sie ein alberner Kasper, den niemand ernst nähme und dem man jovial auf die Schulter klopft. Die Freundlichkeit der wahren Wahrheit ist zuweilen schmerzhaft rau.

Im Wort *"albern"* taucht das indogermanische *"uer-"* zu *"-ber-"* verändert als zweite Silbe auf. Kombiniert ist das Urwort für den "Vertrag" und die "Treue" mit dem Wort *"all"*. "All" gehört, wie schon erwähnt, zum lateinischen Verb *"alere = nähren"* und meint "ganz, immer, umfassend". *Albernheit,* eigentlich *"All-uer-heit"* ist somit eine "umfassende Dauerfreundlichkeit", von der man spürt, dass sie nicht wahr sein kann. Man wehrt sich gegen sie, indem man sie verlacht, denn obwohl sie in Maßen genossen Freude macht, spürt man auch, dass sich hinter der scheinbar freundlichen Spaßigkeit, ungelebte Aggression verbirgt.

Als wolle die Sprache vor Einseitigkeit warnen, findet man im Lateinischen das Urwort *"uer-"* im Wort *"severus"* wieder. "Severus" heißt "streng" und streng etymologisch zurückübersetzt "ohne vertrauenserweckende Freundlichkeit". Es warnt somit davor, das Wahre allzu streng zu sehen, denn nicht nur übertriebene Spaßigkeit, sondern auch bitterer Ernst kann albern sein.

Tiefere Einblicke in das Wesen der Wahrheit und ihr Verhältnis zum Menschen gewinnt man, wenn man versucht, die aufgefächerten Sinnstrahlen der Idee der Wahrheit synoptisch zusammenzusehen. Die freundlich weißleuchtenden Strahlen der Wahrheit spalten sich hinter dem Prisma einer mehrtausendjährigen Sprachentwicklung in die Farben "die Treue", "der Vertrag" und "das Licht" auf. "Treue" gehört zum Begriff "Vertrauen" und meint eigentlich "stark und fest".

In apodiktischer Strenge kann man somit sagen, dass Wahrheit jener Aspekt der Welt ist, auf den man vertrauen kann. Die Wahrheit bewahrt die ihr Getreuen vor dem Irrtum. Gäbe es nichts, worauf die Getreuen vertrauen könnten, wäre ihre Welt nicht wirklich wahr. Wahrheit ist, was sich wahrhaft als fest, stark und dauerhaft bewährt und worauf man sich daher verlassen kann. Die Wendung "sich verlassen" meint hier, dass man sich selbst, den Schutz des eigenen Soseins, verlassen kann, weil und nur weil es die Wahrheit gibt. Die Wahrheit ist zuverlässig, weil man sein Sosein auf sie zu verlassen kann. Ohne die Wahrheit, wäre der Tod zu riskant, als dass noch jemand stürbe. Wahr ist, was das Sein aus seinem Zwang zu sich befreit. So ist sie die notwendige Basis jeder Entwicklung, denn ohne sie könnte nichts werden, was es wird, ohne im Werden fruchtlos unterzugehen. Wer vertrauensvoll auf das Licht der Wahrheit zugeht, hinter dem bleibt nur der Schatten zurück, aus dem er furchtlos heraustreten kann. Die Wahrheit bleibt dem, der sich auf sie verlässt, treu und jede Stärke, die ein von der Welt verlassener in sich spürt, liegt in der Treue zu seiner Wahrheit. Das Verhältnis zwischen der Wahrheit und dem Menschen ist vertraglich. Indem man wahrhaft ist, ist dieser Vertrag unauflösbar. Wahr ist, was den Vertrag nie bricht, so dass Wahrheit das ist, womit sich das Wesen des Menschen wirklich verträgt. Unwahrheit ist dem Menschen im Gegensatz dazu unzuträglich. Da sich das menschliche Wesen mit dem Unwahren nicht verträgt, kann Frieden nur mit der Wahrheit sein. So ist sie die Gewähr der Freundschaft und die Währung der Wirklichkeit. Sie ist der wahre Seelenwirt der Welt. Wenn je etwas die sehnlichen Wünsche der Gäste erfüllen kann, dann ist es der Vertrag mit dem, was wahrhaft freundlich leuchtet.

Da das Verhältnis von Wahrheit und Menschsein vertraglich ist und sich im Vertrag verbindet, was das Unverbundene vom Vertrag ausschließt, ist Wahrheit jenseits ihres Vertrages mit den Menschen bedeutungslos. Von dort aus gesehen sind Wahrheiten erfundenen Farben und Muster, die die Leere entwirft, um durch den Entwurf von Fülle noch leerer zu sein. Zum Geist gehört Wahrheit als das vermeintlich letzte Besondere, auf das sich sein Wesen bezieht. Dieser Bezug schützt seinen Blick vor dem Sturz in den Abgrund der Leere. Nur die Leere erkennt in der Wahrheit jene Chimäre am Horizont eines Himmels, hinter dem sie selbst erst beginnt. Wahrheit nennt man die fürsorglichen Lügen des Himmels, in deren Kissen er das Wesen des Geistes solange wiegt, bis dessen Blick sich nicht mehr an der Wiege aufhält, die ihn trägt und er in die Leere fällt, ohne dass sie ihn entsetzt. Nur wenn der Mensch im Grunde diese Leere ist, ist sein Vertrag mit der Wahrheit mehr als ein launischer Zufall.

19. **Wahrnehmen**
    Teile Dir den Schutz zu, den die Wahrheit in Dir zum Wachsen braucht.

Reichtum als Folge von Habgier ist nicht der Sinn des Nehmens. Dieser Reichtum ist bestenfalls ein vordergründiger Zweck des Raffens.

Das Wort *"nehmen"* leitet sich von der indogermanischen Wurzel *"nem-"* ab. Dieses "nem-" meinte ursprünglich "zuteilen". Demzufolge lässt sich das griechische Wort *"nemein"* mit "teilen, zuteilen, Weideland zuweisen, weiden, bebauen, verwalten" übersetzen. "Nehmen" meint nicht die schiere Inbesitznahme irgendwelcher Werte, um sich etwa als einsamer Reicher über die vielen Armen zu erheben oder um sich im Neid der Nachbarn oberflächlich wohlzufühlen. Das alles ist vielmehr ein angstvolles Raffen. Es dient der hastigen Beschwichtigung von Zweifeln am Wert des eigenen Daseins und der Absicherung gegen die Angst, dass die Welt den Wert dieses Dasein missachten könnte. Im Gegensatz zum Raffen nämlich benennt das Wort "nehmen" die Aufteilung eines Ganzen zu wirtschaftlichen Zwecken. Der Sinn des Nehmens ist nur als Teil eines umfassenden Gesamtvorganges richtig zu verstehen. Es ist mehr als ein Ansichbringen. Es handelt sich dabei um den vielschichtigen Tatbestand des Bewirtschaftens und des Urbarmachens. Da "Nehmen" soviel wie "Zuteilen" bedeutet, ist beim "Nehmen" immer schon eine Begrenzung mitgedacht und ein Teilen mit dem anderen vorgesehen.

Auch im Wort *"Nomade"* klingt das Thema "Zuteilung von Weideland" durch. Der Nomade nimmt Grasland solange in Besitz, wie sein Vieh darauf weidet. Dann lässt er den Besitz wieder los und zieht davon. Die Inbesitznahme des Bodens bleibt so an dessen Nutzung gebunden. Das Inbesitznehmen ist Teil einer verketteten Abfolge von Taten und dient einer konkreten Nutzung. Ein Stück Land darf sich legitimerweise nur der nehmen, der es nutzt, indem er darauf wohnt oder indem er autonom darauf arbeitet. So sieht es jedenfalls die Weisheit der Sprache. Die Betonung liegt hier auf dem Wort "autonom", denn die Nachsilbe *"-nom"* stammt ebenfalls aus der Wortgruppe um das Verb *"nehmen"*. *"Auto"* heißt griechisch "selbst", *"autonom"* also "selbstnehmend". Autonom im allgemeinen ist, wer sich selbst für sich in Besitz nimmt, weil und solange er sich selbständig zu bebauen weiß. Autonom auf einem Acker schuftet, wer ihn selbständig, aus eigener Sachkenntnis heraus, fruchtbar zu bestellen versteht.

Auch in anderen Wörtern, die mit der Silbe *"-nom"* enden, wird der eigentlichen Sinn des Nehmens erkennbar. So ist der Öko*nom* ein Verwalter der Wirtschaft und der Gastro*nom* waltet in seinem Gästehaus. Der Astro*nom* wiederum hat sich als Aufgabe die Erforschung des Himmels zugeteilt. Er hat die Galaxien ins Visier seiner Neugier genommen und baut an der Wissenschaft der Sterne.

"Nehmen" bezeichnet als Verb eine Tätigkeit. Genommen wird immer ein Etwas, das durch diesen Zugriff in den vorübergehenden Besitz dessen gerät, der im Nehmen bereits tätig wird und durch das Nehmen weiteres Tätigsein vorbereitet. Der Vorgang eines von der Sprache legitimierten Besitzens beinhaltet daher immer weiteres Tätigsein. Im Widerspruch dazu meint man allzu oft, Besitz diene als Erlaubnis und Startschuss zur Untätigkeit. Wer hat, brauche sich nicht mehr zu mühen und könne sich glücklich einem Dolce far niente überlassen, von dem die Besitzlosen bei schweißtreibender Arbeit bestenfalls neidisch träumen können. Leider ist es nur ein schwacher Trost, dass, wer untätig besitzt und sich selbstgerecht als dreister Besitzer zum Ärgernis der Tatkräftigen macht, sich mit der Sprache verfeindet. Er missachtet zwar ihre Wünsche, aber was folgt schon daraus? Es ist so leicht, den Zorn der Sprache zu überhören und mehr als schreien kann sie nicht. Dem Neider bleibt nur die vage Hoffnung, dass das scheinbare Glück des faulen Besitzers von innen her an Langeweile und Überdruss zerbricht oder, dass die Angst vor Räubern und Dieben ihm den Genuss des Faulseins tatkräftig trübt.

Der erste Bestandteil des Wortes *"wahrnehmen"* geht nicht auf die gleiche Wurzel zurück, wie das "Wahr" in "Wahrheit". Das *"wahr"* des "Wahrnehmens" entstammt dem Althochdeutschen *"wara* = die Aufmerksamkeit, die Obhut, die Acht, die Aufsicht". Dies wiederum ist jener indogermanischen Wurzel *"uer-* = schützen, mit Flechtwerk umgeben" zugeordnet, der auch das bereits besprochene Wort *"Wehr"* entstammt. Das "wahr" in "Wahrnehmung" ist damit sinnverwandt mit *"wehren"*. Wahrnehmung hat mit Behüten, Schutz und Aufpassen zu tun. Folgende Beispielsätze, die Begriffe aus der Sinnsippe des "Wehrens" enthalten, machen diese Zusammenhänge deutlicher:

Wenn man nicht auf sich selbst aufpasst, ver*wahr*lost man.
Alkoholiker und Drogensüchtige ver*wahr*losen in dem Maße, wie der Schnaps und die Drogen ihre *Wahr*nehmung trüben.

Im Polizeige*wahr*sam achtet der Aufsichtsbeamte aufmerksam darauf, dass sich der Gefangene nicht seiner ungeliebten Obhut entzieht. Unter *Wahrung* seiner Rechte wird der Angeklagte dann vor Gericht gestellt.

Andenken be*wahr*t man auf, um sie vor den Erosivkräften der Wirklichkeit zu beschützen.

Das *Wahr*zeichen des Islam ist der Halbmond. Unter diesem Schutzzeichen des rechten Glaubens sammeln sich die frommen Moslems und hoffen so, den trügerischen Verlockungen von Schaitan, Deibel und Dschehenna zu entgehen.

Be*ware* of the wild dog! So heißt auf englisch: Vorsicht bissiger Hund!

"Wahrnehmen" heißt, dem wahrgenommenen Sachverhalt Aufmerksamkeit zu schenken und ihn zu beachten. Nur was man beachtet, hat man tatsächlich wahrgenommen. Alles andere entgeht der Aufmerksamkeit, selbst wenn es die Sinnesorgane physiologisch registriert haben sollten. Wahrnehmen heißt - und zwar im Sinne von: es erteilt den Auftrag - das Wahrgenommene ernst zu nehmen und es für das weitere Leben relevant zu machen. Wirklich wahrzunehmen heißt, das Wahrgenommene in seinen Wirkungen anzunehmen und es so für die weiteren Lebensvollzüge wirksam zu machen. Weil durch die Wahrnehmung der Sachverhalt des Wahrgenommenen in die Obhut dessen, der wahrnimmt gerät, pocht sie auf seine Verantwortung. Sehen macht verantwortlich. Sehen verpflichtet zum Handeln. Verantwortung ruft nach beantwortender Aktivität. Wer sieht ohne dann zu handeln, muss handeln, um sein Sehen unwirksam zu machen. Meinte "Wahrnehmung" nämlich einen passiven Vorgang, dann spräche man von "Wahrbekommung" oder gar von "Wahrempfängnis". Derartige Begriffe klängen nach passiver Resignation und ohnmächtigem Warten auf Weisung von oben. Die reale Sprache bezeichnet mit dem Begriff "Wahrnehmung" ausdrücklich eine Tat.

Der Schutzaspekt der Wahrnehmung wirkt auf verschiedenen Ebenen:

Zum einen schützen Wahrnehmungen vor den vielen Gefahren des täglichen Lebens; vom Stolperstein auf dem Spazierweg bis zur List eines unseriösen Versicherungsvertreters an der Haustür. Ein waches Auge ist ja allemal nützlich im Leben. Hier ist man selbst beschützt im wehrhaften Horizont seiner aktiven Sinne. Dieser Aspekt der Wahrnehmung klingt im Wort *"warnen"* durch, das ebenfalls zur Wortsippe um *"wara"* gehört. Die Wahrnehmungen warnen vor Gefahren. Sie zeigen an, worauf man zu achten hat. Sie schützen vor den Erfahrungen, denen man noch nicht gewachsen ist.

Zum anderen gerät jedes Wahrgenommene in die Obhut eines aktiven Wissens. Wissen bestimmt ohne Vermittlung das Sosein der Wesen. So liegt es in jedes Verantwortung, aktiv jenes Wahre zu beschützen, von dem er weiß. Die bewusste Wahrnehmung ist die Gewähr, dass man das Wahre in sich betreut.

Zum dritten: Wahrnehmung ist unbequem, wenn nicht gar gefährlich. Etwas Neues klar zu sehen kann zur Folge haben, dass man die gemütliche Sicherheit seiner bisherigen Weltsicht verlässt. Durch Wahrnehmung wird der Ausgang der Zukunft geöffnet. Wahrnehmung vertreibt aus dem Schutz des Bisherigen. Wegen ihr ist man mit dem jetzt überkommenen Glauben nicht mehr stimmig. Wahrnehmung beendet das Dümpeln des Schiffes im vertrauten Hafen und sie setzt knatternde Segel in einen auffrischenden Wind. Sie führt zu Unstimmigkeiten, auf die sich das Leben durch Umbruch erst einstimmt. Je mehr man an seine naiven Bilder glaubt und sich für das hält, was man bisher von sich weiß, desto schwerer wird es sein, sich und die Pläne, die man mit sich hat, durch etwas Neues zu bereichern.

Der Gefahr dieses Neuen begegnet man im Vertrauen auf seine Sinne. Man begibt sich vertrauensvoll in die Obhut seiner Wahrnehmungen, denn die Wahrnehmung zielt darauf ab, das Wahre anzunehmen. Die Wahrnehmung sucht nach Wahrheit, weil sie es ist, unter deren Obhut man sich vertrauensvoll stellen kann.

Durch die Wahrnehmung des freundlichen Lichtes der Wahrheit bewahrt man seinen nächsten Schritt vor der Verirrung. In der Lichtung der Wahrheit findet man den Schutz seines Freiseins.

2o. **Subjektiv und Objektiv**
Freiheit ist der Sturz in den Himmel des Seins.

Die beiden Begriffe "subjektiv" und "objektiv" verweisen auf elementare Eckpfeiler des Denkens, denn das Muster der Wirklichkeit entsteht als Spannungsfeld zwischen den Objekten und ihren subjektiven Betrachtern und somit beeinflusst die Polarität der Begriffe unsere Weltsicht in kaum zu überschätzendem Ausmaß. Philosophisch veranlagte Subjekte haben sich nun schon seit Jahrtausenden den Kopf über ihre Beziehungen zu den objektiven Tatsachen zerbrochen ohne dabei zu endgültigen Schlüssen gekommen zu sein. Das wird auch hier nicht gelingen. Der assoziative Reichtum der Begriffe ist nämlich so groß, dass man gut daran tut, den Anspruch auf Vollständigkeit schon im Ansatz zu verwerfen und die Sicht auf den engen Spalt der etymologischen Betrachtung zu beschränken.

Verfolgt man die Spuren, die sich der etymologischen Analyse eröffnen, verspricht dies eine Reihe bemerkenswerter Sichtweisen zu ermöglichen, so dass man jedes Wort getrennt untersuchen könnte. Andererseits sind beide Begriffe so eng miteinander verbunden wie die Pole einer magnetischen Kugel. Der eine hat ohne den anderen keinen greifbaren Sinn. Es scheint daher, dass sich die Bedeutung des einen Begriffes als Antithese des anderen ergibt und ihr tieferer Sinn sich aus ihrem Wechselspiel erschließt. Oft lassen sich die Dinge besser verstehen, wenn man sie im kontrastreichen Bezug zu ihrem Gegenteil sieht. Aus diesem Grunde werden die Begriffe "subjektiv" und "objektiv" hier gemeinsam betrachtet.

Damit die Untersuchung des Wortes "Subjekt" nicht so abstrakt klingt, wie eine soziopolitologische Abhandlung Bakunins zur Ökonomie in der Transformationsperiode, werden je nach gedanklicher Situation die Begriffe "Subjekt", "man", "ich", "wir", "Mensch", und "der einzelne" synonym verwendet, wohlwissend, dass diese Gleichbedeutung durchaus ihre Grenzen hat.

Also:
Das Wort "subjektiv" ist ein Sprössling des lateinischen Verbs *"subiacere"*. *"Iacere"* heißt "werfen". Die Vorsilbe *"sub"* trägt die Bedeutungen "unten" und" nahebei". Folglich ist das Subjekt das "Unterworfene" und das "Nahebei-geworfene".

Indem man als Subjekt der Wirklichkeit und ihren Gesetzen unterworfen ist, liegt man ihr zu Grunde. Für die Wirklichkeit ist das

Subjektive damit grundlegend, was tröstlich klingt, denn wenn man schon da unten liegt, kann man sich so wenigstens für wichtig halten.

Grundlage jedenfalls ist, worauf etwas steht oder, woraus, was wird, entsteht. Grundlage der Entstehung der Wirklichkeit sind somit die subjektiven Betrachter, die nicht nur da unten liegen und aus der Froschperspektive nach oben in die bereits über ihnen stehende Wirklichkeit sehen, sondern, die durch ihr Da-unten-sein die Welt erst wirklich werden lassen. Die Verwirklichung der Welt ist also eine Eigenschaft des Subjektes Mensch. Grundlegende Bedingung dafür, dass aus ihm etwas entstehen kann, ist die Unterwerfung seines subjektiven Ichs unter das Ganze. Dieses Ganze ist das Sein, das nur ein Bewusstsein ohne Perspektive unverzerrt erkennen kann. Das Subjekt kann sein Etwas als Teil dieses Ganzen sehen, wenn es den Auftrag erfüllt, den es durch sein Nahebei-geworfen-sein erhält. Wenn das Ich wird, was es als begrenztes Teil sein kann, kann es sehen, dass es als Selbst des Ganzen Ganzes ist. Das subjektive Ich ist hinausgeworfen in die Existenz eines verlorenen Teiles und es findet sich, indem es das ganze Teil, das es ist, einwirft in das ungeteilte Ganze. Lebendig zu sein, in Abgrenzung zum Tod, ist das Selbstbild jenes Teiles, das sich als unteilbares Individuum abgeteilt von allem sieht, worin er sich nicht erkennen kann. Für den, dessen individuelles Teilsein bewusste Facette des Ganzen ist, sind Tod und Leben zwei spielende Welpen, die vor dem Wolfsbau des Daseins in der Sonne ihren Schatten jagen. Jenes Leben ist der Irrtum dessen, der sein Sein nicht auch im Tod erkennt.

Bildlich ausgedrückt heißt der Auftrag, der dem Nahebei-geworfensein entspringt: Backe kleine Brötchen und spüle deinen Teller. Wenn die Brötchen fertig sind und der Teller sauber glänzt, weitet sich der Fokus deiner Bäckeraugen auf den nächsten Klumpen Hefeteig.

Die These, das Subjekt finde seine Erfüllung in einer Unterwerfung, klingt nicht verlockend. Es wäre aber unklug, diesen weisen Rat der Sprache vorschnell zu verwerfen. Das menschliche Schicksal hat soviel mit Freiheit und Unterwerfung zu tun, dass es in den Geschichtsbüchern vom Ringen der beiden um Macht und Recht geradezu wimmelt. Auch auf psychologischer Ebene bedeutet verwirklichte Subjektivität nicht nur das freie Schweben eines bewussten Souveräns über den Inhalten seines geistigen Reiches, denn das Subjekt entbindet sich nicht aus seinen Grenzen, indem es sie verleugnet, sondern indem es seine Subjektivität als Eingegrenztsein wahrnimmt. Es erlöst sich aus der Unterwerfung,

Es erlöst sich aus der Unterwerfung, indem es sein Unterworfensein erfüllt.

Schließlich geht es nicht um die Frage, ob man sich unterwerfen soll oder nicht. Der Unterwerfung kann das Subjekt seinem unentrinnbaren Wesen nach nicht entkommen. Solange das Subjekt nämlich Subjekt ist, bleibt es, wozu auch immer es sich sonst noch befreien mag, in den Grenzen seines subjektiven Seins gefangen.

Tatsächlich geht es also um die Frage, wohin man sich unterwirft und nicht, ob man es überhaupt tut. Nur darin besteht eine echte Wahl und wie es scheint unterliegt das Ziel der Unterwerfung einem biographischen Wandel in drei Schritten.

Zunächst ist man dem Kraftfeld seiner elterlichen Umwelt unterworfen. Wenn man sich von diesen Kräften frei macht, unterwirft man sich meist einer Autorität, die mächtiger ist als die leiblichen Eltern, und von der man hofft, dass sie ihre Macht dem Unterworfenen als Dank für die Unterwerfung verleiht. Gemeint sind hier Leitbilder, Religionen, Ideologien oder eine Utopie. Irgendwie bleibt der Unterworfene so immer ein Kind, das groß werden will, indem es sich in einem Größeren kleinmacht. Er wird immer von dem beherrscht, woran zu glauben er sich entschließt. Im Grunde will er die Macht, der er sich opfert.

Ein zweiter Schritt kann sein, dass ein Mensch als seinen Herren nur noch sich selbst anerkennt. Dann versucht er aus sich selbst heraus autonom zu sein und bemüht sich, jene Größe zu verwirklichen, die er zu seinem eigentlichen Selbst ernennt. Er baut an einem Königreich in seinem eigenen Inneren und hofft, darin dann frei zu sein. Doch selbst, wenn er in diesem Reich sein König ist, dann ist er auch sein Sklave; und zwar weil er dem Thron seines Ideales dient. Die Unterwerfung unter ein Selbst, wenn es nur das Größenideal eines Ichs ist, macht vielleicht frei von fremden Götzen, man erreicht zuletzt aber nicht mehr, als die Grenze der eigenen Phantasie.

Unbekannt ist, was werden wird, wenn man seine Subjektivität entgrenzt. "Subjektiv" heißt nicht nur unterworfen, sondern auch Nahebeigeworfen. Wenn man sich subjektiv begegnet, unterwirft man sich der Herrschaft seines Egos. Um der Sklaverei einer Herrschaft über das eigene Leben zu entkommen, muss man die Zwingburg, den Griff des Ichs nach der Macht über sich selbst, zerbrechen. Der Zugriff des Iches, mit dem es sich sich selbst unterwirft, ist das Bild, das es davon hat, wie es sein soll. Nur indem es sich einem größeren Ganzen unterwirft, das kein Götze ist, der ihm für die Unterwerfung Kraft verleiht, kann das Subjekt das Joch seiner selbst abschütteln.

Deshalb erfüllt sich das Sein des Subjektes durch eine Unterwerfung unter das Ganze des Seins, die so nahe an das Sein heranführt, das sich die Unterwerfung in ein nahes Beisein verwandelt. Das Subjekt wird frei, wenn es demütig Werkzeug seines Schicksals wird und nahe bei den Dingen bleibt, die sich als Objekte seiner Identität erweisen. Dieser Schritt verwandelt das Joch in Freiheit. Er führt in ein offenes Abenteuer, von dem niemand weiß, ob es endet. Die Freiheit beginnt im Subjekt, sie endet aber nicht im Ganzen, sondern macht dessen objektives Wesen aus.

So wie *"subjektiv"* auf *"subiacere"*, geht das Wort *"objektiv"* auf lateinisch *"obiacere"* zurück. "Objektiv" heißt dementsprechend: "Entgegengeworfen, vorgesetzt, entgegengestellt".

Die Objekte stehen uns gegenüber. Die objektiven Tatsachen werden uns von der Wirklichkeit fraglos vor die Nase gesetzt. Sie sind feststehend, sicher und verlässlich, und damit sind sie nicht nur Hindernis und Widerstand, sondern auch Stütze, denn auf den Widerstand des Objektiven kann man sich verlässlich stützen. Die Objekte sind messbar und vergleichbar. Sie sind tatsächlich oder sie sind eben nicht. Sie sind im wahren Wortsinne "Gegenstände".

Im Reich, besser im Modus der Gegenstände geht es um die Frage nach der Tatsächlichkeit. Die Frage nach dem Objektiven lautet daher: "Entweder-oder?" Entweder ein Ding ist objektiv da, oder nicht.

Im Modus des Subjektiven geht es um Freiheit und Nähe. Die Antwort darauf lautet: "Sowohl-als-auch". Die Befreiung des Subjektes ist das Beigeworfensein in die höchste Nähe der Objekte, aus denen es sich lösen kann, sobald es mit ihnen identisch war.

Objektiv wird nach "Entweder-oder" getrennt, doch das Subjekt führt im "Sowohl-als-auch" zusammen. So machen beide zusammen alles, was möglich ist, tatsächlich. Im Subjekt ist das objektiv Mögliche tatsächlich. Deshalb ist das Ganze der wirklichen Welt ein Subjekt. Eine objektive Welt ist nicht nur gegenständlich da. Wenn ein Objekt nach der Entscheidung "Entweder-oder" da ist, dann ist es sowohl Objekt als auch Subjekt. Auch im Gegenstand ist daher das eine Subjekt anwesend. Als Welt west Gott uns auch in den Dingen an.

Indem sich das Subjekt durch sein Verhalten in die Gegenwart anhält, wird es dort präsent und damit zu einem Teil der objektiven Wirklichkeit. Es wird dadurch gegenständlich. Ich als Subjekt habe auch

Objektcharakter. Der objektive Charakter ist zugleich Werkzeug als auch Hindernis im Umgang mit der Welt. Durch ein eingebranntes Rollenspiel - "Charakter" heißt "Brandzeichen" - gewöhnt man sich feste Muster. Auch ein haltloser Tagedieb hat folglich einen festen Charakter, wenn seine Haltlosigkeit für ihn charakteristisch ist.

Je fester der Charakter wird, desto sicherer sind seine Grenzen. Sicherheit bedeutet, dass die Gefahr des Lebens nicht bis ins innerste Wesen des gefährdeten Subjektes dringen kann. Derjenige ist in Sicherheit, den die Gefahr der Welt dort draußen nicht erreicht. Eine sichere Welt ist daher undurchdringlich und hält sich in ihren Strukturen selbst gefangen. Gegengewicht zur festgefügten Sicherheit des objektiven Pols der Wirklichkeit ist die Freiheit im Wesen der Subjekte. Indem sich die Objekte im Subjekt zu erkennen geben, befreien sie sich in dessen Nähe.

So wie die Begriffe als Pole zusammengehören und getrennt nicht zu denken sind, so auch das, was sie beschreiben. Die Welt ist die Durchdringung der Dinge und Wesen. Die Dinge werden als Wesen frei und finden in ihm wahre Nähe und das Wesen findet als Ding jene Sicherheit, in der es seine Freiheit erst wagen kann. Jedes Ding wird das schweigende Wissen um den einen Kosmos sein und das eine Wesen wird zum Chor aller Dinge, in dessen Gegenüber es sich singen hört.

21. **Sein**
Das Sein ist mein Gesetz und ich bin seine Freiheit.

Für unruhige Geister ist das Verständnis des Seins ein Schlüssel zur Wahrheit. Wie das Fremdwort *"Essenz"* entstammen die meisten Konjugationsformen des Hilfsverbs "sein" im Präsens der indogermanischen Wurzel *"es"*. Diese ist deutlich verwandt mit dem lateinischen *"esse* = sein". Da sich die Dynamik des Lebens über dem Boden eines Seins erhebt, ist das Verständnis des Seins die Essenz dieses Lebens; und zwar auch, wenn es ein Leben ohne Bewusstsein ist, denn dort wird das Sein als Erbgut verstanden.

Essentiell ist es zu sein. Die Essenz spürt ihren Sinn, wenn sie weiß, was das Sein ihres konkreten Daseins in seiner Tiefe ist. Ein träumender Geist ist, und er spielt als dieses Sein mit konkreten Inhalten; ohne zu wissen, wer sein Spiel ist und wessen Regeln es gehorcht. Wach ist der Geist das Verstehen des Seins. Er spielt nicht nur, sondern er ist auch die Regel und das Spiel.

Eine Untersuchung des sprachlichen Schicksals des Wortes "sein" kann daher helfen, vom Sinn des Seins ein Quäntchen zu begreifen.

Die Konjugation des Hilfsverbs "sein" macht bemerkenswerte Sprünge.

In den Formen der Vergangenheit heißt es: "Ich war", bzw. "ich bin gewesen".

In der Gegenwartsform sagt man: "Ich bin", "Du bist", aber, "er ist".

Spricht man von der Zukunft, bleibt das Hilfsverb "sein" selbst ungebeugt und die Betonung in der Melodie der Sprache liegt auf den Formen des Wortes "werden": "Ich werde sein", "Du wirst sein", "er wird sein".

Damit wir uns in der Vielfalt der vorliegenden Spuren nicht verirren, gliedern wir das Thema einmal mehr in erkennbar verschiedene Motive. Wir untersuchen dann die so entstandenen Fragen:

1. was die Sprache wohl damit meint, für die Gegenwart "ich bin, Du bist" aber "er ist" zu sagen,
2. was es beim Sprechen von der Vergangenheit mit dem "ich bin gewesen" auf sich hat und
3. was meint das Wort "werden"?

ad 1.

Die Konjugationsformen des Wortes "sein" im Präsens gehen auf zwei verschiedene indogermanische Quellen zurück. Das "ich *bin*" und "du *bist*" der ersten und zweiten Person entstammen der Wurzel *"bheu-"* im Sinne von "wachsen, werden, sein". Die dynamische Einfärbung dieses Seins, das sich durch die Wurzel "bheu-" verlautbar macht, wird deutlich, wenn man sich vor Augen hält, dass das Wort *"bauen"* auf eben dieselbe Wurzel *"bheu-"* zurückgeht. Der Begriff "dynamische Einfärbung" soll hier auf den prozesshaften Charakter des "ich *bin*" hinweisen. Mit dem "ich bin" spricht man nicht von einem Zustand, der sich darin erschöpfte, schlichtweg zu sein, wie er ist. Vielmehr ist mein Sein, wenn ich von ihm spreche bereits ein Wachsen, ein Bauen und Werden. Indem ich bin, bin ich immer schon so unfertig wie eine Baustelle, auf der die Arbeit nicht einmal im Schlafe ruht; sonst würde die Baustelle nachts ja auch nicht so unruhig träumen.

Man kann zu keinem Du ein "ich bin (so oder so)" sagen, ohne dass dieses Sprechen den Sprecher schon unwiderruflich in seinem Sein von da nach dort bewegte. Umgekehrt kann kein Du ein "ich *bin*" hören, ohne davon selbst bewegt zu sein. Jedes "ich *bin*" ist schon Seinsschritt, wenn es Wahres damit sagt. Immer, wenn zwei Menschen miteinander von sich sprechen, setzt das bereits ihr Sein prozesshaft in Bewegung. Man kann mit niemandem zusammen sein und trotz der Begegnung so bleiben, wie man ist.

Etwas anderes ist es, wenn sich zwei Personen über einen Dritten unterhalten. Dann sagen sie: "Er *ist*". Dieses "ist" geht auf die Wurzel *"es-"* zurück und bezeichnet das Sein als den momentanen Stand der Dinge in der Gegenwart. Da die Essenz einer Sache ihr Ewiges in seinem Wandel ist, ist das "er ist" aber nur zu Recht gesagt, wenn die Sprecher wissen, dass das momentane Bild eine Facette in diesem Wandel ist. Wenn man über jemanden spricht, spricht man immer auch an ihm vorbei.

Das "er ist" spricht wohlgehört vom Stand der Dinge. Es spricht nicht den Gang der Dinge an. Deshalb berührt das Gespräch über einen Dritten auch nicht dessen wachsendes und bauendes Sein. Er bleibt zu den Subjekten in objektiv unberührter Distanz.

Indem die Sprache beim Besprechen der Gegenwart zwei verschiedene Formen benutzt, drückt sie eine urtiefe Spaltung der Wirklichkeit aus. Meine Gegenwart ist sowohl das sich wandelnde Sein, das sich im jederzeit prozesshaften Sinn der Wurzel "bheu-" als wachsendes Bauwerk erweist als auch die zeitlose Essenz eines Seins, das, jeden Wandel in sich einschließend, über ihn erhaben ist.

ad 2.

Auf den Spuren der Bedeutung des Wortes *"Wesen"* waren wir schon unterwegs. Wir waren dort auf die indogermanische Wurzel *"ues-* = verweilen, wohnen, sich aufhalten, übernachten" gestoßen. Aus jeder der vier Bedeutungen der Wurzel des Begriffes "Wesen" wurde ein sinnreiches Elixier extrahiert und aus den Reaktionsfiolen in bauchige Flaschen abgezapft.

Jetzt gilt es, die Konjugationsform des "ich bin ge*wesen*" auf ihr Innenleben hin abzuklopfen, sie mit der gegenwärtigen Art des Seins in Beziehung zu setzen und unter Beigabe eines großzügigen Schusses eines jeden der vier Gewürzelixiere ein neues Bedeutungssüppchen zu kochen.

Ein derart komplexes Tun überfordert die logischen Abstraktionskräfte eines jeden normalen Denkers. So kommt man hier nur voran, wenn man sich der weniger verbindlichen Freiheit des intuitiven Entwurfs vollständig überlässt und darauf vertraut, dass sich in den rechtsseitigen Hirnwindungen im unbewussten Vorfeld plausibler Einfälle brauchbares Gedankengut zusammenbraut. wie viel die Intuition von welchem der vier Elixiere des Wortes "Wesen" dabei in ihr Gebräu zusammenmischt, bleibt im dunklen Ursprung ihres Schaffens gut verborgen. Was kümmert es uns denn auch, wenn bloß der fertige Sud den Geist ein wenig anregt?

Jetzt in der Gegenwart ist man als "Ich" im *Bau*, ganz wie das Wort *"bheu"* darüber spricht. Wie man aus der Vergangenheit in sein heutiges Sein gewachsen ist, drückt sich durch das Wort "gewesen" aus. Das menschliche Wesen ist, was sich selbst auf- und damit offen hält. Zum zweiten wohnt es nahe bei der Welt und gewinnt so, was es in ihr sucht. Es verweilt und übernachtet. Dadurch führt es über seine Zeit hinaus in Richtung klarer Helligkeit.

Licht und Dunkelheit sind dabei Elemente, die nicht als physikalische Phänomene missverstanden werden sollten, denn auch die leuchtende Sonne wird erst hell in der Seele, die sie sieht. So ist man heute das, was man geworden ist, weil man einmal in den Zeitfluss aufbrach und sich seitdem für dieses Werden offenhielt.

Leben, das sich in einer Zeit erstreckt, ist daher immer schon ein Aufgebrochensein. Im geöffneten Abgrund des derart aufgebrochenen Seins findet brodelnd und blubbernd ein magmatischer Prozess der Verschmelzung statt. Verschmolzen wird das Gesetzte zur Freiheit. Aus der ekstatischen Schmelze entbindet sich Geist als E-mergenz, deren Keim im materiellen Entweder-oder der Gegensätze und Unvereinbarkeiten mit gefesselten Gliedern gebunden liegt. Der eingebundene Geist entbindet sich, indem er die heillos zersplitterte Vielfalt der Welt in eine heilige Gegenwart zusammenträgt. Er bereichert das Entweder-oder durch sein Sowohl-als-auch. Er macht aus der Summe ihrer Teile das Ganze einer Welt. Heiligkeit ist Gegenwart. Die Gegenwart ist transzendierte Nähe, das einzige, was mit sich identisch ist.

Der Geist ist das Mehr, das sich durch die Begegnung seiner Teile über deren Summe, die für sich alleine ein Nebeneinander und ein Auseinander ist, erhebt, der sich wohlgemerkt in bescheidener Erhabenheit erhebt, wenn er weiß, dass er ohne sein Zerbrochensein nicht wäre. Wachheit ist die Begegnung unterschiedlichen Seins in einer

Gegenwart. Materie ist das Viele, das diesseits der Zeit in sich schläft. Geist ist die Einheit, die jenseits der Zeiten als gezeitigte Gegenwart wacht.

Dieses Zusammentragen der einzelnen Stränge der Wirklichkeit zu einem Ganzen drückt die Sprache durch die Vorsilbe "ge-" im Wort "gewesen" aus. Dieses "ge-" bedeutet "zusammen, mit". Man kennt es aus zahlreichen Wörtern, von denen eine handvoll herausgegriffen sei, um den gemeinsamen Nenner aller vom "ge-" zu etwas Neuem versammelten Begriffe zu beleuchten.

Ein *Ge*birge ist das Zusammensein der Berge zu einem neuen Ganzen. Das neue Ganze ist mehr als die Summe seiner Teile. Ein *Ge*birge ist mehr als viele Berge.

Als *Ge*bräu entsteht aus Gerste, Hopfen und Malz das Bier und schüttet man sich das *Ge*söff ins *Ge*hirn, entsteht, jenseits der einzelnen Teile, als neues *Ge*schehnis der Rausch.

Stehen viele Sträucher eng beisammen, nennt man das Ganze ein *Ge*büsch. Drinnen sitzt zwitscherndes Vogel*ge*tier und putzt geziert sich sein *Ge*fieder.

Ente in Orangensoße ist, gut zubereitet, ein kulinarisches *Ge*dicht. Fleisch, Fett, *Ge*würze und der Saft der herben Früchte ergeben zusammen erst den guten *Ge*schmack. Zum Essen des Ganzen dient das *Ge*biss. Ein *Ge*biss ist ein schroffkantiges *Ge*birge aus Zähnen, das sich, gebratenen *Ge*flügel drohend, aus Kieferknochen erhebt.

Es ließen sich gewiss noch große Mengen weiterer Beispiele anfügen, in denen die Vorsilbe "ge-" ihr sammelndes Wesen offenbarte, aber es ist jetzt an der Zeit, von der angerührten Sinnsuppe der Aussage "ich bin gewesen" zu essen. Schöpft man sich eine Kelle davon in den Teller, dann klingt das Schwappen der Brühe und das Klappern von Kelle auf Porzellan in etwa so:

Der Sinn des Weges aus der Vergangenheit bis dahin, wo man heute an sich weiterbaut, diente dazu, was man jetzt ist, aus der Begegnung mit dem, was war, in die Gegenwart dessen, was kommen wird, zu gebären; was so klingt wie eine Binsenweisheit über den Wandel des Menschen in seiner Zeit, ausgedrückt in einem Schachtelsatz mit vielen Kommas. Das Endprodukt der bedeutungsschwangeren Wehen zur Erzeugung weiser Sprachextrakte ist hier vielleicht bloß Maggi.

Besonders hingewiesen sei in diesem Zusammenhang auf den Werdegang des Wortes *"gebären"*. Es entstammt ursprünglich einer indogermanischen Wurzel mit einem breiten Spektrum an Bedeutung. Einer der Stränge, der den späteren Sinngehalt des Wortes *"Geburt"* mit Nahrung versorgt, lässt sich mit "tragen, bringen, hervorbringen, erzeugen, gebären" übersetzen. Lateinisch hieß "tragen" *"ferre"*, griechisch *"pherein"*. Die althochdeutschen Altvordern sagten *"beran"*. Das entsprechende englische Wort heißt „*to bear*". Aus der gleichen Quelle gehen die Wörter "die *Bürde*" und "die *Bahre*" hervor. In allen Fällen geht es um das Tragen. Die Geburt als edle Bürde der Frau bringt Früchte hervor, die man später auf der Bahre aus dem Leben trägt.

Trägt man jetzt das hier Gehörte mit dem weiter oben herausgearbeiteten Sinn der Vorsilbe "ge-" zusammen, wird man staunender Zeuge der Geburt der Erkenntnis, dass ein "Gebären" eigentlich ein "Zusammentragen" meint. Es ist also deutlich mehr, als das schmerzliche Ausstoßen eines jungen Leibes aus dem alten. Das Geborene ist das Neue, das aus dem Zusammentragen des Bisherigen entstand. Geburt zielt daher immer in Richtung Ganzheit. Weil sie zusammenträgt, ist Geburt immer Etappe auf dem Weg des Geistes. Sie ist mehr als ein biologischer Vorgang.

ad 3.)

Jetzt geht es weiter mit der Frage: Was meint die Sprache mit dem Wort "werden"? Was genau verbirgt sich hinter der Aussage "ich werde sein"?

Üblicherweise ist man der Meinung, man verstünde, was eine Aussage im Futur bedeutet. Man hat schon tausend mal dieses Wort "werden" benutzt und ist gerade wegen seiner Alltäglichkeit bedenkenlos überzeugt zu wissen, welchen Sinn das Wort enthält. Es lohnt sich jedoch am meisten, nicht das Außergewöhnliche, sondern das scheinbar Selbstverständliche zu hinterfragen.

Um es gleich vorweg zu nehmen: Egal, wie sorgfältig man dem verwundenen Werdegang des Wortes "werden" und seinen ausufernden verwandtschaftlichen Beziehungen zu zahlreichen anderen Wörtern und Sinnfamilien auch nachforschen wird, der ganze Sinn des Werdens liegt nun mal in der Zukunft verborgen und mehr als eine phantasievolle Ahnung davon, wird man auch den gesprächigsten Wörtern nicht abringen können. Ein Sinn des Werdens findet sich also schon darin, dass man weiter auf die Zukunft gespannt sein darf.

Die Aussichten, was in der Zukunft, sei es im Guten oder im Bösen aus den Menschen werden wird, sind schwindelerregend. Dieser erregende Schwindel hat etwas mit dem Thema *"werden"* zu tun. Man erinnere sich: Einer von Hitchcocks Psychothrillern hieß *"Vertigo"*. "Vertigo" heißt "der Schwindel" und geht auf das lateinische *"vertere =* drehen, wenden, kehren" zurück. Dieses "vertere" ist ein Urgroßvater des "Werdens", wie man deutlich hört, und folglich ist "der Schwindel" ein entfernter Vetter. In beider Adern fließt das gleiche Blut.

Auf "Blut" reimt sich "gut", "Mut", "Glut" und dergleichen. Dichter schaffen es nun, ihre Worte so zu drehen, dass am Ende der Zeilen immer der gleichen Klang wiederkehrt. Die Worte so zu drehen, dass ein Klang wiederkehrt ist ein Spiel um den Wesenssinn des Wortes *"werden"*. Was die Dichter im Spiel da machen, nennt man daher ganz zu Recht auch "*Verse* schmieden".

Dieselbe Tanzbewegung, die der Vers im heiteren Geiste macht, macht der Wurm tief unten im fetten Reich der Erde. Dort dreht er sich durch seine Gänge und wenn ihn ein Maulwurf fressen will, wehrt und windet er sich nach Leibeskräften. Wegen dieser typischen Bewegungen gliedert die Sprache auch den Wurm in die gleiche Klang- und Sinnfamilie ein, wie das *"Werden"*, den *"Vers"* und den *"Wirbel"* des Schwindels *"Vertigo"*.

Die verwandtschaftlichen Beziehungen des *"Wurmes"* sind wahrhaft verworren. Sowohl die "Ver*wirrung*" als auch der *"Wurm"* gehen auf die indogermanische Wurzel *"uer- =* drehen, biegen, winden, flechten" zurück.

Von dort aus stiebt ein ganzes Feuerwerk von Sinnverweisen in den Himmel der verblüfften Neugier. Die Wurzel *"uer-"* ist nämlich Urgroßmutter einer stolzen Schar von Nachkommen. Zu nennen sind: die *"Wurzel"*, *"werfen"*, der *"Würfel"*, *"würgen"*, *"wringen"*, *"verwirren"*, *"wehren"*, *"wahren"*, *"wahrnehmen"*, *"werben"*, *"Vertex"*, wahrscheinlich auch *"wert"*, die *"Würde"*, *"wirken"*, das *"Werk"* und die *"Wirk*lichkeit" und das hier untersuchte Schlüsselwort *"werden"*.

Man kann sicher sein, dass man bei eingehender Suche noch weitere Kinder, Enkel und Kegel der krekelen Urgroßmutter *"uer-"* finden würde. Was bisher gefunden wurde, reicht aber aus. Es wäre schon viel wert, wenn man aus der von der *"Wurzel"* bis zum *"Vertex"* verwirrenden Vielfalt von Sinnebenen des Wortes "werden" ein würdiges Werk entwerfen könnte.

Dazu sei vorgeschlagen, sich zunächst den Kernsinn des Drehens und Wendens, gewissermaßen die ewige Erbschaft der Urgroßmutter, am Wesen der mit dem "werden" verwandten Wörter genauer anzuschauen:

Bei der *"Wurzel"* liegt das Verdrehte in ihrer Struktur. Ihre Stränge sind ineinander verwunden wie ein erstarrtes Gewürm.

Beim *"Wurf"* und dem *"Werfen"* entsteht die Drehung aus der Bewegung. Verworfen sind auch die Bewegungsbahnen, die die Flächen eines fallenden Würfels beschreiben.

Beim *"Würgen"* und beim *"Wringen"* wird die Drehung mit bloßen Händen erzeugt. Würgt man nicht aus mörderischer Absicht, sondern wegen verdorbener Speisen, dann dreht sich im Bauch die Peristaltik um.

Ver*wirr*ung entsteht, wenn zu viele Elemente ineinander wirken und man deshalb meint, die verflochtenen Schnüre des gordischen Knotens nur noch mit einem Hieb voneinander lösen zu können.

Die Bauwerke, mit denen sich die Neandertaler gegen die nächtlichen Besuche von Wölfen, Bären und Sumpfgeistern wehrten, waren geflochtene Zäune und Wehre. Das *Wehr* ist, wie man oben sah, auch heute noch im übertragenen Sinne nichts anderes als ein ge*wirk*tes Flecht*werk*.

Aufwendiger, aber trotzdem überzeugend, ist es nachzuweisen, dass auch zu den Wörtern *"wahren"* und *"wahr*nehmen" vom *"uer-"* aus ein Weg führt. Um die Verbindung zu verstehen, muss man den Umweg über das *"Wehren"* machen. "Wehren" heißt ja, mit einem schützenden Flechtwerk umgeben. Im Flechtwerk selbst erkennt man das gewundene, in sich verdrehte und immer wiederkehrende Muster des zum Flechten verwendeten Flachses. Das Wort "ver*wen*den" kündigt dabei die Drehbewegung schon an. "Wahrnehmen" wiederum heißt, so erinnert man sich, etwas in die Obhut der Aufmerksamkeit zu nehmen. Dem, was da wahrgenommen wird, kommt also eine besonders sorgfältige und beschützende Behandlung zugute. Dieses schützende Motiv ist es, dass sich von der ursprünglichen Drehbewegung über das "wehren" bis zur "Wahrnehmung" spannt.

Über die "Wahrnehmung" hinaus schließt sich ein zweites wortüberspannendes Sinnmotiv an, dass zu den Begriffen *"wirken"*, *"Werk"* und *"Wirk*lichkeit" hinüberreicht. Es beruht auf der Tatsache, dass die Wirklichkeit, die überhaupt wahrgenommen werden kann, ein in sich tief verflochtenes Gewebe ist. Sie ist das Produkt von Webern. Wie um diesem Zusammenhang noch zu unterstreichen, hält die Sprache für das Wort "wirken" einen speziellen und einen allgemeinen Sinn bereit.

Im speziellen Sinne nämlich benennt das Wort *"wirken"* die Herstellung von Wirk- und Strickwaren. Dabei werden die Fäden in maschenförmigen Schleifen ineinander verwoben. Kein großes Wagnis ist hier die These, dass auch im allgemeinen jedes Werk das Produkt eines Wirkens ist, welches seiner inneren Dynamik nach einzelne Stränge der Wirklichkeit ganz im Sinne der Urgroßmutter "uer-" des "Werdens" ineinander verwebt. Oder sollte man besser sagen:...ganz im Sinne des Urgroßwortes der Mutter "Werden" ineinander verwebt?

Verliebte Jungens, die um ihr Mädchen *"werben"* scharwenzeln, hypnotisiert wie Motten ums Licht, um das angebetete Wesen herum. In ihrem Kopf dreht sich jeder Gedanke um die begehrte Braut. Früher lud man dann die Begehrte ganz harmlos zu einem Tanzfest ein, weil man hoffte, ihr beim Walzer, dem Drehtanz, den Verstand zu verwirren.

Genauso, wenn auch in der Zielsetzung viel profaner, geht es in der kommerziellen *"Werbung"* zu. Worum die Werbeslogans und die frohen, bunten Bilder tanzen, kann der wache Kunde, wenn er dem Locken in sich nachspürt, in seiner Seele fühlen. Während sich das Interesse des werbenden Verkäufers um den Geldbeutel des Kunden dreht, suggeriert die Werbebotschaft, die Bedürfnisse des erhofften Käufers seien der Mittelpunkt der Welt und bedürften daher der umgehenden Befriedigung. Und jedes Produkt wirbt mit dem Schwindel - da dreht sich's schon wieder! - es selbst sei es, was die Sehnsucht des Käufers befriede.

Die Wissenschaft ist sich nicht ganz sicher, ob auch die Wörter *"wert"* und *"Würde"* der Gruppe des Werdens zuzurechnen sind. Wenn man hier also trotzdem eine Brücke schlägt, dann sollte man daran denken, dass sich ein solcher Entwurf vielleicht allzu sorglos über einen Graben hinwegsetzt. Aber, das ist doch schließlich der Zweck von Brücken!

Die *"Würde"* ist ein Abkömmling des Wortes *"wert"*. Das klingt plausibel, denn man kann sich kaum etwas Wertloses vorstellen, dass gleichzeitig würdig wäre. Trotzdem kann jedoch selbst ein Taugenichts würdig sein und zwar, wenn er zum Taugenichtssein in besonderem Maße taugt, und wenn er dann sein Sosein im Respekt vor der Vielfalt der Existenzformen mit Würde erfüllt.

Eine andere Spielart der Würde ist die allgemeine Menschenwürde. Per Vereinbarung kommt sie zwar schon dem kleinsten Säugling zu, doch man hätte Schwierigkeiten ein derart plärrendes und kackendes Wesen explizit als "würdig" zu empfinden. Nicht das Baby ist eigentlich "würdig", sondern das uralte Leben, das sich in der Lebendigkeit des Babys besonders deutlich zeigt.

Was die Sprache lange vor der eher neuzeitlichen Definition des Begriffes "Menschenwürde" mit dem kürzeren Wort "Würde" meinte, kommt da schon eher den Alten zu. Man assoziiert es mit angegrauten Haaren und Falten im Gesicht. In dieser Art der Würde kann man nicht gewindelt werden. Man kann in ihr ergrauen. Auch diese Art der Würde ist offensichtlich etwas Gewordenes. Und damit ist man in der Sinnwelt des Begriffes "werden" wieder angekommen.

Zum Verständnis des Futurs des Verbs "sein" kann man also sagen, dass das Leben in seinem Werden vergeht, indem es versucht aus seiner Wurzel heraus seiner selbst würdig zu sein. Dabei dreht und windet sich das Leben um die Achse seiner Wirklichkeit wie eine lichthungrige Wiesenwicke um einen rostenden Zaunpfahl. Das Sein wird den Wert der Wicke und des Zaunpfahls in sich bergen, wenn ihr Bild verwelkt und weggerostet ist und wenn man beider reines Wesen nur noch von jenseits aus sieht.

22. Schwindel
Angst ist die Suche nach dem Heil in der Enge.

Angst ist der Schwindel der Freiheit - meinte Kierkegaard. Das ist ein vieldeutiger Satz, der sich bestens dazu eignet, den Schwindel aufzudecken, man könne seine Fülle beim raschen Lesen schon verstehen, weil er ja so schön (be-)griffig ist. Auch was die Analyse des Wortes "Schwindel" jetzt ans Tageslicht befördern wird, ist sicher weit davon entfernt, der ganze Schatz zu sein. Möge man also noch lange fleißig weitergraben!

Das Wort "Schwindel" treibt heute an zwei verschiedenen Ästen Blüten. Einmal meint es ein Taumelgefühl, das den Seiltänzer zu befallen droht, wenn er in die Tiefe blickt, zum anderen beschreibt es eine milde Form der Lüge. Dabei gehen etymologisch gesehen beide Begriffe auf dieselbe Wurzel *"schwinden"* zurück. "Schwinden" meint "vergehen, abnehmen, untergehen". Auch im Begriff *"Verschwendung"* kommt ein ähnliches Thema zur Sprache.

Jener Schwindel, der wenn es schlimm kommt bis zur Ohnmacht führt, bewirkt, dass seinem Opfer die Sinne und der feste Stand vergehen. Erwachte der Mensch aus einem engen Traum plötzlich auf der Nadelspitze eines Daseinsturmes, der ohne rasche Sicht auf einen wahren Boden in das Wagnis Leben ragt, dann wäre es wohl kaum verwunderlich, dass die Erkenntnis seiner himmelweiten Freiheit seinen sicheren Glauben an den festen Stand der Dinge in einen Wirbelsturm des Gleichgewichts, also in Kierkegaards schwindelnde Angst vor dem Ausbruch der Freiheit verwandeln würde. Der Begriff "Angst" erinnert den von der Freiheit Bedrängten, was er zur Rettung des sicheren Augenblickes schnellstens suchen sollte: die sichere Enge. Das ist, um beim Bild des über dem Abgrund erwachten Träumers zu bleiben, die möglichst enge Anklammerung an das als Daseinsturm unter ihm Bestehende. Wer möchte dem armen Kerl seine Suche nach Halt, seine Flucht vor der Angst in die Enge auch verübeln? Er hat eben Angst, weil die Weite, die in ihm wächst nicht in die Enge passt, die in seiner Brust nicht sterben will.

Je nachdem, wohin die Wahl der Waage kippt, kann das Opfer der Freiheit seinen Schwindel als Rauschlust genießen oder es wird auf die Freiheit ernsthaft böse und flucht ihr entgegen, dass sie im Grunde nur ein Schwindel sei und eine nutzlose Mitgift der Angst. An der hier genannten Kippe gabeln sich am Baum der Wörter jene beiden Äste. Am einen hängt der lusttrunkene Angsttaumel und am anderen beschwindelt der Rückzug zur Enge als lügender Vorwurf die Freiheit.

So kommt man nun vom Schwindel der Freiheit zu ihrer Verschwendung durch den Schwindler. Der Schwindler ist einer, der die Wahrheit verbirgt und sie so ihrer stolzen Nacktheit beraubt. Das tut er, weil sein enger Verstand sich vor der Weite der Wahrheit ängstigt, im Glauben, sie könne zu seinem Nachteil sein. Dabei entgeht zwar der Schwindler zunächst der Angst vor der Wahrheit, er zahlt aber prompt mit der Angst vor der Entdeckung seiner Lügen. Da er so immer im stickigen Bannkreis beengender Ängste verbleibt, verpasst er die Freiheit, die er sich mit Hilfe seines Schwindels eigentlich erwerben wollte.

Während die Angst vor der Freiheit dessen, der ihren Schwindel wagt, mit der Zeit schwindet und nur die Lust an der Angst in der Weite übrigbleibt, setzt der Schwindler, der die Angst vor der Befreiung seiner Wahrheit nicht riskieren will, von vorn herein aufs falsche Pferd. Lügen haben nämlich, wie der Volksmund weiß, im allgemeinen kurze Beine. Der Sinn des Wortes "*schwinden*" hat seine Wahrheit auch beim *Schwindler*, nur, dass hier nicht seine Angst es ist, die schwindet, sondern seine auf Dauer unhaltbare Position. Also ist dieser Schwindel von vorn herein eine Verschwendung der Freiheit zur Wahl zwischen zwei verschiedenen Ängsten. Die befreiende Angst ist die Angst in den realen Gefahren der Freiheit. Die andere Angst, der mühsame Umweg, ist die Angst beim Versteckspiel in der Deckung der Lüge. Sie entsteht, weil jeder, der sich hinter der Kurzbeinigkeit seiner Lügen vor dem Leben verstecken will, sich ducken muss, um in das Versteck hineinzupassen. So treibt er sich selbst in seine Enge.

Im Vergleich zu einer letzten Wahrheit sind die Beine aller Lügen absolut zu kurz. Man hat es im Leben aber - zum Glück, denn anders wäre es fürchterlich! - nicht mit der letzten Wahrheit zu tun, sondern bloß mit ihrer kleinen Schwester, der Wahrhaftigkeit. Die subjektive Wahrhaftigkeit braucht sich nicht so streng am absolut Wahren zu messen, weil sie von vornherein zugibt, dem gar nicht gewachsen zu sein. Ihr genügt es zu sagen, was der einzelne in seiner schmalen Weisheit ehrlich zu denken glaubt. Im Vergleich zur Wahrhaftigkeit, sind die Beine mancher Lügen nicht absolut zu kurz, sondern relativ lang. Deshalb kann man sich in jeder Frage des Lebens eine gute Zeit lang selbst beschwindeln, ohne dass es einem peinlich wäre. Tatsache aber bleibt, dass man sich irgendwann im Leben doch bekennen oder sich eben schmerzhaft in Verstecke ducken muss. Das liegt nicht daran, dass die Beine der Lebenslügen mit der Zeit etwa kürzer würden, sondern daran, dass die kleine Schwester der Wahrheit, die Wahrhaftigkeit hungrig bleibt und unaufhaltsam wächst, es sei denn, dass man ihr die Knochen bricht.

23. Wissen
Humor ist der liebende Mangel an Respekt vor sich selbst.

Die Begriffe *"Bewusstsein"*, *"Gewissen"*, *"weise"*, *"verweisen"* und *"Witz"* sitzen sprachlich gesehen alle in einem Boot. Ohne die Bedeutungsplanken des Wortes *"wissen"* gingen sie gemeinsam im Ozean des Unbekannten unter - ohne dass jemals jemand von ihrem Schiffbruch erführe. Betrachten wir also den Ursprung des Begriffes "wissen" genauer, um den Sinn der zugeordneten Seinselemente "Gewissen", "Witz", "Weisheit" und "Bewusstsein" besser zu verstehen.

Das vorgeschichtliche Wort, das zum Verb "wissen" und seiner Verwandtschaft verweist, hieß *"ueid- = erblicken, sehen"*. Sowohl Platon benutzte den Begriff, als er über die platonischen *"Ideen"* philosophierte, als auch Caesar, als er für die gebildete Nachwelt sein "veni, *vidi*, vici" sprach. Lateinisch hieß "sehen" *"videre"*, griechisch hieß "sehend erkennen" *"idein"*. Die "Idee" Platons meinte daher folgerichtig "die Erscheinung, die Gestalt, das Urbild", da es eben diese seien, die Platon sehenden Verstandes zu erkennen glaubte.

Vom Wort "idein" abgeleitet ist das griechische Wort für "wissen": *"eidenai"*. Deshalb ist das Sehen die Quelle des Wissens, wobei aber das Schmecken, Riechen, Hören und Fühlen als Spielarten des Sehens anzusehen sind. Das Wort "sehen" kann im weiteren als Gruppensprecher aller Wahrnehmungsqualitäten verstanden werden, weil es, wie man durch die Etymologie des Wortes "wissen" weiß, von der Sprache als Erster unter Gleichen auserkoren worden ist.

Trotz der engen etymologischen Verquickung des Wissens mit dem Sehen kann "sehen" oder "gesehen haben" aber nicht einfach mit "wissen" gleichgesetzt werden.

Wenn man sich zu oft betrinkt, kann es passieren, dass der Alkohol die Merkfähigkeit zerstört. Dann sieht man zwar noch, man kann sich aber schon kurz danach nicht mehr an das Gesehene erinnern. Man sah dann zwar, aber man weiß nichts mehr davon. Um Gesehenes in Gewusstes zu verwandeln braucht man also das Gedächtnis. Doch auch das reicht nicht. Was man weiß, hängt zwar davon ab, welche in Erscheinung getretenen Bilder man gesehen hat, trotzdem ist "Wissen" etwas anderes als die Summe dieser Bilder, selbst wenn sie bis ins letzte Detail ihrer Kontraste im Speicher eines Megahirnes gestapelt und durch Willkür beliebig erinnert werden könnten.

Gesehen werden Unterschiede, die Wahrnehmung erkennt Kontraste. Gewusst werden Bezüge, man weiß, was Unterschiedliches miteinander zu schaffen hat. Sichtbar ist der Text, weil er schwarz auf weiß gedruckt ist. Erkennbar sind unterschiedliche Wörter, weil sie aus verschiedenen Kombinationen ungleicher Buchstaben bestehen. Gäbe es nur eine Sorte Buchstaben, die man zu identischen Ketten gleicher Länge verknüpfte und druckte man diese auch noch weiß auf weiß oder schwarz in schwarz, dann wäre der Text unsichtbar.

Würde nun aber eine normale Textseite vom Wind verweht und ginge sie flatternd in einem Stück Urwald nieder, wo noch ein letzter Trupp Indianer unterm Blattwerk sitzt und vom Rest der Welt nichts ahnt, dann könnten die erstaunten Wilden das schwarz auf weiß bedruckte Blatt zwar sehen, sie wüssten aber nicht, was sie davon halten sollten. Sie wüssten es nicht, weil sie das merkwürdige Ding zu nichts in ihrer Welt Bekanntem in Bezug zu setzen wüssten. Sie wüssten nicht, was die schwarze Hieroglyphen auf weißem Papier mit dem ratlosen Staunen ihrer neugierigen Seelen zu schaffen haben.

"Wissen" heißt also "Unterschiedliches gesehen zu haben und zwischen den Unterschieden Bezüge zu erkennen". Offensichtlich ist es für den Alltagsgebrauch der Sprache sinnvoll, für diesen komplexen Sachverhalt das kurze Codewort "wissen" zu verwenden. Das Wissen verweist vom einen auf das andere und ist so das Netzwerk der Bezüge zwischen dem, was als Unterschiedliches auseinanderfällt.

Üblicherweise meint man, zuerst seien die Bezüge da draußen in der Welt und dann wird der Mensch sich ihrer bewusst, weil es eben nützlich ist, Bezüge zu erkennen und sich sie dienstbar zu machen. Man meint, das Bewusstsein sei Werkzeug des Menschen und nicht etwa umgekehrt. Man meint, das Bewusstsein wisse im Nachhinein vom Netzwerk der Bezüge, wie ein begeisterter Apfel, dem sich im Spätsommer auf den roten Backen Augen öffnen, mit denen er verblüfft den Weg vom Zweig, an dem er hängt, über den Ast und den Stamm bis zur Wurzel erkennt und der daraus folgert, dass sein Fruchtfleisch mit der Erde in Beziehung steht. So mag es ja auch sein.

Es ist aber auch anders. Es finden sich leicht Indizien dafür, dass so mancher Bezug ohne Bewusstsein nicht wäre. Und noch mehr reizt es zu behaupten, dass das Bewusstsein nicht nur vom Bezug der Dinge weiß und durch sich selbst Bezüge schafft, sondern dass es selbst in seiner letzten Tiefe, der Bezug der Dinge ist. Deshalb bleibt der Blick des Apfels an einer Stelle blind. Er kann die Kette sehen, die bis zu seinem Fruchtfleisch führt, wie er vom Fruchtfleisch zu dessen Lust an seinem Dasein kommt, bleibt aber ungeklärt im Dunkeln. Dort in der Lust ist die Naht zwischen Kausalität und Teleologie.

Das muss so sein, weil es die Stelle ist, an der das Bewusstsein als Netzwerk ihrer Bezüge zum Bestandteil der Objekte wird. Dort hören die Beweise auf, weil jenseits davon der Teil des Seins beginnt, dem es missfällt, sich mit der kleinlichen Beweisbarkeit seiner selbst noch länger aufzuhalten.

Man wird nur Argumente finden, die lange vor der besagten Stelle schon zu Ende sind und findet man eines von der besseren Sorte, dann verweist auch das bloß grob in die richtige Richtung. Daher braucht man sich mit dem Versuch, die Existenz des Unbeweisbaren nachzuweisen nicht zu plagen.

Statt dessen wenden wir uns jetzt wieder der These zu, das Bewusstsein sei selbst notwendiger Bezug zwischen den Dingen und nicht nur eine liebenswerte Spielerei der Schöpfung. Diesen Nachweis kann man so versuchen:

Eine Spielart des sehenden Erkennens ist, wie gesagt, das optische Sehen. Sieht man nun einen Berg, dann sind die Atome des Berges und alle seine Kanten und Schluchten da draußen in der Welt. Die ganze materielle Gestalt des Berges scheint auch ohne den Betrachter dort in der Landschaft zu stehen und bedarf zu ihrer Existenz vermutlich nicht, dass dieser etwas von ihr weiß. Der Berg steht da draußen. Wo aber ist sein Bergsein? Berg ist der Klumpen aus abertausend Atomen doch erst in Bezug zu einem Bewusstsein, dem es aus seiner Froschperspektive heraus nicht gegeben ist, ihn als Krümel zu betrachten. Die wesenhaften Elemente des Bergseins, seine Majestät, seine Unverrückbarkeit und die Spannung, die er dem in die Oberschenkel zwingt, der ihn besteigen will, sind dort existent, wo ein vergletscherter Gipfel mit Größe, Unverrückbarkeit mit Wankelmut und Spannung mit Muskelkater in Beziehung steht: im Bewusstsein. Zum vollen Bergsein gehört daher das Wissen um das Wesen des Berges.

Zugegeben, das klingt wie Haarspalterei. Also braucht man ein deutlicheres Beispiel, und zwar eines, bei dem es sich um einen ganzen Ablauf handelt:

Hoch oben am besagten Berg steht ein hohler alter Eichenbaum. Dort drinnen haust ein ausgelassener Bienenschwarm und vollführt zum Fest des Tages Bienentänze. Da nimmt im Tal ein Bär die süße Witterung auf. Er klettert naschhaft und mit nassen Lefzen hinauf in die Felsen, stört das Bienenvolk beim Tanz und stiehlt rücksichtslos den Honig; trotz der wütenden Stiche, die er dabei in die Nase bekommt.

Jetzt ist es klar: Was in seiner Ganzheit geschah, kann nur bewusst sein. Die ganze Geschichte als höhere Sinndimension ist in dem bewusst, der den Baum am Berg, die tanzenden Honigbienen und die Machenschaften des Bären erkennend gesehen hat. Hochkomplexe Bezüge sind das Bewusstsein der Welt. Wenn die Episode am Berg Teil eines Geschehens ist, das in die Höhen der Komplexität verweist, dann reicht das Bewusstsein aus der Höhe seiner Komplexität bis zu den Atomen des Berges. Komplexe Abläufe bedürfen eines Verstandes, zu dem sich das Geschehen als Phänomen höherer Dimension zusammensetzt. Das ist nur möglich, wenn sich die Bezüge der Bausteine, aus denen sich das komplexe Bild zusammensetzt, bewusst zusammenfinden. Ohne das Bewusstsein bliebe eine Folge momentaner Bilder wie auf einem Filmstreifen ohne Zusammenhang bestehen. Es bliebe bei einer starren Kette vergangener Gegenwarten, doch eine gestaltete Episode entstünde nicht. Sie wäre nirgendwo präsent. Erst durch die Präsenz eines Bewusstseins, dessen Gegenwart über den reinen Zeitpunkt hinausreicht, entsteht ein Sinn für die ganze Geschichte und das Schmunzeln über den Diebstahl des frechen Bären im Zorn des beim Tanzen gestörten Bienenschwarmes. Sinn ist über die physikalische Zeit erhaben. Während die Geschichte Landschaft eines Zeitraumes ist, wird sie nicht im Zeitraum, sondern in einer bewussten Gegenwart präsent.

Mehr noch: Die Substanz des Verstandes setzt sich aus ganzen, komplexen Bildern, Verläufen und Mustern zusammen, die das Hier und das Dort, das Jetzt, das Damals und das Dann in die Einheit eines Sinnbezuges bringen.

Noch mehr: Nicht der Verstand, nicht das Bewusstsein schafft erst den Brückenschlag des Vielen in die Koinzidenz des Ganzen, sondern das Bewusstsein ist die Tatsache dieses Brückenschlages. Das Bewusstsein ist die Ganzheit des Vielen. Mit dem Vielen ist es immer schon da.

Um überhaupt komplexe Sinnbilder erkennen zu können, muss das Bewusstsein die einfachen in sich bewahren. Deshalb sucht es nach dem, was einfach und wahr ist. Einfach und wahr ist, was durch Kombination auch komplizierte Bilder verstehen lässt. Die "richtigen" Bausteine sind die, aus denen man ganze Häuser bauen kann. Die richtigen Bausteine in der Geschichte am Berg sind "Biene", "Bär", "Honig", "Hunger", "Frechheit" und "Diebstahl".

Um die komplizierten Häuser, an denen im Experiment das Wahre und Einfache ermittelt werden kann, zu überblicken, erstreckt sich das Bewusstsein aufmerksam entlang der Zeit. Ohne die Zeit würde das Wahre sich seiner nicht bewusst. Irgendwann musste die Welt die Zeit erfinden; nicht um mit ihr voranzukommen, sondern an ihr.

Nun gut! Das bringt uns nicht mehr weiter. Es scheint, als werde der argumentative Boden unter den Füßen zunehmend unsicher und wenn es auch legitim ist, sich immer wieder dem wohlig verschwommenen Rausch von Kosmologie und Mystik hinzugeben, so tut es doch gut, sich beizeiten auszunüchtern und sich darauf zu besinnen, dass sich das Menschenleben im Vergleich zum Kosmos innerhalb von Horizonten abspielt, die nicht viel weiter sind als das bunte Bühnenbild eines barocken Teesalons.

Also werfe man den Rettungsanker aus und vertäue das Schiff der Gedanken am konkreten Wort. Nach dem, was bisher über den Zusammenhang des "Sehens", *"Wissens"* und der "Bilder" gesagt wurde, lohnt es sich, sich dem Sinn des Wortes *"Gewissen"* zuzuwenden.

Ist das Wissen komplexer Bilder und Motive der Wirklichkeit bereits ein Zusammensehen sinnstiftender Elemente, wie zum Beispiel des Bären, des Honigs und des Hungers, so tritt das Element des "Zusammen" im Wort "Gewissen" noch deutlicher zu Tage. Im einem früheren Kapitel wurde schon eingehend der Sinn der Vorsilbe "Ge–" untersucht. Das Gewissen ist daher, gewissermaßen, die Vollversammlung aller gewussten Bilder und Motive eines Verstandes. Diese Vollversammlung kämpft um das Recht, die wichtigen Fragen beim Erledigen des Lebendigseins selbst zu entscheiden. Greift eine Teilinstanz der Psyche, zum Beispiel der Neid, die Klugheit, die Gier oder die Demut ihrer Vollversammlung ohne Befugnis vor, kann das Gewissen zur Strafe heftig beißen.

Da das Gewissen die entscheidende Vollversammlung dessen ist, was ein Mensch erkennend eingesehen und in sich aufgenommen hat, ändert sich seine Zusammensetzung logischerweise im Laufe des Lebens. Gewissensentscheidungen müssen daher immer wieder neu getroffen werden. Sie sind Veränderungen unterworfen und veralten mit der Geschwindigkeit, mit der man etwas dazulernt. Die Zusammensetzung des Gewissens wächst im Laufe des Lebens historisch. Erstarrte Gewissensentscheidungen drohen das Lebendige abzutöten.

Auch das Wort *"historisch"* gehört sinnreicherweise zur Gruppe um das Wort *"wissen"*. Griechisch heißt "der Kundige" *"histor"*. Der gemeinsame Klang von "wissen" und "histor" ist gut herauszuhören. So ist die Historie das, wovon der Historiker weiß und Wissen und Gewissen sind aus der Zeit hervorgewachsene Gewächse.

Ein besonderes Vergnügen ist es, sich das Wort *"bewusst"* genauer anzusehen. Man findet es in seinem inneren Aufbau gemeinsam mit Wörtern wie*: "beleuchtet", "belichtet", "benachrichtigt", "beliebt", "bekannt", "belauert", "beköstigt", "bemerkt", "bemuttert", "benannt", "belogen"* und so weiter. Was in all diesen Wörtern regelmäßig auftaucht ist die Silbe *"bäh"*. Mit dieser Silbe gibt der Sprecher eine Richtung an und zwar eine Ausrichtung innerhalb einer dynamischen Polarität von aktiv nach passiv. Wer oder was mit *"be-"* bezeichnet wird, ist bei diesem Geschehen im passiven Pol.

Das *Be*-zeichnete wird von außen mit einem Zeichen versehen.
Das *Be*-lichtete und *Be*-leuchtete leuchtet nicht etwa selbst, sondern *be*-kommt sein Licht von außen ab.
Der *Be*-nachrichtigte bekommt eine Nachricht.
Der *Be*-liebte liebt nicht selbst, sondern wird geliebt.
Der *Be*-kannte wird gekannt, auch wenn er selbst nichts kennt.
Der *Be*-lauerte sitzt nicht selbst auf der Lauer.
Der *Be*-mutterte und *Be*-köstigte braucht sich bloß an den gedeckten Tisch zu setzen.
Der *Be*-logene ist womöglich von Grund auf ehrlich.

Aber merkwürdigerweise denkt man, wenn man sagt, "ich bin bewusst", dass man selbst es ist, der da weiß.

Dies ist offensichtlich ein Denkfehler. Ebenso wenig, wie der Beleuchtete selbst leuchtet und der Beliebte selbst liebt ist es der Bewusste selbst, der etwas weiß. Man ist nicht derjenige, der weiß, sondern man ist der, von dem das Bewusstsein eben noch wusste. Ich bin nicht mein Bewusstsein, sondern die Weise in der es sich in mir beschränkt. Wenn sich die Schranken öffnen und das Bewusstsein mich sieht, wie ich bin, dann bin ich schon nicht mehr der, der ich war.

Deshalb ist es durchaus richtig bei der Definition dessen, wie man sich sieht, den Imperfekt zu verwenden. Man ist, wovon das

Bewusstsein eben noch wusste. Ich bin kein Bewusstsein, sondern ihm bewusst.

Vergnüglich an diesen Umdeutungen ist, dass man nie der sein kann, für den man sich hält, nicht etwa aus einem behebbaren Mangel an Einsicht, sondern weil jede Einsicht bewirkt, dass das Wissen von der Wirklichkeit bereits überholt ist. Vergnüglich ist außerdem, dass die Weisheit, derzufolge der Weise weiß, dass er nichts weiß, tiefer ist als nur Bescheidenheit. So schrecklich bescheiden kann man nämlich kaum noch sein, dass man vermeint, nicht einmal der zu sein, der von seinem Unwissen weiß. Wo ist da noch der Unterschied zum blanken Hochmut?

Trotzdem, die Lösung der Probleme des Ichs besteht letztendlich in seiner Auflösung, ohne dass dabei jemand zu Schaden käme.

Auch "der *Witz*" gehört in dieses Kapitel. "Witz" ist ohne *"Wissen"* nicht möglich, weil wer lacht, dies immer tut, wenn er plötzlich etwas Witziges begriffen hat. Es geht um das Verstehen der Pointe. Das Witzige daran ist die überraschende Diskrepanz zwischen dem Zustand des Wissens und dem vorhergehenden Zustand relativen Unwissens. Das Aha und das Lachen künden von der Erleichterung darüber, wie gut es doch tut, die Pointe zu kapieren und durch dieses Wissen überlegen zu sein. Wer lacht, steht über den kleinlichen Dingen der Welt. Man stelle sich vor, wie erleichtert man lachte, gelänge es, sogar über sich selbst zu stehen. Dann begriffe man plötzlich, dass man zu seiner eigenen Erheiterung erschaffen wurde und einmal sterben wird.

24. Himmel und Hölle
Tugend ist das Laster des moralischen Hochmuts.

Von Himmel und Hölle spricht man im selben Atemzug. Thematisch gehören beide zusammen als seien Kupfer und Zinn in einem bronzenen Standbild Abrahams. Auch das Sprichwort meint, Himmel und Hölle lägen nahe beieinander. Wie nahe beieinander sie liegen, und wie untrennbar die Vorstellungen sind, für die die beiden Wörter stehen, zeigt ein Blick auf ihre jungfräuliche Bedeutung, darauf, was sie einmal ohne Umschweife benannten, bevor ihr wahres Gesicht von den vom tausend Jahre alten Gezänk menschlichen Kleinmuts aufgewirbelten Staubwolken verschleiert wurde. Himmel und Hölle wagt man kaum zu verstehen, weil man sich voreinander fürchtet.

Wie es scheint, entstammt das deutsche Wort *"Himmel"* einer indogermanischen Wurzel, die einst für die Begriffe "bedecken" und "verhüllen" stand. Es handelt sich um die Wurzel *"kem-"*. Je nachdem was man sich unter dem Wort "Himmel" konkret vorstellt und je nach Blickrichtung des Betrachters, ist der Himmel also entweder ein geometrischer Raum, der die Erde physisch im Kosmos umhüllt und ihr damit das räumliche Nichts von der feuchten Kruste hält oder das metaphysische Jenseits, das vor den unreinen Blicken des Menschen verdeckt und damit unsichtbar bleibt. Das eine Bild meint nüchtern ein Wissenschaftler, ein Meteorologe zum Beispiel, wenn er eine Himmelsstratosphärenwolke beschreibt, die vor dem Blick aus dem Weltraum das Antlitz der Erde verdeckt. Das andere meint ein frommer Christ, der sich, in seinem Erschrecken vor der kosmischen Kälte jenseits dieser Wolken, um Tugend bemüht, um damit den verschleierten Lippen Gottes ein beruhigendes Lächeln zu entlocken.

Aus der gleichen sprachlichen Quelle wie der *"Himmel"* kommt das Wort *"Hemd"*. Das wollene Hemd ist eine Hülle für den menschlichen Körper, so wie der Himmel das umhüllende Hemd der ätherischen Glückseligkeit ist. Die Sinn- und Klangverwandtschaft zwischen Hemd und Himmel ist gut erkennbar. Später wird man sehen, wie aufschlussreich man die Gemeinsamkeiten der Begriffe "Hemd", "Himmel" und *"Leichnam"* enthüllt, wenn man sie in einem gemeinsamen Überblick betrachtet.

Der Begriff *"Leichnam"* lenkt die Gedanken jedoch zunächst zur "Hölle". Merkwürdigerweise meint das Wort "Hölle", zumindest auf den ersten Blick, etwas ähnliches wie der "Himmel".

"Hölle" stammt gemeinsam mit dem Wort *"hehlen"* von der indogermanischen Silbe *"kel-"* ab. Dieses "kel-" ist mit "verhüllen, verbergen" und, man höre und staune, mit "schützen" zu übersetzen. Auch die Hölle verhüllt also, sie verbirgt und sie schützt.

Man ist sich sicher einig, dass Himmel und Hölle trotz dieser sprachlichen Sinnbruderschaft in unseren Köpfen ganz unterschiedlich vorgestellte Aufenthaltsorte sind. Wer möchte die zwei, wenn er sich schon für eine Ewigkeit zu entscheiden hätte, leichtfertig verwechseln? Himmel und Hölle sind sehr ungleiche Brüder. Um zu sehen, was beide so entscheidend voneinander trennt, schauen wir uns zunächst die zwielichtige Sippschaft der mit der "Hölle" verwandten Wörter an.

Die Urgroßmutter *"kel-"* des Wortes "Hölle" hat im Laufe ihrer geschichtlichen Sinnverzweigungen Treue und Sittsamkeit nicht sehr ernst genommen und ihren Schoß berechnend und listig mit allerlei sprachlichen Buhlen verpaart. So hat sie im sündigen Winkel des Logos zahlreiche Seitenzweige ausgetrieben, die sämtlich bis in die Spitzen von der schwarzen, urgroßmütterlichen Nährmilch durchsaftet sind. Hört man entspannt und aufmerksam dem Klang der betreffenden Wörter zu, werden leicht der *"Hehler"*, die *"Hülle"*, die *"Hülse"*, die *"Zelle"*, der *"Keller"* und das *"Okkulte"* der Sinnkumpanei mit der "Hölle" verdächtig.

Mit einer in Nacht und Nebel angesetzten Razzia machen wir das finstere Gelichter dingfest. Dann unterziehen wir die Sippschaft einem freien Kreuzverhör. Die Sprache, die diese Bande versteht, spricht man am besten mit der harten Hand. So kann man sicher sein, mit gezielten Fragen das anfängliche Schweigen der Komplizen zu durchbrechen, und jedes mit der "Hölle" verwandte Wort wird beim Verhör neue Details über die verborgenen Machenschaften der Höllenkräfte verraten, während die übrigen, draußen im Flur auf holzharten Bänken, mit verschlagener Miene ihre Befragung erwarten. In der Not nämlich sind sie zu feige, für das gemeinsame Wohl zu schweigen und zu dumm, um zu verstehen, dass es für die Hölle das beste wäre, wenn ihre Hunde die Schnauze hielten. Divide et impera, hieß es aber schon für tatkräftige Römer. Knöpfen wir uns die Verdächtigen also einzeln vor und bringen wir sie zum Sprechen!

Was der Hehler macht ist klar. Er verbirgt bei sich, in einem alten Schuppen, unter den quietschenden Federn eines Lotterbetts oder im trüben Hinterzimmer einer Hafenspelunke, das von seinen Komplizen angeschleppte Diebesgut, und er verkauft es im Geheimen weiter. Das was der Hehler macht, macht er also im Verborgenen.

Die Hülle verbirgt und verhüllt, was sie enthält. Wenn sie sich nicht fallen lässt, ist es, als ob sie der Welt ihren Inhalt auf Dauer vorenthält. Sie schützt ihr Inneres, macht es privat (privare = rauben) und raubt es so dem Rest der Welt. Die Hülle macht ihren Inhalt zu ihrem Besitz.

Der Hülse ergeht es noch anders als der Hülle. Während die Hülle und ihr Inneres ein Ganzes sind und das beschützte Innere der Hülle für den Schutz mit seiner Treue dankt, ist die Hülse schnödes Werkzeug. Sobald sie ausgedient hat, wird sie wie ein Missbrauchter Mohr undankbar verworfen. Das Innere denkt nicht an die Hülse, der es seinen Schutz verdankt. Hoffentlich wird der Hülse das eine Lehre sein, damit sie sich zu niemandes Zwecken mehr Missbrauchen lässt. Zur eigenen Hülse macht sich jeder Inhalt, wenn er sich aus seinem Zentrum liebedienerisch nach außen neigt.

In der Zelle sitzt der Sünder und der Mönch, der sich für einen Sünder hält. Je nachdem, wie lange der Sünder in der Zelle sitzen muss, wird die Zelle für ihn bereits auf Erden peinvoll eng zu einer Hölle. Für die Dummheit seiner Sünden und dafür, dass er sich von der Polizei erwischen ließ, muss der Sünder nun mal büßen.

Ein Mönch glaubt, klüger zu sein als ein normaler Sünder. Er glaubt an einen Himmelsherrn, der ihn auf jeden Fall erwischen wird und setzt sich deshalb - für ein kurzes Erdenleben - freiwillig in eine Zelle, damit er zum Lohn für diese Reuetat nicht auf ewig in die vom Abt und Euer Ehren angedrohte Hölle muss. Der Mönch glaubt, dass keine irdische Sünde soviel Lohn verspricht, wie die Sünde des hochmütigen Selbstverzichtes, für deren himmlischen Gewinn er auf Erden mit vorweggenommener Strafe zu bezahlen sucht. Wäre die "Reue" des Mönches echt, wäre sein Hochmut tatsächlich gebrochen, dann würde er nicht verächtlich Gottes Geschenk einer hinfälligen Existenz ausschlagen, sondern er würde - um in seiner Logik zu bleiben - tapfer weitersündigen, um zu verhindern, dass seine Asche einmal den Himmel verstaubt. Lieber wäre er lasterhaft, als dass er Gott durch sein Bestreben lästerte, dem Himmel durch Peitschenhiebe gefällig zu sein. Vielleicht würde Gott es ihm danken, böte der Mönch ihm durch demütiges Ausleben des menschlichen Lasters die Gelegenheit ohne lästiges Schuldgefühl seinen göttlichen Zorn zu genießen.

In den Keller sperrt man eigensinnig böse Kinder, damit sie einen Vorgeschmack auf die angstvolle Enge der drohenden Hölle bekommen und noch rechtzeitig in sich gehen. Drunten im Keller gibt es unklare Schatten, lichtscheue Schaben und huschende Ratten. Also lauter Getier, das sich nicht ehrlich im Lichte der Sonne zeigt und schon beim Nahen eines gelben Kerzenscheins eilends in winkelige Verstecke kriecht. Unter die niedrige Decke eines Kellers gezwängt, versteckt und im Staube verborgen zu sein, lässt den Übermut der frechen Kinderbrut am dumpfem Dämmerlicht ersticken.

Das Okkulte treibt sich immer in der Dunkelheit herum. In der Tiefe seiner Seele hält es sich für bleich und jämmerlich. Solange sein Jammer schamvoll verborgen bleibt, glaubt es, nur als heiliges Geheimnis etwas wert zu sein. Deshalb versteckt es sich hinter dürren Symbolen und versucht der Leute Dummheit vorgaukeln, dass man es erforschen müsse. Mit der einen Seite seiner Seele spielt es so Verstecken, und es hofft mit der anderen darauf, dass das Interesse der abergläubischen Umwelt Licht in sein ungeliebtes Dunkel bringt. Solange es sich nicht selbst zu befreien wagt, kann es nur in Luftnot hoffen, dass ein anderer aus Neugier den Deckel hebt. Man kann dem Okkulten nur raten, frei zu seiner Profanität zu stehen. Dann bekäme es auch eine gesündere Farbe ins Gesicht.

Wenn man die vorliegenden Vernehmungsprotokolle der begrifflichen Mittäter der "Hölle" jetzt miteinander kombiniert, lässt sich das Unwesen, von dem das Wort "Hölle" spricht, gut erkennen.

Man glaube aber nicht, dass die Hölle ein fernes finsteres Felsenloch, eine verklammerte Kammer voll beißender Glut in einer metaphysischen Symbolwelt wäre, mit der man im Zeitalter des aufgeklärten Weltverzehrs nichts mehr zu schaffen hätte. Die Hölle ist kein Foltergefängnis im Jenseits, in dem das Böse sich für die Ankunft der "Bösen" schon Hasserfüllt und schwefelgelb auf Hochglut vorgeheizt hätte. Das Wort "Hölle" spricht von keinem Ort, keinem topographischen Anderswo, sondern von einem Vorgang und der ist heute so aktuell wie zu Zeiten des biblischen Gotteszorns. Die Aussagen aus dem Dunstkreis der Hölle sind daher keine gruselige Abstraktion, sondern enthalten eine uralte Botschaft, die mithelfen will, die als Hölle benannten Qualen zu verhindern.

Der Sinngehalt des Wortes "Hölle" weist darauf hin, was in der Seele geschieht, wenn sie von dem verhehlt, versteckt, verborgen und verheimlicht wird, den die Welt nach dieser Seele fragt. Die Welt macht jeden cür sich selbst verantwortlich. Sie will, dass er durch ihre Fragen und sie durch seine Antwort offensichtlich wird. Wer dem Leben die freie Sicht auf sich verweigert, wird so lange in einer Hölle drangsaliert, bis er endlich sagt "So bin ich".

In jedem entsteht die Hölle neu, wenn er sich nicht zugibt, wie er wirklich ist. Dann wird er zum Hehler, der seinem eigenen Dasein Facetten stiehlt und sie heimlich verkauft, sei es für das Lob der anderen, des Himmels oder für ein Idealbild von sich selbst. Wer sich nicht frank und frei auch zu dem bekennt, was ihm an sich missfällt, ist darin schon ein Hehler seiner selbst und steht mit einem Fuß bereits als Knecht in seiner Hölle.

Der Begriff des "Zugebens-wie-man-ist" meint nicht bloß ein verbales Geständnis, das man unter welchem Druck auch immer ablegt und dann guten Gewissens weitermacht wie bisher, sondern er meint, dass man sein tatsächliches Wesen handelnd in den jeweiligen Kontext, in dem man steht, "zugibt". Die Wirklichkeit fordert von ihren Bewohnern ihre Zugabe. Man schuldet ihr, dass man in ihr wirkt, ohne ihre Vielfalt zu verachten. Man schuldet der Welt, dass man wirklich ist. Man schuldet sich der Welt.

Oben steht der Satz: Die Welt macht jeden für sich selbst verantwortlich.
 Diesen Satz kann man genauer untersuchen. Die Formulierung "für sich selbst" kann - und muss? - auf zwei Arten verstanden werden. Es kann gemeint sein "für ihr Selbst" und "für dessen Selbst". Wahrscheinlich gilt beides, und "dessen Selbst" ist sein Anteil an "ihrem Selbst".
 Sie macht "verantwortlich". Dieses Wort besteht aus vier Teilen: "*ver* = hinausführen über", "*ant* = im Angesicht", "*wort* = feierlich gesagt", und "*lich* = Körper". "*Sagen*" gehört zur Wortgruppe "*sehen*" und heißt eigentlich "sehen lassen". Die Welt fragt. Indem der Verantwortliche seine Antwort sagt, lässt er einen neuen Teil des Wesens sehen, das sich durch den Akt des Sagens ins Gesicht einer verkörperten Wirklichkeit hinüberführt. Als Verantwortlicher sagt man was ist; denn nur was ist, kann man unmittelbar sehen lassen. Man sagt nicht, was sein soll, denn dann verbirgt man, was tatsächlich ist hinter der Propaganda aufgeschminkter Bilder. Nur was ist, kann sich sehen lassen, ohne dass es bezwingen will. Hinter jedem Soll steckt angemaßte Macht. Wer angeblich weiß, was gut sein sollte, versteckt hinter der Tugend seinen Willen zur Macht. Oft ist die Tugend verborgene Herrschsucht.

Das Wort *"Teufel"* ist ein Abkömmling des griechischen Wortes *"diabolos"*. Dieses stammt vom Verb *"diaballein"*. "Diaballein" heißt "durcheinanderwerfen", dann auch "entzweien" und "verfeinden".
 Die Teufelei beginnt also, wenn man sich mit seinem Wesen entzweit und zwischen das sogenannte Gute und Böse in sich Feindschaft säht, indem man sein tatsächliches Sosein mit dem Bild eines vermeintlichen Sollens durcheinanderwirft. Man hält dann Teile sei-

ner selbst für verderblich und Ideale für wertvoll, ohne zu begreifen, dass das eherne Holz der Ideale zu seinem Wachstum der Düngung durch das leicht verderbliche Blattwerk bedarf, das flatterhaft im Wind spielt und flatterhaft zu Boden fällt. Erkennt man nicht das schuldige Spiel zwischen hell und dunkel, dann betet man das Helle an wie den dunklen Urwaldgötzen Mahagoni. Das explizit Gute ist die Maske des Bösen. Der Teufel verbirgt sich hinter dem Guten, das er uns nie erreichen lässt.

In die Hölle führt der beflissene Verzicht auf urteilsfreies Sosein. Das Sein ist über jedes Sollen, das ein ins Menschsein begrenzter Geist erfassen könnte, erhaben. Nicht erhaben ist ein Sein vor dem Soll seiner Wirklichkeit. Das Sein soll sein und es ist das Sein, das dem Soll sein Sein bestimmt. Der Sinn dieses Satzes soll weise sein. Ist er es nicht, dann erfülle sein missratenes Weisesein zumindest das Soll eines gelungenen Blödsinns. Um dieses Soll des Seins oder des Blödsinns zu entdecken, muss jedem Sein die Möglichkeit gegeben werden, sich ans Licht zu bringen, ohne vom schamhaften Mantel eines moralischen Vorurteils in seine Hölle verborgen zu werden. Erst im freien Lichtschein seines Seins, kann ein Sein sehen, wie das Soll seiner Wirklichkeit ist. Das Sein wird sein Soll nur im Licht entdecken.

Dem verbergenden Aspekt der Hölle haftet, wie man zu Beginn dieses Kapitels schon sah, auch eine Schutzfunktion an. Offensichtlich verbirgt, versteckt und verhehlt die Hölle nicht nur aus blankem bösen Willen. Sie birgt auch als eine wahrhaft Bergende. Manches nämlich, was in der Hölle des Verborgenseins sitzt, wird dort bei starker Hitze zunächst noch ausgegart. In seinen Themen muss das Leben erst schmoren, damit die Art wie es sie dann ans Tageslicht bringt, schmackhaft und al dente ist. Leider sind die Köche oft zerstreut und säumig, oder sie wagen es nicht, den Gästen ein Essen nach Art des Hauses zu servieren, so dass so mancher Braten solange im Ofen bleibt, bis er verkohlt und völlig ungenießbar wird, oder die Gäste gelangweilt und hungrig fortgegangen sind. So kommt es vor, dass ein wichtiges Thema in seinem Versteck erstickt und man in einer vergeudeten Chance steckenbleibt. Dann tut die Hölle wirklich weh, denn sie beisst erst mit wahrer Bosheit zu, wenn man sie aus Feigheit als Versteck Missbraucht.

Um vom Thema "Hölle" zum Thema "Himmel" überzuleiten, kommt jetzt wieder der "Leichnam" ins Spiel. Leichname befinden sich an der entscheidenden Trennlinie zwischen Himmel und Hölle. In der Bildersprache volkstümlicher Religion führt direkt nach Verlassen des Leichnams für die Seele ein Weg steil nach oben und einer nach unten. Vielleicht bringt die Analyse des Wortes "Leichnam" über diese Zusammenhänge näheren Aufschluss.

Das Wort *"Leichnam"* setzt sich aus zwei Teilen zusammen. Das Wort *"Leiche"* stammt von germanisch *"lika"*. Das hieß "der Körper, die Gestalt". In denselben Topf gehören auch das Wort *"gleich"* und das Suffix *"-lich"*. "Gleichmachen" hat also immer etwas mit dem Töten zu tun.

Interessant zum Thema "Himmel und Hölle" ist der Sinn der zweiten Silbe *"nam"*. Dieses stammt von germanisch *"haman"*, zu übersetzen mit "die Hülle". Es gehört damit zur Familie der Begriffe *"Hemd"* und "Himmel".

Der Leichnam ist folglich das Körperhemd, die Hüllgestalt. Und genauer noch: Er ist die letztlich immer gleiche Hüllgestalt, aus der, im besten aller Fälle, nach dem Tode ihres Trägers, das Leben nackt vor Glück in seinen Himmel springt; oder eben schutzlos in die Hölle fährt.

Am besten, man betrachtet die rüde Drohung einer ewigen Hölle jenseits des Sterbens als bloße Metapher, als grobes Werkzeug mit dessen Hilfe man selbst einen störrischen Halbaffen zum rechten Glauben bekehren kann. In Wirklichkeit sind Menschen keine unmündigen Kinder, die ein Leben verbringen, damit im Jenseits von einem Richter mit näselnder Stimme geurteilt werden kann, ob es das Leben frommer Schafe oder das von frechen Raben war. Himmel und Hölle sind auch nicht irgendwo und irgendwann. Sie sind als Wahl, wie man sich lebt, unabtrennbar tief in jedem Sein. Sie sind hier und jetzt in meinem Fleisch und meiner Seele.

Wie man es schafft, sein Sein in seine Hölle zu verwandeln, haben wir oben gesehen. Dazu braucht man sich nur oft genug zu verleugnen und wie Hans im Glück sein tatsächliches Sein gegen das einzutauschen, von dem man glaubt, es werde gut belohnt. Dann dauert es nicht lange und das Leben tut weh, zur Strafe dafür, dass man es nicht lieben will.

Wie aber kommt man in den Himmel?

Der Himmel bleibt verhüllt, solange man nicht die Hölle in sich aufdeckt und damit seinen versteckten Inhalt enthüllt. Mit Recht ist es Unsinn zu glauben, die übliche Beichte tue im Regelfall das gleiche.

Denn kaum ist das Verborgene gebeichtet, versickert es schon wieder nutzlos und ohne echtes Echo in den heimlichen Ecken des Beichtstuhls und der verordneten Verschwiegenheit eines müden Beichtvaters. Mit ein paar Vaterunser kann man die Wirklichkeit nicht bestechen. Das zu glauben wäre albern. Nicht umsonst gehört "die *Beichte*" deshalb zur Sinnfamilie um die Wörter "*genieren*", "die *Gicht*" und "der *Jux*".

Soll die Enthüllung des Seins etwas nützen, muss sie schon vor der unbestechlichen Wirklichkeit geschehen und dort hat sie nur Bestand, wenn sie der Welt standhaft sagt:

"Ja, so bin ich eben, jetzt, hier und heute. Wie ich morgen sein werde, weiß ich nicht" und, wenn sie nicht im gleichen Atemzug mit einem Mea Culpa um billiges Mitleid winselt.

Jedes Sein ist schuldig: sich selbst sein Soll, und der Welt den Platz, den es ihr raubt. Deshalb hält jedes Sein eine Strafe für sich bereit. Die Strafe dafür, dass man wirklich so ist, wie man ist, liegt in der Unmöglichkeit mit freiem Herzen anders zu sein. Wenn man authentisch ist, kann man von den Chancen des Andersseins nur träumen.

In den Himmel kommt, wer vor der Strafe seines Soseins nicht auszuweichen versucht. Die Enthüllung des Seins vor der Wirklichkeit ist nicht mit einem Lippenbekenntnis getan, selbst dann nicht, wenn man die reine Wahrheit sagt. Der Himmel wartet darauf, dass man ihm sein Sein enthüllt, indem man es lebt und seine Konsequenzen trägt, denn Wirklichkeit ist die einzige Sprache, die der Himmel versteht. Die Enthüllung des Seins in den Himmel ist daher jener Prozess, der dem Leben entspricht.

Man ist seinem direkten Zugriff entzogen. Man kann sich selbst nicht machen, und man kann nicht wählen, wer man ist. Wie man ist, wird man sich gegeben, ohne dass da jemand wäre, bei dem man sich über die Gabe erfolgreich beklagen könnte. Man kann sich immer nur im Nachhinein entdecken und als Anwalt und Zeuge dafür einstehen, was man sieht. So hinkt, was man von sich weiß, wie ein gichtiger Greis mit Krückstock hinter der kessen Lolita, dem wippenden Werdegang des Seins hinterher. Wohin das sorglose Wippen der Reize ging, weiß die Welt erst, wenn sie ihr Sein als ein fernes Funkeln im nachtblauen Werden erkennt.

25. Gehören
Der Freie gehorcht der Wahrheit.

In unbedachten Ohren klingt das Wort "hören" so, als gehe es dabei ausschließlich um akustische Phänomene. Dies ist jedoch eine Verkürzung des ursprünglichen Wortsinnes, die in der Folge vieles überhören lässt.

Extrapoliert man den Werdegang des Wortes *"hören"* rückwärts bis zu den Indogermanen, landet man dort bei einer Wurzel, deren Sinn sich nicht nur aufs akustische Hören beschränken ließ, sondern die außerdem "bemerken", "sehen" und "auf etwas achten" meinte. Gemeint ist hier das Urwort *"keu[s]- "*. Urverwandt mit diesem Wortstamm sind das lateinische *"cavere"*, das griechische *"akouein"* und wahrscheinlich das deutsche Wort *"schauen"*. Wer schaut, achtet darauf, was er sieht.

"Cavere" wird mit "sich in Acht nehmen" übersetzt. Es ist das gleiche Wort, das ein fürsorglicher Römer benutzte, um auf einem Hinweisschild vor seiner Villa in Pompeji arglose Briefträger zu warnen: "*Cave* canem!","Vorsicht, bissiger Hund". Tatsächlich macht ja der Hund, vor dem man sich in acht nehmen sollte, hörbar knurrend auf sich aufmerksam. Ab Ende Juli 79 warnten römische Seismologen ihre Zeitgenossen mit einem "Cave eruptionem, cavete furor deus volcanorum!" oder so ähnlich vor dem Ausbruch des Vesuv, doch wie man auf den Wandbildern Pompejis sehen kann, war die Bevölkerung mit ganz anderen Sinneswahrnehmungen als den Warnrufen beschäftigt. Sie schlug das Gehörte in den Wind und nahm sich nicht in Acht. Die Folgen waren fürchterlich.

"Akouein" heißt altgriechisch "hören, gehorchen". Es ist jener Zweig, der vom Urstamm *"keu[s]-"* zum Fremdwort *"akustisch"* führte. Die Akustik moderner Schauspielhäuser misst sich dieser Tradition entsprechend noch heute an der des griechischen Amphitheaters.

Wesentlich ist für den weiteren Fortgang der Untersuchung, dass das akustische Element des Hörens nur teilweise beschreibt, was das Wesen des Hörens im Ganzen ausmacht. Das ganze Hören benennt eine aufmerksame, sinnliche Wahrnehmung und Achtsamkeit. Wer achtsam hört, wendet sich offenen Sinnes der Wirklichkeit zu. Er hört in die Welt hinein und wächst damit der Weite seiner Sinne folgend aus sich in die Welt hinaus. "Hören" meint, wenn man richtig hinhört, nicht nur ein lauschendes Verharren im Gewinkel eines individuellen

Seins, sondern richtiges Hören richtet expansiv als Zugriff hinaus in die Welt. Hören entlockt den Hörer seiner Grenzen. Die Seele einer Eule, die vom hohen Geäst aus lauscht, wird zu einem Rascheln, auf das sich lautlos ein geflügelter Hunger stürzt.

Ohne dass man Ohren und Verstand besonders anstrengen müsste, hört man beim Wort "gehören" heraus, dass es mit dem Wort "hören" klangverwandt ist. Bis dahin hört man auf der akustischen Schiene. Wenn man den bekannten Sinn des Wortes "gehören", nämlich "zum Eigentum haben", mit der rein akustischen Sinnebene des "Hörens" vergleicht, kommt man vielleicht vorschnell zu dem Schluss, dass es einen krassen Bedeutungswandel gegeben habe und nichts mehr Belangvolles beide Wörter verbinde. Das ist falsch.

Um die Verbindung zu sehen, muss man nicht nur mit den Ohren, sondern auch mit der Seele hören. Im Begriff *"gehören"* taucht wieder jene Vorsilbe *"ge-"* auf, die man mit "zusammen" bzw. "versammeln" übersetzen kann. Achtet man darauf, dass mit dem Hören ursprünglich eine aufmerksame Ausrichtung der wachen Sinne gemeint ist, lässt sich der Sinn des Wortes "gehören" in einer neuen Formulierung deutlich machen:

"Ich gehöre..." meint, "ich richte meine gesammelte Achtsamkeit auf...".

Noch krasser tritt die Relevanz der Angelegenheit zu Tage, wenn man ein zweites Mal umformuliert:

"Ich mache mich zum Eigentum dessen, worauf ich meine gesammelte Achtsamkeit richte".

Oder gar:

"Worauf ich aus der Vielfalt der Welt am meisten achte, macht mich am meisten von sich besessen".

Wem oder was man gehorsam ist, was sogar von sich hörig macht, darüber entscheidet man, wenn man seine Sinne auf ein ausgewähltes Ziel hin versammelt.

"Gehorsam" und *"hörig"*, das hört sich nicht gut an. Es klingt nach Duckmäuserei, Untertanentum und masochistischer Entgleisung. Wer etwas auf sich hält und seinen Lebensadel nicht verhurt, der will und muss doch frei sein! Das wird der geliebte Pirat in eines jeden Menschen Brust auf der Stelle mit Blut und Säbel unterschreiben.

Aber, solange der Pirat bei Sinnen ist, durch deren offene Türen die Welt sich zu ihm Zugang verschafft, wird er dorthin gehören, wo das versammelte Herz seiner Sinne ist. Und weil er gehört, wird er auch besessen. Und weil er besessen ist, ist irgendein Gehorsam, den er weder durch Blut noch mit dem Säbel von sich abschütteln kann, die Kehrseite seiner Freiheit.

Mit nüchternen Worten heißt das: Der Mensch als Person kann nicht frei sein, ohne einem Herrn oder einer Sache zu dienen. Man hat keine Wahl zwischen Freiheit und Gehorsam. Wählen kann man, wem oder was man gehorcht. Das legt fest, wovon und wozu man dann frei ist. Es gibt Freiheit und Gehorsam nur gleichzeitig. Die Motive an deren Wirklichkeit man achtsam glaubt, bestimmen die Art der Freiheit, indem man ihr seinen Glauben durch ein den Motiven gehorsames Sein beweist. Der Mensch macht sich frei, indem er gegen alle Widerstände die Pflicht zu dem erfüllt, dem er sich durch die Versammlung seiner Sinne wirklich übereignet. Versammelnd verpflichtet sich der Mensch zur Freiheit. Freiheit bedeutet, dass des Menschen Sinne nicht nur ihm, sondern auch der und jener Wahrheit selbst gehören, die er damit erfasst. Wir erkennen Wahrheit, indem sie Besitz von uns ergreift. Keine Rebellion gegen dieses Gesetz macht tatsächlich freier. Nur soweit man seiner Wahrheit gehört, ist man frei. Man macht sich frei, indem man sich von der Wahrheit besitzen lässt.

"Papperlapapp", könnte da so mancher sagen: "Ich habe mich von allem frei gemacht und lebe nur noch meine Lust und meine Launen".

Wer so denkt, macht sich etwas vor. Wer in absolut unbezogenem Sinne frei sein und nichts und niemandem mehr gehören will, müsste sich schon von seinen leiblichen Sinnen befreien. Niemand wird sich aber für solcherart Freiheit Augen und Trommelfelle durchstechen, denn die Sinnesorgane - Augen, Ohren, Nase, Zunge, Haut und Haare - sind es ja, die die Quellen der Lust den Launen erst zugänglich machen.

Wer die sinnliche Gegenwart nicht als Quelle der Lust und Bejahung erleben kann, weil er sie fürchtet oder sich ihrer für unwert hält, wird flüchten, um die peinliche Begegnung mit der Wirklichkeit zu vermeiden. Er versammelt seine Sinne auf nichts mehr und zerstreut sich, so weit es geht. So gelingt es ihm, in keine gemeinsame Situation mehr gebunden zu sein.

Um die gemeinsame Situation in einer wechselseitigen Gegenwart ist der zentriert, der zur Gemeinschaft gehört. Will er aus der gemeinsamen Gegenwart flüchten, dann verrückt er sein Zentrum aus dem Bezug zum Kontext hinweg in eine unabgestimmte Gedankenwelt. Dort ist sein Denken dann nicht mehr an das gebunden, was seine

Sinne hören, riechen und sehen. Er ist dort "von Sinnen" und sein Denken wähnt sich eine eigene wirre Welt. Was er denkt, stimmt er nicht mehr damit ab, was er mit seinen Organen sieht und hört. Er überprüft sein Denken nicht mehr auf einen sinnvollen Bezug zur Menschengegenwart und geht so schrecklich in die Irre. Unabgestimmt mit der Realität hört sein Denken unwirkliche Stimmen.

Ausgehend von den Begriffen *"gehören"* und *"Gehorsam"* sind wir bei der *"Zugehörigkeit"* gelandet. Das Thema sich wandelnder Zugehörigkeiten begleitet durch das ganze Leben. Abgrenzbare Individualität gibt es nur im Rahmen übergreifender Zugehörigkeit. Es beginnt mit der ersten Eigenbewegung im Schoß einer Mutter und endet mit dem Verlassen des Erdendaseins, des weitesten Kreises sichtbarer Zugehörigkeit. Dazwischen gehört man in immer neue Kontexte: zur Familie, zur Nachbarschaft, zur Arbeitswelt, zum Kegelklub und zu den Menschen guten Willens. Solange man dazugehört, muss man die Werte eines Gruppengeistes bejahen, indem man die Welt so sieht und sie hörend so versteht, wie es zum Geist der Gruppe passt. Zwar sind alle Kontexte selbst dynamisch, sie sind beeinflussbar und verändern sich im Laufe der Zeit. Wenn man sich aber in eine andere Richtung verändert, als die Gruppe zu der man gehört, muss man die Zugehörigkeit wechseln - oder man beginnt sich übel zu verbiegen. Der Wechsel und die Einbindung in eine neu angemessene Zugehörigkeit gelingen, wenn man zu seinem sinnlichen Selbst gehört. Sonst landet man beim Verlassen des ausgelebten Lebensfeldes in einer Unzugehörigkeit, in der selbst der hartgesottenste Individualist zu erfrieren droht.

26. **Freiheit**
Das Freisein im Frieden ist der König der Ziele.

Freiheit, Freundschaft und Frieden sind drei menschliche Werte, die weder als gelebte Realitäten noch als bloße Vorstellungen voneinander zu trennen sind. Nachweisen lässt sich diese These durch eine Analyse von Wörtern, die gemeinsam mit *"Fre-"*, *"Fri-"* oder *"Freu-"* anstimmen. Das Wort *"frei"* geht wie "der *Friede*", "die *Freude*" und "der *Freund*" auf die gemeinsame indogermanische Urahnin "*prai* = schützen, schonen, lieben" zurück.

Wie Freiheit und Liebe miteinander zusammenhängen zeigt das veraltete Verb *"freien"*. Wenn unsere Großväter nachpubertär mit abgeheilten Pickeln und frisch erwachter Abenteuerlust ins Nachbardorf zum Freien gingen, hatten sie es dort auf die Liebe und auf die Leiber der hübschen Weiber abgesehen. Möglich wurde dieser Gang auf Freiers Füßen, sobald sich die Großväter in spe aus der braven Harmlosigkeit ihrer Kindertage befreit hatten und sich unter Liebe nicht nur Schutz und Geborgenheit, sondern auch Aufbruch und Abenteuer vorstellen konnten. In voller Zuversicht, dass man jenseits des elterlichen Schutzdaches und seiner Schranken eine neue Liebe freien kann, in der man auch die Freiheit lieben darf, machten sich die jungen Männer auf den Weg. Im Herzen hatten sie die Hoffnung, dass man Liebe mit Freiheit vereinen kann, wenn man der Freiheit den Raum für ihr Beben belässt. Wenn ihnen das gelang, befreiten die verliebten Freier ihre zukünftigen Frauen aus der zu eng gewordenen Haut ihrer Kinderstuben ohne sie statt dessen einem habgierigen Joch, kleinlichen Eifersüchten und den Ängsten unreifer Männerseelen preiszugeben.

Ohne besonderen Nachweis kann man behaupten, dass dieser Idealfall nur selten eintrat. Statt liebende Freiheit schmiedeten sich die Eheleute nach dem Vorbild ihrer Eltern ein eingeschnürtes Ehejoch, um sich von der zitternden Weite des Lebens abzugrenzen. Die widrigen Umstände der Wirklichkeit legten es den meisten der vom Abenteuer zur Liebe Verführten nahe, sich Sicherheit zu verschaffen, statt sich den weiteren Ungewissheiten der Lebendigkeit zu überlassen. Es ist nun mal so: Auch unsere Großeltern waren freiwillig - bei aller Liebe! - keine freisinnigen Helden zum Wohle der Lust, der Liebe und der Rebellion. Sie waren bereitwillige Täter ihrer Alltäglichkeit.

Trotzdem spricht die Sprache als Kind der Wirklichkeit ein deutliches Wort: Sie meint eigentlich den meist verfehlten Idealfall und hält unbeirrbar daran fest. Die Botschaft, dass Liebe und Freiheit einander bestärken, führt das Deutsche schon seit Jahrtausenden mit sich. Es ist eine Botschaft, die aus den Zeiten der ersten Höhlenmalerei bis ins heutige Großstadtgewühl dringt und niemals ganz verloren ging. Jedem echten Lauscher drang diese Botschaft ins Gewissen. Sogar im Rotlichtbezirk sprechen die Huren noch heute von ihren *"Freiern"*. Wahrscheinlich wissen sie aber nicht, was der Urwald ihrer Sehnsucht damit meint.

Die so oft und bitter erfahrene Flüchtigkeit der Liebe, dieses Geschöpfes der Wildnis und der Freiheit, ist Folge angstvoller Versuche ihre Sprengkraft zu bezähmen. Ungezähmte Liebe ist nie mit einem Leben vereinbar, wie es bisher war. Ungezähmte Liebe ist ein gnadenloses Raubtier. Es verlangt von seinem Opfer auf seine fromme Maske zu verzichten, damit es den Sturm nackt im Gesicht spürt, wenn der ohne Rücksicht alle Vorsicht durchbricht. Der Sturm spült die Spuren zielstrebiger Emsigkeit hinweg. An jedem Morgen seiner Nacht liegt der Strand unberührt in der allerersten Stille.

Wer mit dem Raubtier geht, kann die Kraft seiner Tatzen nicht aufhalten. Das macht Angst, weil man mit befreiten Tatzen unter sich den Boden zerreißt, der einen bisher sicher trug. Jede Liebe zerreißt ein Zuhause und stürzt in der Seele einen morschen Palast in den Abgrund. Sobald man die Liebe der ängstlichen Berechnung von Gewinn und Verlust unterwirft, flüchtet sie ihre grausame Anmut zurück ins unantastbare Dickicht ihrer zornzärtlichen Seele. Dort erwartet sie die Chance auf einen neuen Ausbruch und auf die Gelegenheit zu einem neuen Raubzug.

Wie die Urahnin *"prai"* verrät, würzen neben der Liebe "der Schutz" und "die Schonung" die Speise der Freiheit. Das Denken unserer Vorfahren bevorzugte einfache Lösungen und unterteilte die Welt in zwei grundsätzliche Lager: in das der *"Freien"* und in jenes der *"Unfreien"*.

Zu den "Freien" gehörte die eigene Sippe und der Freundeskreis. Außerdem zählte man alle dazu, mit denen man sich verbündet fühlte, und alle, die man liebte und als gleichberechtigt ansah.

Zu den "Unfreien" zählten jene, denen man Freiheit, Gleichheit und Brüderlichkeit nicht zubilligte: unterjochte Völker, unterworfene Nachbarn, Leibeigene, Heloten und Sklaven. Liebte ein Freier seinen Sklaven, gab er ihn demütig aus der Leibeigenschaft frei, denn was man besitzt, kann man nicht lieben.

Was eigentlicher Inhalt und Grundlage der Freiheit ist, bergen beredt die Begriffe "schonen" und "schützen". Als frei erachtet man, wen man vor den eigenen Forderungen und Ansprüchen verschont und um seiner selbst willen vor fremdem Zugriff schützt. Der Freie bleibt vor dem Hunger der Seinen geschützt. Er wird als Wert geachtet, auch ohne dass sein Dasein messbar etwas nützt. Er braucht nichts abzuwerfen; keinen Tribut, keinen Zehnten, keine Rendite und keine Steuern. Der Freie ist frei, weil er nutzlos sein darf, wie er ist.

Den Unfreien dagegen schlägt man tot falls er nichts nützt. Man plündert ihn aus und melkt ihn wie ein Besitzer seine geduldige Kuh. Sein Dasein dient dem fremden Zweck, der die Macht hat, ihn lieblos in seine Fron zu zwingen.

Die eigene Freiheit ist aber mehr als eine glückliche Gabe, die man von den anderen bekommt. "Schonen" und "schützen" als Bedingungen des Freiseins sind Verben und als Verben beschreiben sie eine Tätigkeit und nicht nur passiven Empfang. Frei wird man erst, wenn man die Welt vor sich selbst verschont und sie vor seinen Ansprüchen schützt. Wer die Welt mit seinen Ansprüchen bedrängt, ohne sich selbst dabei Grenzen zu setzen, ist darin nicht frei, sondern höchstens verfressen. Die schlimmste Fessel der Freiheit ist nämlich der eigene Anspruch. Ansprüche machen den, der sie hat, zu ihrem Sklaven. Freiheit ist die Grenze, die man sich setzt. Ich werde nicht frei, indem ich von Dir Entgrenzung bekomme, sondern indem ich Dir meine Grenzen gebe.

Die sinnhafte Verbindung zwischen Freiheit und Schonung lässt sich leicht auch an jener Schonung aufzeigen, die ein Trupp Waldarbeiter anlegt, wenn er ein frisch gerodetes Stück Wald mit Schösslingen bepflanzt. Derlei Schonung wird mit einem Zaun umfriedet, damit die jungen Bäume geschützt vor dem Verbiss durch das Wild und den trampelnden Sohlen der Spaziergänger frei heranwachsen können. Sobald die Bäume allerdings groß genug sind, um den Waldbesitzer durch ihren Tod zu bereichern, ist die Schonung ihrer Freiheit vorbei. Die Schonung erweist sich als bloßes Kalkül und als Vorspiel zur Plünderung. Schonungslos werden die Bäume niedergemacht. Der Anspruch des Waldbesitzers auf Reichtum diktiert ihm, dass er seinen Wald vernichten muss.

Innerhalb einer umfriedeten Gemeinschaft, in der man sich gegenseitig vor individuellen Expansionsgelüsten verschonte, war man frei und friedlich, sofern es eine solche Gemeinschaft jenseits enger Freundschafts- und Liebesbande jemals gab. Dort war man unter Freunden. So verwundert es nicht, dass das althochdeutsche Wort *"fridu"* im Sinne von "Schutz" und *"Friede"* der gleichen Wurzel wie die Freiheit entspringt. Friede herrscht nur, wo das Schutzwürdige tatsächlich geschützt wird. Die ganze Gestalt des Friedens erschöpft sich daher nicht nur im passiven Unterlassen von Wettstreit, Zwietracht, Mord und Totschlag, sondern Frieden braucht den aktiven Schutz dessen, was des Schutzes seinem Wesen nach bedarf. Die Bereitschaft zum Frieden zeigt sich nicht schon im konfliktscheuen Laissez-faire lahmer Tatzen. Friede ist wehrhaft bewaffnet.

Wo Friede und Freiheit herrschen, kommt als stimmiges Grundgefühl Freude auf. Freude als Grundstimmung ist ein Gefühl, das in der Seele schwingt, wenn man sich als unverbogenen Teil in einem Ganzen sieht. Das Ganze ist hier im Sinne von jenem "Heil und Gut" zu verstehen, mit dem man stimmig ist. Ohne das Eingestimmtsein in ein heiles Ganzes ist Freude als Stimmung nicht möglich. Freude ist ein Indiz dafür, dass etwas Heiles das Ganze umgibt. Wenn man nicht sein soll, wie man ist, ist man unfroh. Wenn man nicht zulässt, wie man ist, bricht man die freie Schwingung seiner Stimme.

Ähnliches berichtet das zum Begriff *"Friede"* gehörende altindische Wort *"pritih* = Freude, Befriedigung". In friedlichen Zeiten der Freiheit kann man sich aus vollem Herzen freuen.

Ebenfalls ins Altindische gehört das Wort *"priya-h"*. Damit meinte man zu Buddhas Zeiten den oder die Geliebte oder aber "lieb" oder "erwünscht" als Adjektive. Von hier führt der Wortklang leicht zur germanischen Göttin *Freija*, der Geliebten Wotans. Ihr hat man im germanischen Sprachraum den *Freitag* gewidmet. So wird man alle sieben Tage daran erinnert, dass die Liebe ein Kind der Freiheit ist. Sie verhungert, wenn man sie in einen goldenen Käfig steckt; ganz zu schweigen von den schimmelfeuchten Verliesen, in die man die Liebe gerne wie seine Kriegsbeute sperrt. Wer die Liebe zu seinem Besitz und seiner Beute macht, soll sich nicht wundern, wenn sein hungriger Zugriff die Beute zerdrückt.

Allerdings ist es kein Zufall, dass Freija die Geliebte Wotans ist. Wotan ist ein wehrhafter Mann. Er ist der Herr der frechen Winde und der wilden Jagd. Macht, Freiheit und Liebe sind im Vertrag, wenn sich Macht nicht als Käfig, sondern als Lanze der Freiheit versteht.

Liebe ist der gemeinsame Nenner von Freiheit, Frieden und Freude: Freude als Gefühl, Friede als Gesetz und Freiheit zur Dienerschaft für eigene Werte. Freiheit heißt auch, selbst keine Sklaven zu halten, weil man einen Sklaven nicht knechten kann, ohne dass man ihn zum Herren des eigenen Schattens macht. Der Herr beherrscht den Sklaven, aber der Sklave beherrscht die Seele des Herren...

Da der Text zum Thema "Freiheit" in der Zwischenzeit aber bedenklich abdriftet und sich schlimmer anhört als die flammende Predigt eines Nordstaatenpfarrers vor einem Haufen betrunkener Soldaten, und da es peinlich wäre, irgendwann einmal festzustellen, dass ausgerechnet die Thesen zum großen Menschheitsthema "Liebe und Freiheit" schon längst von einem pietistischen Eiferer des letzten Jahrhunderts verbreitet wurden - und es gab davon ja so unsäglich viele;

wer weiß, was die alles so sagten - deshalb also wenden wir uns jetzt schleunigst schärferen sprachlichen Genüssen zu. Wenn es nämlich etwas gibt, das mit tiefer Freude in uns lebt, dann ist es unsere freie Bosheit. Weg also vom stets verdächtigen Guten, hin zu Sünde, Laster und...

27. Verbrechen
Wer lebt, verbricht den Fortschritt.

Das Wort "Verbrechen" besteht aus der, bereits mehrfach in ihren expliziten Sinn, nämlich den des "Hinausführens-über", übersetzten Vorsilbe *"ver"* und dem Verb *"brechen"*. Die Vorsilbe bezeichnet eine Veränderung aus der Perspektive des Veränderten. Sie bezeichnet den Wechsel von hier nach da. "Ver" meint, dass etwas fort in die Ferne führt.

Das Verb "brechen" führt jedoch zunächst in gerader Linie auf die indogermanische Wurzel *"bhreg = brechen, krachen"* zurück. Schon der schiere Klang der Wörter "brechen" und "krachen" lässt, wenn man ihr "r" drohend auf der Zunge rollt, etwas Gewaltsames erahnen. Dieses Element der Gewalt ist in allen übrigen Abkömmlingen derselben Wortfamilie ebenfalls nachzuweisen. Zum Verb "brechen" gehören "die *Brache*", "der *Bruch*", "der *Brocken*", "die *Pracht*", *"prägen"*, "der *Brecher*", "das *Fragment*" und "die *Bresche*".

Folgende Gedankenspiele heben die latente Gewalttätigkeit, die in den genannten Vorstellungen rüde zum Ausdruck kommt, plastisch hervor:

Die Brache ist ein frisch umgepflügter Acker. Mittelhochdeutsch hieß "pflügen" noch "*brachen*". "*Brachland*" ist umgepflügt, aber nicht bestellt und liegt aufgebrochen da, ausgeliefert an die Launen von Wind und rauem Wetter. Um die Ackerkrume aufzubrechen bedurfte es der rohen Kraft der Ackergäule und scharfkantiger Pflugscharen. Der Pflug durchschneidet blind und rücksichtslos, was bis dahin im Boden friedlich zusammenlag.

Aus Stein*brüchen* werden mit Hammer und Meißel oder gar mit Dynamit gewaltige Gesteins*brocken* herausgesprengt. Da Steinbrüche von je her eine Atmosphäre der Gewalt enthielten, hat man dort schon im Altertum Ver*brecher* und Sklaven zur Arbeit gezwungen. Die Gewalt roher Aufseher sollte ihren Widerstand gegen das herrschende Gesetz zerbrechen. In den Steinbrüchen aus denen die Quader der gewaltigen Pyramiden stammten, starben die Versklavten meist früh einen gewaltsamen Tod.

Prachtentfaltung schamloser Art diente den Tyrannen, Despoten und religiösen Verblendern aller Jahrtausende schon immer dazu, das Aufbegehren der Untertanen im Keime zu ersticken, denn die Pracht der Herren lässt den Stolz der Diener in Ehrfurcht erstarren. Pracht dient der Abschreckung, sie lähmt und macht gefügig. Sie ist der glitzernde Schlagstock der Macht. Das Wort *"Pracht"* ist ein Vetter des *"Brechens"*. Pracht bricht den Selbstwert des Beherrschten. Wer die Pracht bewundert, läuft Gefahr für sie zu töten.

Ge*prägt* werden Münzen und Medaillen. Die Mechanik, die man braucht, um das Portrait des Königs in jungfräuliches Metall zu pressen, setzt auf Eisenwucht und rohe Gewalt. Darüber hinaus finden sich Macht und Gewalt auch im weiteren Umfeld des Prägens, denn das Recht gültiges Geld zu prägen, wird bis heute durch Gewalt erworben und durch Gewalt verteidigt. Geld, hinter dem die schwächere von zwei Mächten steht, wird wertlos, ungültig, oder sogar als Falschgeld bezeichnet. Wer das Recht hat, Geld als falsch zu bezeichnen, wer ungestraft entwerten kann, was dem anderen etwas gilt, der hat die Macht.

Als Kolumbus Amerika erreichte, suchte er zum Landgang bei Hispaniola eine Stelle aus, wo das Rollen der *Brecher* und die tobende Brandung seiner Nussschale nichts anhaben konnte. Brecher entstehen, wenn das Land den melodischen Schwung der Wellen gewaltsam von sich wirft. Welche Macht sich dabei in den Brechern offenbart kann man im November an den Stränden des Atlantiks sehen. Beim Versuch, die Dardanellen zu überqueren gab Xerxes Befehl, die Wellen auszupeitschen, um sie für ihr respektlos donnerndes Gelächter über seine Schiffe zu bestrafen. Die alten Griechen meinten, Gott Neptun sei in seiner Brandung wütend, weil das Land seiner Schwingung Grenzen setzt.

Fragmente sind zerbrochene Teile eines Ganzen. Wenn ein zerstrittenes Liebespaar sich wutentbrannt mit dem Hochzeitsgeschirr bewirft, entstehen Fragmente in großen Mengen. Zurückzuführen ist das Wort "Fragment" auf lateinisch *"frangere"*. "Frangere" heißt "zer*brech*en". Zum gleichen Wort gehören die *"Fraktur"*, die man reden kann oder sich beim Sturz vom Kirschbaum zuzieht, und der *"Refrain"*. Beim Refrain wird der Klang eines Liedes wie ein Echo von einer Bergwand zurück auf seinen Ursprung geworfen.

Um eine feindliche Burg zu erobern, schießt man in die Mauern des Gegners *tiefe Breschen*. Wer in die Bresche springt, versucht die ins Mauerwerk geschlagene Lücke zu verschließen. Wahre Helden tun das mit ihrem eigenen Leibe. Sie trotzen der Gewalt mit ihrem Leben

Aus dem, was bisher über die beiden Bestandteile des "Verbrechens" gesagt werden konnte, kann man schließen, dass im Grunde jede Tat ein Verbrechen im eigentlichen Sinne ist, die gewaltsam einen Widerstand durchbricht. Betrachtet man das Wort "verbrecherisch" mit nüchterner Neugier auf die Botschaft der Sprache und ohne moralischen Eifer, dann meint das Wort jeden Vorgang, bei dem etwas gewaltsam Grenzen durchbricht und so über das Gewesene hinausführt. Alles was ohne Konsens und durch die Entscheidung einer Macht geschieht, ist, was immer es sonst auch noch sein mag, verbrecherisch. Am Schnittpunkt der Entscheidung wird voneinander geschieden, wer der Täter und wer das Opfer des Gewaltstreichs ist.

Man kann diese These getrost so stehen lassen, ohne ein empörtes "So-kann-es-nicht-sein" zu rufen, wenn man sich mit der überraschenden Schlussfolgerung anfreundet, dass so betrachtet alle Menschen nebenbei Verbrecher sind.

Neu ist diese Behauptung nun wirklich nicht. Das Christentum spricht, seit man es kennt, von der unausweichlichen Erbsünde des Menschen. Die biblische Ursünde des Menschen bestand darin, dass er aus einem verordneten Paradies ausbrach, dessen Ordnung auf der Unterordnung des Teiles unter das Ganze beruhte. Das Verbrechen ist nun eine weltlich profane Form der Sünde. Das Verbrechen ist eine Sünde, die sich nicht am Heiligtum des Jenseitsewigen vergeht, sondern bloß - vergleichsweise "bloß" - ein Soll und Tabu hier und heute im vorläufigen Alltag verletzt. Solche Sollgrenzen und Tabuschwellen können der richtigen Entwicklung im Wege stehen und um die richtige Richtung zu halten, ist es durchaus legitim am Soll Verbrecher zu sein. Man hüte sich aber vor den falschen Verbrechen, vor denen, deren Richtung sich irrt. Man hüte sich, Grenzen zu brechen, wenn nicht das eigene Gewissen der Kompass ist, der die Richtung an der fatalen Hässlichkeit sinnloser Missetaten vorbei bestimmt.

Wenn die Sünde also Schicksal ist und die Welt kein friedlich ruhendes Bild, sondern ein ungeheures Bündel strudelnder Motive und wenn die Strudel auf ihrem Tanz im Fluss um das Wasser streiten, dann muss man im Bewusstsein seiner Sünde nicht gleich reuevoll im Staube kriechen. Auch der geborene Verbrecher kann aufrecht sein zwiespältiges Schicksal mit stolzer Haltung bestehen, wenn er demütig weiß, dass er seinem Schicksal nicht entwachsen kann, solange er auf das Jawort aller Welt zu seinem Werden wartet. Schlecht ist nur ein Verbrechen, das dem Opfer mehr schadet, als es dem Täter nützt.

Bemerkenswert ist, dass man das Wort "Verbrecher" unter seiner alltäglichen Bedeutung nicht für alle, sondern für eine besondere Gruppe von Mitmenschen verwendet, denen man nur auf dem Bildschirm als inszenierte Attrappen zu begegnen glaubt. Die wirklichen Verbrecher, so meint man brav, seien in dunklen Gassen auf der Flucht, sie säßen hinter Schloss und Riegel oder von privaten Schutztruppen bewacht in ihren Villen. Gewaltsam, das heißt Widerstände brechend, und dies ist ja das Wesen des Verbrechens, sind aber alle auf die eine oder andere Art. Der Staat proklamiert für sich sogar ein "Gewaltmonopol", als wolle er insgeheim und eifersüchtig das Verbrechen ganz alleine in sich selbst verkörpern. Dabei darf das Verbrechen doch nicht noch ein Privileg mehr derer da oben sein! Was im Staat als Verbrechen angeprangert wird, hängt davon ab, wer die meiste Macht hat, Widerstand zu brechen. Je nach Interessenlage der Machthaber, wird festgelegt, dass nur noch jene Gewalt als "böses" Verbrechen gilt, die der mächtigsten Instanz missfällt und sei diese auch laut Proklamation das "ganze Volk". Die Tätigkeit der Staatsgewalt selbst gilt überhaupt nicht mehr als verbrecherisch, sondern als eine segensreiche Wohltat, was sie manchmal auch ist. Im Grunde ist jedoch die Aufteilung der Verbrechen in die, die man verfolgt und die, derer man sich rühmt, ziemlich willkürlich. Was Wohltat und was Untat ist, ist meist eine Frage der Opportunität und der Lebenslage, in der man sich gerade befindet.

Was bloß ziemlich willkürlich ist und welche Willkür sich tatsächlich geziemt, lässt sich erahnen, wenn man die Verben *"ziemen"* und *"zähmen"* auf ihren Ursprung *"dem = fügen, bauen"* zurückführt und sich dann klar macht, dass griechisch *"demein = bauen"* mit *"despotes =* Hausherr und Herrscher" zusammenhängt.

Heute meint man, Hausherr des Staates sei das Volk, und es selbst habe bestimmt, dass sich die Willkür des Staates zieme. Faktisch ist aber nie das ganze Volk der Souverän der Macht, sondern bestenfalls die große Mehrheit. Wäre es anderes, könnte man die Insassen der Gefängnisse nicht mehr als volkszugehörig sehen, es sei denn man behauptet, die Knastbrüder hätten sich souverän nach Volkes Art selbst verurteilt und sühnedurstig eingesperrt. Soviel Einsicht ist aber selbst den reuigsten der Reuigen nur selten zuzutrauen.

Eine Glosse mit kabarettistischer Pointe kann hier Klarheit bringen:

Wäre Al Capone Finanzminister, wäre das Einsammeln von Schutzgeldern und Zwangsmaßnahmen gegen Widerspenstige völlig legal. Narbenede wäre kein Krimineller, sondern Staatsbeamter im Knetewesen mit Pensionsanspruch und gegen üble Nachrede geschützt durch den Beleidigungsparagraphen. Messerjohnny trüge eine grüne Uniform und wäre Mitglied der Gewerkschaft. Der Ballermann, den er trüge, hieße dann laut Vorschrift Dienstpistole. Solange der Staat seine Macht aber besser organisieren kann als das organisierte Verbrechen, gibt man sein Geld nicht der Mafia, sondern dem Finanzamt, damit sich dessen parlamentarische Verwalter gegen die Machtübernahme Al Capones wehren können. Im Gegenzug für das Geld, dass man ihm geben muss, schützt der Staat seine Steuerzahler dann vor denen, die man in gemütlicher Vereinfachung der Dinge "Verbrecher" nennt. Da haben wir aber noch mal Glück gehabt, denn die Verbrecher, vor denen der Staat seine Bürger in guten Zeiten beschützt, wären eine schlimmere Plage als er selbst. Nur in schlechten Zeiten ist es umgekehrt.

Wesentlich erscheint bei all den Betrachtungen, dass das Element des Verbrechens in der Menschenwelt nach Ansicht der Sprache nicht an bestimmten, gebrandmarkten Personen festzumachen ist, sondern dass das Menschsein allgemein die Verantwortung fürs Verbrechen mit sich bringt. Niemandem gelingt es gewaltfrei Mensch zu sein. Auch ein Pazifist versucht die Welt gegen den Willen seiner Gegner zu verändern. Mit überlegener Willenskraft will er deren Widerstand gegen seine Ideale brechen. Diese Sichtweise kann den Umgang mit den sogenannten "Verbrechern" lustvoll machen, denn sie befreit vom öden Sumpf der Moral. Beim Bestrafen könnte man ehrlich seine Macht erleben und uns bliebe die Empörung, diese verlogene Missgeburt geheuchelter Sittlichkeit, erspart.

Verbrecher sind aber nicht nur zur Bestrafung da und bessern - pfui - sollte man sie schon gar nicht. Viel besser ist es, von den Verbrechern zu lernen, was die Welt durch ihre Existenz zu verstehen gibt. An einer besonders wagemutigen Spezies von Verbrechern, den Piraten, lässt sich der Lehrstoff gut erläutern:

Das Wort *"Pirat"* geht auf das griechische Wort *"peiran* = versuchen, wagen, unternehmen" zurück. Dieses "peiran" entstammt der gleichbedeutenden indogermanischen Wurzel *"per-"*. *"Peira"* heißt griechisch die "Er*fahr*ung". Italienisch nennt man die Gefahr, wie der Bahnkunde weiß *"pericolo"*, denn es ist mama mia pericolo sporgersi aus dem Fenster. Zur selben Wortfamilie zählen althochdeutsch *"fara* = die Gefährdung" und englisch *"fear* = Furcht". An Fremdwörtern kennt man außerdem *"empirisch"*, eine Ableitung aus dem griechischen Wort *"peira"* sowie das *"Experiment"*. Ein Experiment ist ein Versuch, ein Wagnis und wagt man einmal eine wortwörtliche Übersetzung, dann heißt "Experiment" "Aus-der-Gefahr-heraus".

Das Wesen der Piraterie ist also gar nichts so Anrüchiges, als dass man sich nur heimlich beim Lesen einschlägiger Romane damit identifizieren könnte. Piraterie ist Wagnis, das Unternehmen und der Versuch, aus der Gefahr heraus Schätze zu sammeln. Beim Romanpiraten besteht der Schatz aus einer Kiste voller Gold, die auf einer Tropeninsel im Rumrausch vergraben wird. Die Insel ist auf den gängigen Seekarten so wenig verzeichnet, wie die Seele des Seeräubers selbst. dass die Schatzkiste mit dem Gold aber nur Symbol ist, verrät der Wortsinn des Begriffes "Pirat". Mit Gold hat das Wort nichts zu tun, wohl aber mit "Erfahrung". Was ein Pirat in der Gefahr seines Wagnisses wirklich sammelt ist folglich ein Erfahrungsschatz. Ähnlich wie ein Wissenschaftler durch Experimente empirische Kenntnisse sammelt, begibt sich der Pirat in Gefahr, damit sein Schatz darin wachse. Sein Labor ist das Leben selbst und das Leben, das der Pirat bei seinen Versuchen riskiert ist nicht nur das hilfloser Kaninchen, sondern auch sein eigenes. Ehrgeizige Wissenschaftler sind eigentlich Schmalspurpiraten; ihre Schatzinsel liegt nicht in der Brandung der Seele, sondern im Patentamt.

Warum gibt es so wenig Piraten und Verbrecher und so viele, die sich nach einem Arbeitstag an den Geschichten über echte und erfundene Verbrechen ergötzen? Wenn wir es nicht sowieso schon erahnten, würde uns die Sprache auf die Sprünge helfen. Das englische Wort "the *fear* = die Furcht" spricht klare Worte. Es gehört wie das mittelniederdeutsche *"vare* = Gefahr, Furcht" zum Wortstamm *"per-"*, dem auch der *"Pirat"* entspringt. Furcht ist die Seelenschwester von Gefahr und Wagnis. Die Lust am zur Schau gestellten Verbrechen ist ein Signal des Hungers nach echter Erfahrung. Wäre die Furcht nicht so übergroß, würde man sich über die engen Grenzen des angepassten Seins hinaus verbrechen. Man spürt nämlich wenig, wenn man sich nicht der Versuchung hingibt, Verbrecher vor dem Zeigefinger seiner bürgerlichen Seele zu sein. Deshalb sucht man nach der prickelnden Sensation einer Bluttat; in irgend einem Medium, das man per Knopfdruck beherrscht und das man zwischen sich und seine gefährlichen Wünsche schaltet. *"Sensation"* gehört zu *"sentire* = fühlen, empfinden". In Wirklichkeit will man sein Blut in Taten verwandeln. Ein Bluttäter spürt, dass er tut, was er in den Adern hat. Er will in die Gefahr, um darin aufzugehen. Was man aber angstvoll in sich besitzt, will dabei nicht untergehen, und es hält einen fest im Sessel.

28. **Erziehung**
   Erziehung ist Missbrauch.

Das Präfix *"er"* ist eine sprachliche Variante der Vorsilbe *"ur"*. "Ur" bedeutet ursprünglich "heraus, hervor" und kündigt daher an, dass ein sekundäres Phänomen aus einem primären "hervorkommt". Das eine wird durch Verwandlung zum anderen. Bei genauem Hinhören erkennt man, dass die mit "er" gekennzeichneten Vorgänge zweckdienlich sind. Sie bezwecken sich aber nicht selbst, sie dienen nicht der eigenen Sache, sondern sind jenen Zwecken untergeordnet, die die Vorgänge des Zu-etwas-anderem-Werdens im eigenen Interesse egozentrisch bewirken. Dieser dürren These soll zunächst durch die Beleuchtung exemplarischer Begriffe und zwar der Wörter "*Er*bauung", "*er*bost", "*Er*klärung" und "*Er*pressung" mehr Lebenskraft eingeflößt werden.

Bauwerke werden aus Holz und Steinen gebaut. Aus einem ursprünglichen Haufen Rohmaterial werden dabei komplexe Gebäude erbaut. Nichts wird nur um seiner eigenen Erbauung Willen erbaut und schon gar nicht, damit es dem Rohmaterial diene. Die Bauwerke dienen vielmehr Wohn-, Gewerbe-, Kult- oder Vergnügungszwecken und diese Zwecke dienen dann den Hausbenutzern. Die Erbauung der Bauwerke dient also den Erbauern und nicht den erbauten Gebäuden.
   Kultivierten Hausbesitzern reicht ein nackter Zweckbau nicht. Sie schmücken die Gebäude daher mit Kunstwerken, um daran ihre Seelen zu erbauen. Die Kunstwerke selbst sind dabei nur Mittel zum

Zweck. In der Kunst geht es nicht wirklich um die Werke, sondern darum, was sie Erbauliches im Betrachter bewirken.

Reagiert man auf Forderungen der Umwelt erbost, dann nicht nur aus Freude am bebenden Gefühl. Den missliebigen Reiz der Forderung verwandelt man in den boshaften Affekt, damit die dann bebende Bosheit die frechen Forderer verschreckt. Der Erboste ist ein Täter, der in der überfordernden Situation Bosheit macht, damit diese dem Zweck dient, ihn zu beschützen.

Man beachte hier die ähnliche Wortstruktur von *"Affekt"* und *"Konfekt"*. Obwohl beide fremden Zwecken dienen, der eine der Abschreckung frecher Forderer, das andere der Versüßung des Alltags, kündigt die Silbe *"-fekt"* in jedem Wort schon an, dass beide zwar weiterem Machen dienen, in sich jedoch bereits *"Fakt"*, das heißt "Gemachte" sind. Der Affekt ist also Resultat dessen, was zu ihm gemacht wurde. Von seinen Affekten mag man überrascht sein, und doch schmiedet man sie hinter dem eigenen Rücken selbst.

Mit Hilfe der vier konkreten Beispiele, die hier ausgewählt sind, soll die Bedeutung der Silbe "er-" erklärt werden. Die durch die Erklärung erzielte Klarheit hat egozentrische Motive. Die Erklärung dient nicht dem Erklärten. Sie dient dem, der sich damit den Sinn klarmacht und nicht den erklärenden Gedanken selbst. Die erklärenden Gedanken werden vom Nutznießer nur benutzt. Die Erklärung ist Mittel zum Zweck.

Noch besser erklärt sich das "er-" am Begriff "erpressen". Die Erpressung geschieht nicht um ihrer selbst Willen oder gar ihrem Opfer zu Liebe. Der Erpresser erpresst, weil es ihm um den eigenen Vorteil geht. Der Erpresser presst aus seinem Opfer Geld heraus, indem er ihm alternativ einen schlimmeren Schaden androht. Für den Erpresser ist der Erpresste und die Erpressung nur Werkzeug zum Erreichen seiner Ziele. Bis auf den begehrten Saft ist die Zitrone für ihn uninteressant.

Beispiele ähnlicher Art findet man zuhauf, wenn man sich nur die zahlreichen Verben in Erinnerung ruft, die im Deutschen mit der Vorsilbe "er-" beginnen.

Obwohl jedoch keiner meint, dass die Erpressung dem Erpressten, die Erbauung dem Gebäude oder die Erklärung dem erklärten Sachverhalt dient, wird unbeirrbar geglaubt, dass es bei der "Erziehung" um die Interessen des Erzogenen geht. In Wirklichkeit ist aber Erziehung die Verzerrung der Erzogenen im Interesse der Erzieher, die dann sogar meinen, dass ihnen der Zögling dafür dankbar sein müsse.

Im Kapitel über die "Meinung" fand sich eine Verbindung zwischen *"ziehen"* und *"überzeugen"*. Hier soll nun der Wortsinn des Ziehens vertieft untersucht und die besonderen Implikationen aufgezeigt werden, die sich daraus für das Verständnis der "Erziehung" ergibt.

Nach bewährter Methode schauen wir uns dazu in der näheren Verwandtschaft des Wortes *"ziehen"* um. Man kann getrost annehmen, dass die jeweiligen Sinnkristalle, die den einzelnen Begriffen ihre individuelle Farbschattierung geben, das Licht in geeigneter Weise brechen, damit die sonst ziemlich verborgene Anatomie der Erziehung einleuchtet.

Zu *"ziehen"* gehören der *"Zeuge"*, die *"Überzeugung"*, der *"Zug"*, der *"Zögling"*, die *"Zucht"* und die *"Züchtigung"*, der *"Zügel"* und das *"Zaumzeug"* gleich in doppelter Weise.

Darüber hinaus findet man einen wichtigen Sippenzweig, der dem lateinischen Wort *"ducere = ziehen, führen"* entspringt. Hier sind Wörter wie *"Dukaten"*, *"Dusche"*, *"reduzieren"* und das *"Produkt"* einzuordnen.

Der Zeuge wird vom Gericht zur Aussage herangezogen. Nach heutiger Rechtsprechung kann man sich der Zeugenaussage nicht einfach entziehen, es sei denn, man steht mit dem Angeklagten in familiärer Beziehung. Engen Bezugspersonen des Angeklagten wird die Verweigerung belastender Aussagen verziehen, weil man davon ausgeht, dass ihre Nähe zum Angeklagten ihre Loyalität legitimerweise auf dessen Seite zieht.

Auch das Wort *"Zeugnis"* zeugt von der Idee des *"Ziehens* vor den Richterstuhl". So mancher Schüler erlebt die jährliche Verteilung der Zeugnisse so als höre er sein Urteil vor Gericht. Die Beziehung zwischen Lehrern und Schülern wird nie so eng, dass es sich ein Lehrer erlauben könnte, der Schule das Zeugnis über einen Schüler zu verweigern.

Das ziehende Element des Zuges ist in allen seinen verschiedenen Bedeutungen offensichtlich, egal ob es sich dabei um einen geschickten Schachzug handelt, ob es der Luftzug in einem zugigen Bahnhofsgebäude ist oder der Zug, mit dem man den zugigen Bahnhof in Richtung Sankt Peter Ording verlässt. Das gleiche Element beim "Feldzug", beim "Protestzug" und beim "Umzug" zu sehen ist leicht. Für schwere Lasten braucht man einen Flaschenzug.

Viel mit dem *"ziehen"* hat anscheinend der Pferdesport zu tun. Die Pferde entstammen einer Zucht. Wildpferde gibt es nur noch in fernen Reservaten. Das wilde Tier, das für sich und die Schönheit der Schöpfung lebt, ist weitgehend ausgerottet. Überlebt haben jene Rassen, die sich durch Züchtung den Wünschen und Bedürfnissen ihrer menschlichen Herren anpassen ließen. Doch damit sind die sinnreichen Anklänge des Begriffes "ziehen" in der Koppel und im Pferdestall noch nicht zu Ende. Weder Zucht noch Zuckerbrot können den Pferden ihren Instinkt zur freien Steppe ganz aus dem Blute treiben. Deshalb braucht der Reiter Zügel und Zaumzeug, um das Tier zu lenken und sein Ungestüm in Zaum zu halten. Gleich dreimal meldet sich hier das ursprüngliche Ziehen. Sowohl *"Zügel"*, als auch *"Zaum"* und *"Zeug"* gehen auf die indogermanische Wurzel *"deuk-* = ziehen" zurück.

Zügel und Zaumzeug sind unverzichtbar für die Pferdedressur. Der Begriff *"dressieren"* ist ein Lehnwort aus dem französischen und geht auf den lateinischen Ursprung *"disregere"* zurück. Dieses "disregere" besteht aus den beiden Teilen *"dis* = entzwei", urverwandt mit der deutschen Vorsilbe *"zer-"*, und dem Verb *"regere"*. "Regere" heißt "geraderichten, lenken, herrschen" und ist der Urvater des Wortes *"Regierung"*.

Im Wort "disregere" und damit auch bei der *"Dressur"* fließen die Vorstellungen des Herrschens und der Entzweiung zusammen. *"Disregere"* heißt "zerherrschen". Das dressierte Tier wird nicht nur vom Willen des Dresseurs beherrscht, sondern damit auch noch von seinem eigentlichen Wesen entzweit. Diese Entzweiung, benannt mit der Silbe "dis", entsteht, weil der natürliche Verhaltensimpuls des Pferdes nicht nur momentan, im Moment des bezwingenden Willensaktes des Reiters nämlich, durch ein fremdes Muster ersetzt wird, sondern, weil das andressierte Muster später bereits anspringt, sobald es der Reiter vom Pferd durch ein Zeichen verlangt. Einer Machtprobe des Willens zwischen Reiter und Pferd bedarf es dann nicht mehr. Im Pferd liegt abrufbar, neben seiner natürlichen Seinsart, als zweite Seinsart ein fremdbestimmtes Muster vor. Das Pferd ist von seinem spontanen Sein entzweit. Je geschmeidiger und widerstandsloser sich das Tier dann verschraubten, seiner Natur fremden Bewegungsmustern unterwirft, desto lauter ist der Applaus für den Reiter. Der Seinszweck dieser drolligen Pirouetten der bezähmten Natur findet sich außerhalb des Tieres. Sie dienen der Zufriedenheit des Züchters und dessen, der an den Zügeln zieht.

Als wolle sich die Wirklichkeit über die Menschen amüsieren, hätte ein neutraler Beobachter vom Mars Schwierigkeiten zu entscheiden, wer denn eigentlich der Dressierte ist. Ist es das Pferd, das sich für Zuckerstück und Haferstroh von seinem Wesen abbringen lässt, oder ist es der Reiter, den die Aussicht auf Medaillen und Applaus so besticht, dass er, als sei sein Blick durch dicke Scheuklappen eingeengt, sich so viel Mühe gibt, einem Tier den Pferdefoxtrott beizubringen? Im Mittelpunkt der Szene ist nicht der Reiter, eher schon sein Wunsch vom Publikum gelobt zu sein. Im Grunde applaudiert das Publikum jedoch sich selbst. Im Applaus beklatscht es die Macht seiner Lust auf Zerstreuung.

Nach dieser ausgiebigen Betrachtung der Zusammenhänge von Zucht, Zaumzeug und Zügel, diesen Zöglingen des *"Ziehens"*, und der Dressur, findet man unter den Abkömmlingen des lateinischen *"ducere"* weitere Sinnverweise. "Ducere", so erinnert man sich, heißt "führen, herrschen" und stammt wie "ziehen" aus der indogermanischen Urwurzel *"deuk-"*.

In Anbetracht dieser etymologischen Zusammenhänge verwundert es nicht, dass zu Zeiten des Faschismus der "Führer" und der *"Duce"* bei ihren Feldzügen gemeinsam an einem Strang zogen.

Macht und Geld machten schon immer gerne gemeinsame Sache. So hießen die deutschen Münzen früherer Jahrhunderte *"Dukaten"*, eine Bezeichnung, die zu lateinisch "dux = der Führer" in enger Verbindung stand. Das Wort *"dux"* findet sich auch im zweiten Teil des Adelstitels "Her*zog*" wieder. Ein Herzog ist ein "Heerführer".

Weniger martialisch kommt der Sinngehalt des *"ducere"* in den Wörtern *"reduzieren"* und *"produzieren"* vor. Ein Produkt ist, was in anschaulichem Sinnbild am Ende des Herstellungsprozesses aus der Werkshalle gezogen wird. Im übertragenen Sinn ist es das Extrakt der Produktion. Wird wegen konjunktureller Absatzschwierigkeiten die Produktion reduziert, dann meint der Begriff "reduzieren" ein "Zurückziehen" ehrgeiziger Expansionspläne.

Noch weniger martialisch geht es des Morgens zu, wenn der Kreislauf noch darniederliegt. Dann tappst man verschlafen erst einmal zur Dusche und spült sich Morpheus` müde Spuren von der Haut. Das

Wort *"Dusche"* stammt ebenfalls von *"ducere"*. Die ursprüngliche Idee dabei sah, wie die Leitung das Wasser zum sprotzenden Duschkopf führt.

Nach der Untersuchung der vielseitigen Wechselbeziehungen zwischen den benannten Sippenmitgliedern des indogermanischen Urwortes *"deuk"* soll jetzt das explizite Thema dieses Kapitels wieder aufgegriffen und in verhärtetem Zorn eine vertiefte anatomische Beschreibung des Wesens der Erziehung versucht werden.

Offensichtlich dient die Erziehung Zwecken, und ebenso offensichtlich setzen bei der Erziehung Kräfte von außen am Zögling an, die dessen Entwicklung in eine Richtung lenken sollen, die sie ohne diesen Eingriff nicht hätte. Dabei ist der Kontakt zwischen Erzieher und Erzogenem in der jeweiligen Gegenwart, in der er stattfindet, kein Wert an sich, sondern Mittel zum Zweck, da Erziehung immer zu zukünftigen Zielen zieht. Der Kontakt vermittelt lediglich das Erziehungsziel und die Kraft, die dorthin zwingt.

Die Begegnung von Kind und Erzieher ist kein Ort, wo zwei zusammen sind und das Sein ein freies Zwischen fände, in dem das Wort die Stille nicht vertreibt. Wo erzogen wird, sind keine zwei beieinander, sondern der eine ist über dem anderen und beide sind einsam.

Erziehung entwertet. Jeder Mensch ist ein Sosein in einer Gegenwart. Die Ausrichtung des konkreten Seins auf eine Zukunft, die von einem anderen, nämlich dem Erzieher entworfen wurde, ordnet das Sein hierarchisch einem fremden Zukunftsplan unter. Erziehung erzieht daher immer zur Unterordnung. Jede Erziehung versucht zu unterwerfen und zu erobern. Erziehung will Knechtschaft.

Gewiss, der Mensch ist ein Sosein in einer Gegenwart und dieses Sosein hat eine zeitlich ausgerichtete Struktur. Nicht jede Ausrichtung auf eine Zukunft entwertet deshalb lebendiges Sein zu einem Werkzeug willkürlicher Zukunftspläne. Nur wenn die Ausrichtung fremdbestimmt ist und dem Wesen der Gegenwart nicht entspricht ist es so. Ein Beispiel kann den Unterschied beleuchten:

Man schreibt einen Text auch in Ausrichtung auf die Zukunft hin, nämlich, dass er fertig und hoffentlich gelesen wird. Trotzdem Missbraucht man sein tatsächliches Sein in dieser Gegenwart nicht als Mittel für ferne Zwecke, solange das Schreiben stets in der Gegenwart den Wert authentischer Lebendigkeit behält. Das heißt, solange man beim Schreiben seinen Spaß hat und die Arbeit inhaltlich interessiert, ist man dabei (=Interesse) und damit dort wo man existentiell ist. Wenn man existentiell bei sich ist, ist man durch nichts Missbraucht. So bleibt das Sein auf eine Zukunft orientiert, ohne dass damit die Gegenwart entwertet wäre. In dem was man schreibt entspricht man dem Wunsch, in der Gegenwart zu sein. Es kann dabei durchaus sein, dass es beim Schreiben mühsam wird und man bei der Suche nach der richtigen Wendung den Spaß fast verliert. Dann bleibt man bei sich, wenn man der ist, der die Mühe meistert und sich ihr nicht bloß unterzieht.

Anders ist es bei der Erziehung. Sie zieht den Menschen aus der Bahn seines authentischen Seins heraus, denn hätte man ein Interesse am Ziel der Erziehung, bräuchte man nicht erst dazu erzogen zu werden. Man erreichte sein Ziel ohne Eingriff von außen. Der natürliche Wille gäbe die Richtung vor. Da der natürlicher Wille aber in Wirklichkeit woanders hin will, ist Erziehung eine Unterwerfung der Gegenwart unter die Willkür eines Erziehungssolls und damit ist sie entwertend.

Parallel zur Entwertung des Seins des Erzogenen findet eine Entwertung des zwischenmenschlichen Kontaktes statt. Wenn der Kontakt kein selbsttragender Wert in sich ist, sondern Erziehungszielen dient, die einem Machtgefälle folgen, gerät das Miteinandersein in Misskredit und wird zu Recht mit Misstrauen aufgeladen. Der Erzogene fühlt sich in den Augen seines Gegenübers zu einer erziehbaren und formbaren Masse entwürdigt. Er erlebt, dass die, die er lieben wird, sein geborenes Sosein nicht als so wertvoll erachten, als dass man es so nehmen könnte, wie es vorgegeben ist. Wäre es so, würde doch kein wohlerzogenes Gegenmodell zur Wirklichkeit durchgesetzt. Wer erzogen wurde, wird daher immer darum kämpfen müssen, etwas wert zu sein.

Da man dem Zugriff selbsternannter Erzieher am Anfang ausgeliefert ist, entsteht als erste Folge der Erziehung ein Riß, der Liebe in Sehnsucht, Angst und Hass zerreißt. Da die erste Beziehung die zu den Erziehern und da Erziehung ihrem Wesen nach gewaltsam ist, ist das Modell, nach dem sich Bezogensein später richtet mit einer schlimmen Hypothek belastet. Jeder weiß danach, dass Kontakt die Gelegenheit zum Machtmissbrauch ist. Da der offene Gebrauch von Macht unter Wohlerzogen etwas unschicklich wirkt, ist der zwischenmenschliche Missbrauch abgedrängt und versteckt ins Manipulative. wie viel Misstrauen und Manipulation in normalen Begegnungen ist, merkt man kaum; so tief sitzt das Gift in der Seele und heucheln kann man um so besser, je besser man erzogen ist.

Jegliche Art von Erziehung bedingt Hass, Angst, Unterwerfung und Wertverlust. Je mehr Erziehung stattfindet, desto schwieriger ist es, gesund zu bleiben, egal ob es sich um autoritäre, antiautoritäre oder um sonst eine Art von Erziehung handelt. Erziehung spaltet ihrem Wesen nach den Erzogenen in einen verurteilten, missachteten und einen gehätschelten, bestochenen Teil. Wer seine Erziehung nicht abschütteln kann, bleibt daher bestechlich, verführbar, verachtend und voller Vorurteile.

Die sogenannte antiautoritäre Erziehung rühmt sich zwar besonderer Freiheitsliebe, sie ist aber verlogen und manipulativ. Auch der antiautoritäre Erzieher will im Grunde das Wesen des Kindes beherrschen. Statt direkter Gewalt benutzt er dazu Anbiederung, Libertinage und Kumpanei. Er macht seine Lahmheit zur Tugend und hofft, wenn er dem Kind keinen Widerstand bietet, dann wird das Kind auch keinen Widerstand bieten, wenn sein freundlicher Erzieher wie ranzige Butter in seine Seele zu sickern versucht.

Ein Rückgriff auf oben schon erwähnte Verwandte des "Erziehens" verleiht der Hand neuen Schwung, um der Erziehung ihre freundlich lächelnde Maske endgültig vom tumben Gesicht zu reißen.

Von der Erziehung berichtet das Wort *"ducere"*. Erziehung reduziert den Erzogenen zum Produkt. Produkte werden an ihrer Nützlichkeit gemessen. Produkte sind dinglich. In Analogie dazu entstammt auch das Wort *"Zeug"*, wie das *"Ziehen"* in "Erziehung" der Urwurzel *"deuk-"*. Erziehung vermindert grundsätzlich die unvorhersehbare Subjektivität eines menschlichen Seins in Richtung der berechenbaren Armut eines Gegenstandes.

Wie bei der Pferdedressur geht es um Fragen der Herrschaft. Wer darf wen bezwingen? Ebenso um Fragen der Herrschaft ging es dem "Führer" und dem *"Duce"*. Alle totalitären Systeme bemächtigen sich daher verräterisch der Erziehung ihrer Jugend.

"Herrschen" heißt lateinisch *"regere"*. Dieses Wort erläutert in einer zweiten Bedeutung, was der Herrschaft zu Grunde liegt. *"Regere"* heißt "geraderichten". Gemeint ist damit das Aus- und Abrichten auf ein Ziel hin. Wem es gelingt, die individuell verschiedenen Bewegungsrichtungen in einer Gemeinschaft "geradeaus zu richten" gelangt zur Herrschaft. Logischerweise berufen sich die Diktatoren des Jahrhunderts gerne auf "Bewegungen". Alle gaben vor "Bewegung" zu sein, obwohl sie tatsächliche Bewegung fürchten. Deshalb bemächtigen sie sich der Beweglichkeit und reduzieren sie auf Marschkolonnen. Die Bündelung der Vielfalt des Augenblicks auf ein homogenes Ziel in der Zukunft hin, stand auch bei der Taufe des Faschismus Pate. Das Wort kommt von italienisch "fascio = das Bündel".

Zwischen Erziehung und Faschismus, sei er nun rot oder braun, besteht eine tiefe Wesensverwandtschaft. Beide propagieren eine einheitliche Bündelung gegenwärtiger Impulse unter das Diktat von zukünftigen Werten. Allen Sklavenstaaten geht die Erziehung ihrer Kinder voraus.

29. Nachricht
Wissen formt und richtet aus.

Mit Gutenbergs Erfindung der Buchdruckerei setzte eine durchgreifende Umwälzung menschlicher Gesellschaften ein. Bis dahin musste jeder Buchstabe und die Kopie eines jeden Buches von Hand geschrieben werden. Die Mönche, die sich in den Skriptorien ihrer Klöster damit plagten, waren nach ein paar Büchern alt, ausgelaugt und buckelig, ihre Finger schmerzhaft und krumm. Mit der Druckerpresse wurde die Verbreitung der Texte wesentlich erleichtert. Während man mit der linken Hand lässig den Hebel betätigte, konnte man sich mit der befreiten Rechten wieder die Flöhe vom Schädel kratzen, ohne dass einen der Abt dafür des Müßiggangs scholt.

Solange man aber zur Vervielfältigung der Schriften grobe Mechanik und Papier brauchte, rutschte die Lawine der Veränderungen eher träge die noch jungfräulichen Pisten der gesellschaftlichen Dynamik hinab. Seitdem die Druckerpressen jedoch elektrisch angetrieben werden und erst recht seit man zur Verbreitung der Texte kein Papier mehr braucht, prasselt durch alle Kanäle der Medien eine unübersehbare Flut von Informationen auf die verwirrte Menschheit nieder.

Geblendet von der Springflut neuer Informationsmöglichkeiten übersieht man dabei leicht die eigentliche Bedeutung der Begriffe selbst. Was sind "Nachricht" und "Information" bereits vor den Inhalten, die sie überbringen?

In Kenntnis der neuesten Nachrichten weiß der Informierte nicht, was ihm geschieht. Er ist informiert ohne noch klar zu wissen, wonach er sich richten soll. Solange der Informierte aber nicht weiß, was die Flut des Wissenswerten mit ihren ahnungslosen Kennern macht, wird er von ihr fortgespült wie eine Nussschale vom Sturzbach. Der Intellektuelle weiß nicht, was sein Wissen mit ihm macht. Am Kopf treibt er weg, ohne dass seine Füße den Boden berührten.

Um im bewussten Geiste die Wesensgestalt des Begriffes "Nachricht" zu formieren, gehen wir den sprachlichen Spuren nach, die in beiden Wörtern seit den Anfängen vorgeschichtlicher Nachrichtenübertragung bewahrt geblieben sind.

Nachrichten gab es schon zu übertragen, als der Mensch seine Jagdbeute noch mit Steinsplittern zerteilte und sich vor dem Essen nicht die Hände wusch. War damals der Urmensch Homo Erectus beim Streifgang durchs Gebüsch auf eine frische Schwarzwildfährte gestoßen, eilte er zu seinem Lagerplatz vor der großen Kalksteinhöhle und benachrichtigte hektisch gestikulierend und durch Artikulation von Grunz- und Schmatzlauten seine hungrige Sippe.

Dieses Wort *"benachrichtigten"* setzt sich aus drei Teilen zusammen. Der erste, die Vorsilbe *"be-"* ist schon bekannt. "Be-" gibt eine Richtung an, in diesem Falle die Richtung eines "Versehens-mit". Hier benennt "be-" den Vorgang, dass der fährtenkundige Urmensch seine Sippe mit der frohen Kunde von der Wildschweinspur versieht.

Der zweite Bestandteil der "Benachrichtigung" ist die Silbe *"nach"*. "Nach" ist ein Abkömmling des germanischen Adverbs *"nahe"* und gibt entweder ein zeitliches Nacheinander an oder die Richtung eines Vorganges, der durch sein Vorangehen eine örtliche Nähe erzeugt. So benutzt man das Wort sowohl in Aussagen wie:

"Nach der Arbeit kommt das Vergnügen",
als auch
"Wir fahren nach Amerika".

Im ersten Satz verweist der Ursprung des Wortes "nach" auf die Nähe des Zusammenhangs zwischen Arbeit und Vergnügen, der über die rein zeitliche Abfolge hinausreicht. Gearbeitet wird, um vergnügt zu sein. Der Sinn der Arbeit zielt auf den Genuss des Lebens. Durch Arbeit versucht man sich dem Vergnügen näher zu bringen. Daran hat sich Arbeit zu messen. Eine Arbeit, die sich überheblich breitmacht und meint, LebensGenuss sei Gott etwas Ungefälliges, das, wenn nicht ganz abgeschafft, zumindest im zweiten Rang warten müsse, bis sich die Arbeit selbst mit zitronensaurem Ernst soviel Zeit genommen hat, dass für das Vergnügen nur noch wenig übrigbleibt, eine solche Arbeit ist entartet und wird bloß schaden. Weil der Hauptstrom des heute gemeinsamen Credos zuallererst achtet, was einen messbaren Profit erbringt - seien es nun Wälder, Milchkühe, Investitionen, Konten oder man selbst - leben wir unter der Seldschukendynastie des Leistungsdrucks. Die calvinistische Arbeitsmoral hat ihre rechtmäßige Herrin, die heiter vergnügliche Ethik des genüsslichen Lebens, längst von ihrem Thron gestürzt. Den größten Teil ihrer Macht hat sie sich nicht verdient, sondern gestohlen. Insofern ist Arbeit sogar Diebstahl, und um den unverdienten Diebstahl zu vertuschen, gibt die Diebin vor, ihren Opfern besonders dienlich zu sein. Dabei kann sie durchaus schaden. Blind zerstört Arbeitswut die Lebenslust.

Doch zurück zum Thema *"Nachricht"*, *"Nähe"* und *"nach"*.

Im zweiten Beispielsatz, dem über die Fahrt nach Amerika, zeigt das Wort "nach" an, dass die Fahrt den Reisenden immer näher zum Kontinent Amerika bringt. Nach einer Fahrt in die richtige Richtung liegt Amerika für die ungeduldigen Passagiere auf der Reeling zum Greifen nahe. Über dem Horizont sieht man schon die Türme von Manhattan. Der Wind trägt Stadtgeruch und Fetzen schriller Jazzmusik heran. It`s so cool, man!

Im dritten Bestandteil des Wortes *"benachrichtigen"* wird das Thema *"Richtung"*, das in der beiden ersten schon implizit anklang, explizit benannt. Bei der "Nachricht" geht es um die Richtung, die sie gibt.

Im Falle des Begriffes "Nachricht" klingen also verschiedene Sinnfacetten des Wortes *"nach"* zu aufmerksamen Ohren durch. Zum einen richtet man sich zeitlich nach Erhalt der Nachricht neu aus. Zum anderen geschieht diese Ausrichtung auf ein Ziel hin und erzeugt so eine Annäherung der ausgerichteten Aufmerksamkeit an das neu angepeilte Ziel.

Im eigentlichen Sinne sind Nachrichten also nichts, was man als passiver Leser und Kunde elektronischer Medien verkonsumiert, verdaut und vergisst, sondern Nachrichten sind abstrahierte Muster, Landkarten der Wirklichkeit, nach denen man sich ausrichtet. Dieses eigentliche Wesen der Nachricht zeigt sich nackt und deutlich beim Bienentanz. Die Kerninformation, die die tanzende Biene den übrigen vermittelt, beinhaltet die Flugrichtung zur Honigweide.

Bereichert wird das Bild des "Nachrichtens", wenn man sich den Gehalt des Wortes *"Information"* betrachtet. "Information" heißt ins Deutsche übersetzt "die *Einformung*". Die Informationen formen die Gestalt des Informierten. Informationen verändern so die Haltung und Ausrichtung, mit der man der Welt begegnet. Informationen sind Schnittmuster, an denen sich geistige Wesen bei ihrer Verwirklichung in die Welt orientieren.

Die Tatsache, dass man durch die Informationen, die man erhält, in seinem Wesen geformt wird, macht einen wachen Umgang damit ratsam. Wer die Macht hat, uns zu informieren, hat die Macht uns zu formen. Er bestimmt mit, welche Meinung wir uns bilden (und, welche Meinung uns wie bildet) und wohin wir unsere so geformte Meinung richten. Man sollte deshalb mit Informationen und Nachrichten jedweder Art nicht so umgehen, als seien sie uns im Grunde wesensfremd. Man ist nicht hier und die Nachricht ist dort und dann erst hört man von ihr, als sei man ein Stein, der sich von Bits und Schallwellen kitzeln ließe, sondern die Nachricht richtet den aus, der sie kennt, und die Information ist eine Abstraktion seiner inneren Form. Nachrichten und Informationen enthalten in ihrem Gefüge Quanten lebendiger Seele. Spricht man jemanden an, dann überträgt man auf ihn eine Abstraktion der momentanen Form seines Wesens.

Niemand kann etwas wissen, ohne dass ihn dieses Wissen formt. Alles, wovon man Kenntnis erhält, hinterlässt eine Spur. Man ist die Resonanz im Gefüge seines Wissens. Unser Inhalt besteht aus der reinen Form.

Schleicht die hungrige Urmenschenhorde, vom Fährtensucher über die Sauen informiert, durchs Dickicht, formt sich der Binnenraum ihres Geistes nach den Gesetzen des Pirschens und der Ahnung des Bratengeschmacks auf den sabbernden Zungen. Der Koch der Horde sammelt beim Pirschen schon frische Kräuter, weil seine Seele in sich den Fettrand der Beute mit Rosmarin und wildem Salbei vermählt. Hebt einer der Jäger den Blick in den Himmel und sieht dort einen Regenbogen, und informiert er begeistert von der bunten Pracht die an der Bratenfährte klebenden Gefährten, dann verformt sich das Muster ihrer Aufmerksamkeit. Es richtet sich nach oben zur höheren Transzendenz, während die glücklichen Sauen, von der Schönheit des Himmels gerettet, grunzend entkommen.

Wird beim Thema "Informationsaustausch" das Wesen des Begriffes "Information" im Sinne der "Einformung" verstanden, dann ist das Sprechen eine Form des sozialen Ringens um Einfluss, Eindruck, Ausdruck und Macht.

Jeder kennt Situationen, in denen man den Widerspruch gegen eine unzuträgliche Meinung nicht wagt, obwohl das Gewissen mit zornigen Bissen ein Bekenntnis erzwingen will. Solche Momente sind schmerzlich brisant, weil man das Bekenntnis nicht wagt, mit dem man sich gegen den Eindruck behauptet, man sei mit der fragwürdigen Meinung einverstanden. Das Sprichwort sagt: Wer schweigt, stimmt zu. Im Machtkampf zwischen Eindruck und Ausdruck hat dann der Ausdruck ein Scharmützel verloren. Dem Verlierer wird eng in der Brust, weil er sich für den Eindruck entschieden hat. Wer den Eindruck zu wichtig nimmt, wird davon eingedrückt.

Weil Nachricht, Information und die Fragmente des Wissens uns nicht nur so erreichen, als sei der Kopf ein Datenspeicher, der losgelöst von uns mit den Daten Puzzle spielt, sondern weil im Austausch von Meinung, Sichtweise, Glaubensinhalt und Theorie auch um die Form des Daseins gerungen wird, deshalb haben wir ein großes Interesse, den Informationsfluss, der uns erreicht, zu verstehen und durch ein Verständnis zu lenken. Dies macht man meistens aus dumpfer Ahnung heraus, ungezielt und unbewusst. Nur selten ist man dabei wach und bei klarem Verstand. Je mehr man die Wahl der Information anonymen Kräften oder dem blinden Zufall überlässt, desto mehr richtet man sich nach einer fremden Wahl. Je selbstbestimmter und aktiver eine Lebendigkeit ist, desto wacher weiß sie, was sie als Nachricht erreicht. Wissen alleine ist noch keine Macht. "Wissen" ist ein Programm, das seinen Träger steuert und ihn zu seinen Zwecken lenkt. So ist es die Kehrseite der Wissensmacht, dass der Wissende ohnmächtig zur Form und Wirkung seines Wissens werden kann und zwar dort, wo er nicht versteht, was er weiß. Dann weiß er eigentlich nicht, sondern er wird von seinem Wissen gewusst.

dass das Leben auf seiner Bühne Ohnmächtigen oft mächtige Rollen zukommen lässt, indem es ihnen Wissen zuspielt, das sie zwar nicht verstehen, das sie aber so handeln lässt wie Hypnotisierte, die unter dem Eindruck sie steuernder Muster das halbe Bühnenbild umstellen, diese Tatsache täuscht leicht darüber hinweg, dass tatsächliche Macht nicht am Wirbel erkennbar ist, den man verursacht. Auch wenn jemand alles umstürzt ist er vielleicht nur das ohnmächtige Werkzeug der Umstände, die ihrer Stabilität überdrüssig sind. In Wirklichkeit sind die Türme und Springer auf dem Schachbrett nicht mächtiger als die Bauern. Die wirkliche Macht benutzt sie nur anders.

Der Lebensmächtige dagegen versteht, was er weiß. Er erkennt, welches Wissen ihn formt. Erst wenn er sich so aus der Resonanz seines Wissens heraus zu sich lösen kann, kann er erkennen, welches Wissen ihm auf welche Weise nützt und von welchem er sich wegverstehen müsste, damit es ihm nicht schadet. Der freie Geist ist aus seinem Wissen erlöst.

Die Begriffe "Information" und "Nachricht" haben einen deutlich passiven Zug. Man richtet sich nach der Information aus und formt sich gemäß der Nachricht ein. Eine aktivere Sinnkomponente klingt im veralteten Wort von der *"Kunde"* an:

Bei einer *Kund*gebung oder einer Ver*künd*igung wird etwas bekannt gemacht.
Holt der Detektiv Er*kund*igungen ein, will er offensichtlich etwas wissen.
Sicherheitshalber wird die Einfahrt des Zuges am Bahnsteig über Lautsprecher ange*künd*igt.

Jedes Mal fließen Informationen. Das Wort *"Kunde"* stammt wie das *"Können"* aus der indogermanischen Wurzel *"gen"*, was mit "erkennen, kennen, wissen" zu übersetzen ist. Die Kunde, die uns als Nachricht erreicht, lässt Sachverhalte erkennen, wodurch das Können des Kundigen wächst. Nachrichten formen, sie machen fähig zu jenem und unfähig zu diesem, weil sie bestimmen, wohin man den Impuls des Lebens richtet. Als Beispiel hierfür soll erneut ein Gedankenspiel dienen:
Sitzt ein Badegast gemütlich zur Entspannung in der Sauna, dann wird er schlagartig zu jeder Entspannung unfähig, wenn die Nachricht eintrifft, zu Hause brenne gerade sein Dachstuhl ab. Die Nachricht vom Feuer erfüllt ihn mit Entsetzen. Entsetzt kann der Gast nicht mehr ruhig sitzen und springt von der Saunabank auf. Was er nun weiß, macht ihn heiß und auf einen Aufguss wird er gerne verzichten. Erfährt er aber im nächsten Augenblick von einem Hauptgewinn im Lotto, hockt er sich erleichtert wieder hin und amüsiert sich womöglich bestens über das flammende Freudenfeuer unterm Dach, statt sich weiter über den Verlust zu grämen. Gut, dass das morsche Mäusegebälk endlich aus dem Wege ist! Jetzt bauen wir uns ein schickes Penthouse mit Sternwarte, Terrasse und Pool!

In diesem Beispiel ist der Zusammenhang zwischen dem, was jemand weiß und wie es ihm damit ergeht, überdeutlich. Seine Befindlichkeit richtet sich ganz nach der jeweiligen Nachricht, die sein Sein in der aktuellen Gegenwart einformt. Wie gelassen er selbst sein kann, hängt davon ab, wessen er "kundig" ist.
Was hier durch das krasse Konstrukt eines Ausnahmefalles so deutlich wird, bestimmt das Leben auch im banalen Alltag. Was ein

Mensch über sich, die Welt und das Leben weiß, richtet sein Schicksal aus und formt die Keimkraft seines Wesens.

Für den Sauenjäger in der Steinzeit oder einen Bauer der Vorantike war das Wissen über das Wesen der Nachricht, der Kunde oder der Information wenig relevant. Damals gab es nur eine kleine Auswahl an verfügbarem Wissen und grob verallgemeinert wussten alle in der Gemeinschaft ungefähr das gleiche. Wenn man in der Steinzeit nicht verstand wovon man wusste, hatte das für die Lebensrolle, die man spielte, keine große Konsequenz.

Heute ist das anders. Jeder Zweig der Wissenschaft trägt eine solche Fülle informativer Details, dass kein noch so fleißiger Student darauf hoffen kann, auch nur ein Blatt vom ständig wachsenden Wissensbaum jemals ganz zu überblicken. Allein die Namen derer, die gedacht und geschrieben haben, füllen Bände. Die Texte dieser fleißigen Denker stapeln sich in überbordenden Bibliotheken und wer das alles lesen wollte, den würden die staubigen Massen mürben Papiers mit einem dumpfen Schlag erschlagen. Die Strukturen der Welt sind so komplex, dass es Experten für tausend Gebiete gibt. Manche Experten können sich untereinander kaum noch verstehen und man könnte nur noch durch den Atomkrieg dorthin zurück, wo das verfügbare Wissen der Menschheit Platz im Gedächtnis eines aufgeweckten Großvaters hatte.

Deshalb wird die Frage, welches Wissen man für sich als relevant aus dem möglichen auswählt, bedeutungsvoll. Es kann einen Lebensweg völlig verändern, wenn man statt Latein in der Schule lernt, wie man an der Börse spekuliert. Wem, wann, welche Informationen zugänglich gemacht werden, stellt die entscheidenden Weichen für die Zukunft der Gesellschaft.

30. Schule
Die Schule ist die Zerstreuung, vor der sie uns schützen sollte.

Was haben die Wörter *"Schule"*, *"Sieg"*, *"Brust"* und *"Hektik"* miteinander zu schaffen? Worin liegen darüber hinaus die Verbindungen der vier Begriffe zur *"Muße"*, zum *"Müssen"* und zur *"Schwindsucht"*? Welche Rolle spielt in diesem Puzzle das griechische Wort *"echein"*?

Dieses subtile Rätsel wird als nächstes näher in Augenschein genommen. Um mehr Übersicht über die kniffligen Fragen zu bekommen, untersuchen wir die Begriffe "Schule", "Sieg", "Brust", "Hektik" und "Muße" getrennt voneinander. Aus dem Geflecht der Verknüpfungen, das sich dabei ergeben wird, beantworten sich die gestellten Fragen dann von selbst.

a.)

Das Wort *"Schule"* wurde in mittelalterlichen Klöstern aus dem lateinischen *"scola"* ins Deutsche übersetzt. Mit dem Wort "scola" meinten die Römer keineswegs ein Institut, an dem in möglichst kurzer Zeit möglichst viel Wissen aus Lehrbüchern in die Köpfe von Kindern umgefüllt wird, so als gelte es die Bildung mit den gleichen Gewaltmärschen zu erobern, mit denen sich jenseits der Alpen Cäsar gerade Galliens bemächtigte.

"Scola" meinte eigentlich "die Muße, die Ruhe". "Scola" geht auf seinen griechischen Ursprung *"schole"* zurück, was selbst zur Sippe um *"echein"* gehört. "Echein" ist das altgriechische Verb für "haben, besitzen, einhalten, innehalten". Es spricht nicht vom Streben und Erwerben. "Schole" heißt folglich soviel wie "das Innehalten" in der sonst anhaltenden Betriebsamkeit der attischen Agora. "Schule" ist ursprünglich ein Zeitraum kontemplativer Muße, ein Innehalten und Ruhen in der Hektik des Tages. Statt weiter hektisch etwas zu erwerben und nach Zugewinn zu streben, wird man in der echten Schulzeit dessen inne, was man in sich hat.

Die authentische Idee der Schule spricht also davon, dass man sich innehalte und nicht etwa davon, dass man sich beim Auswendiglernen verausgabe oder gar, dass dem Schüler, ob er nun will oder nicht, fremde Daten, die sein spontanes Interesse nichts angehen, in den widerspenstigen Schädel eingetrichtert werden. Die Idee der Schule hatte es ursprünglich darauf abgesehen, den Schülern einen Freiraum zu schaffen, in dem sie vom Tagesgeschehen Abstand nehmen konnten, um aus Ruhe und Sammlung heraus, sich und die Welt in einem großzügigeren Zusammenhang als unter dem Einfluss kleinlicher Alltagsinteressen zu sehen.

Wohlgemerkt, die Schule soll in Wirklichkeit dazu dienen, vom täglichen Ablauf des Alltags Abstand zu nehmen, damit der Schüler im Freiraum der Schule sich innehaltend sammeln kann. Ziel dieses Innehaltens ist das ordnende Sammeln des Inneren im Inneren. Das Innere des Schülers gehört zum Kraftfeld seiner selbst. Indem er Abstand vom Außen nimmt und seine Aufmerksamkeit nach innen richtet wird er seiner selbst gewahr. Dem, der seiner selbst gewahr wird, wandelt sich das Selbstgewahrsein zu einem authentischen Selbstbewusstsein. Ist sich der Schüler seiner selbst bewusst, dann weiß er selbstbewusst, dass es das Beste für ihn und seine Mitmenschen ist, wenn er einfach so ist, wie er aus sich heraus weiterwächst. Er braucht keinen altklugen Lehrmeister, der ihm in der Bildung herumhantiert, weil ihm sein spontanes Interesse ein innerer Kompaß ist, der gut genug weiß, wohin er sich bilden will.

Die Dummheit des Menschen wuchert aber ins Unermessliche. Daher kam es, dass dieser befreiende Gedanke in Vergessenheit geriet. Statt dessen ist die Schule zu ihrem wesenhaften Gegenteil verkommen. Statt dass man sich in der Schule selbst sammelt, indem man sich aus der Hektik in die Muße löst, sammelt man größtenteils unzusammenhängenden Datenschrott aus der Kulturgeschichte der Menschheit, der im Hirn die Verbindungsrohre verstopft. Schule ist heute jene heillose Zerstreuung ins konkrete Detail vor der sie ursprünglich schützen wollte. Statt zu wohltuender Sammlung führt die Schule zu schwindsüchtiger Zerstreuung. Statt das Bewusstsein auf sich selbst zu lenken und so das Selbstbewusstsein zu stärken, lenkt der Lehrplan vom Wesentlichen ab, und indem er die Aufmerksamkeit mit der Gießkanne eines willkürlichen Fächerkanons nach überall und nirgends hin verteilt, zerstreut er sie wie Asche in alle Winde. Das Wortspiel sei erlaubt: Der Lehrplan ist ein Leerplan, auch wenn er die Hirnzellen der Schüler mit Wissen mästet, wie ein Gans, deren Körper sich in eine Fettleber verwandeln soll. Im alten Griechenland galt "schole" noch als Sammlung und nicht als Sammelei - es ist daher kein Wunder, dass es damals mehr Philosophen als Lehrer gab.

Heute pfuscht die Schule mit Zuckerbrot und Peitsche, mit Drohung und Bestechung in der Entwicklung ihrer Opfer herum. Sie ist ein Hindernis auf dem Weg zur Bildung, weil aus dem Sammelsurium des von ihr geforderten Wissens in der Seele kein Gebilde entsteht. Ein gesunder Organismus versucht daher, möglichst viel vom erlernten Schulwissen wie Stallmist auf die Felder der eigentlichen Bildung auszubringen.

b.)

Auch der *"Sieg"* hat mit der *"Schule"* und dem "Innehalten" zu tun. Das Wort *"Sieg"* entstammt hörbar der indogermanischen Wurzel *"segh-"*. Zum gleichen Urwort gehört das oben benannte griechische Wort *"echein* = innehalten, besitzen, haben". Deutlicher zeigt sich die Klangverwandtschaft, wenn man das "g" am Ende von "Sieg" mundartlich weich, also als "ch" spricht. Der Sinnzusammenhang zwischen "siegen" und "echein" ist ebenfalls leicht erkennbar:

Hat man gesiegt und ist man im Besitz dessen, worum gerungen wurde, dann kann man im Kämpfen innehalten. Die Hektik des Kämpfens macht der Muße des Friedens Platz. Die Idee des wahren Sieges hat kein Interesse am Triumph oder der Unterwerfung des Gegners. Das Siegen sucht seinem Wesen entsprechend danach, dem Sieger den Freiraum zu Muße und Sammlung zu verschaffen, weil Wachstum und Gedeihen in der Sammlung geschieht. Der Sieger interessiert sich für das eigene Wachstum, nicht für den Kniefall des Gegners. Die Macht des Siegers ist keine Mauer gegen den Feind, sondern ein Schutz für den eigenen Garten. Wer nach dem Sieg nicht abläßt, hat seinen Sieg noch nicht errungen.

c.)

Etymologisch gesehen hat das Wort "Brust" wenig mit den Begriffen um die griechische Wurzel "echein" zu tun. Hier sei es erlaubt, sich von den belegbaren sprachhistorischen Spuren zu lösen und eine spielerische Verbindung auf dem Weg über die Freiheit des Denkens anzuknüpfen.

Das Wort *"Brust"* geht auf die germanische Wurzel *"bhreus-"* im Sinne von "schwellen, sprießen" zurück. Das gedeihliche und ersprießliche Wesen der Brust ist so besonders bei der Frau erkennbar, sofern sie keinen schlabberigen Pullover trägt. Die "Brust" signalisiert sprießendes Wachstum, schwellende Zunahme und gutes Gedeihen. Nicht umsonst findet sich daher die Brust eher im Sinnfeld des Siegers und der Rücken, eigentlich der "Gekrümmte", in dem des Verlierers. Dem Sieger selbst schwellt die stolze Brust, denn er sorgt mit seinem Sieg für das Gedeihen der Seinen. Gleichzeitig wenden sich den Siegern aller Kämpfe in den Heldenepen hoffnungsvoll die schönsten Frauen zu. Der Sieger als Schutzmacht des Gartens wird vom Leben gerne mit Milch, Manna, Honig und Mama verwöhnt.

d.)

Aufklärung darüber, warum das Wort "Brust" überhaupt im Zusammenhang mit den Wörtern im Gefolge des griechischen *"echein"* auftaucht gibt eine Analyse des Begriffes *"Hektik"*.

Auch "Hektik" geht auf "echein" zurück. Den Begriff *"hektisch"* benutzt man heute übertragen im Sinne von "fieberhaft". Eigentlich meint das Wort, eben in Ableitung von "echein = halten, anhalten, haben, festhalten, innehalten" soviel wie "anhaltend". "Hektisch" nannte die Medizin einst ein anhaltendes Fieber. Ein solches Fieber, das über Monate anhält, ist typisch für die Lungentuberkulose. Die Tuberkulose ist eine chronische Erkrankung der Brust und hieß zu des Kaisers Zeiten noch Schwindsucht. Wer an der Schwindsucht leidet, dessen Brust fällt ein und statt dass er wächst und gedeiht, wie die Brust es verheißt, siecht er dahin. Hektisch ist eine Betriebsamkeit, die sich wie ein dauerhaftes Muster fortsetzt, statt im Takt natürlichen Atmens an- und abzuschwellen.

e.)

"Die *Muße*" tauchte bei der Übersetzung des Wortes "Schule" in verständlichere Begriffe auf. Beide Wörter bezeichnen begrenzte Zeiträume. So gibt es Schulstunden und Stunden der Muße.

Man versteht das Wort "Muße" als eine von äußeren Zwängen befreite Zeit der Ruhe. In den Mußestunden legt man die Hände in den Schoß und unterlässt sichtbar zielgerichtete Tätigkeiten. Wertet man einseitig nur körperliches Handeln als sinnvolle Aktivität, dann kann der Müßiggang als müßig im Sinne von unnütz erscheinen. Die Muße ist aber bei Leibe keine unnütze Zeit, in der nichts geschähe. Um das zu verstehen, untersuchen wir, wie die Idee der "Muße" aus den Vorstellungen des *"Müssens"* und *"Messens"* hervorgegangen ist.

Das so oft gebrauchte Wort "müssen" ist ein sprachlicher Mitstreiter des Wortes "messen". "Müssen" heißt eigentlich "sich etwas zugemessen haben". Zum Beispiel sagen wir:

"Ich muss Abitur machen".

"Am Freitag muss ich die Fenster putzen".

"Zu meinen Kollegen muss ich freundlich sein".

"Morgen früh muss ich aufstehen".

Hinter all diesem Müssen steht kein schicksalhafter Zwang, der keine anderen Möglichkeiten ließe, sondern jeweils persönliche Entscheidungen darüber, welche Seinsweise man sich zumisst, und was man, als sich angemessen, annimmt.

Man muss früh aufstehen und Abitur machen, wenn man sich den Status eines Studenten zumessen möchte. Wenn man an der Universität erst einmal eingeschrieben ist, kann man getrost wieder länger liegen bleiben, denn die Examen sind fern und die meisten Vorlesungen langweilig. Nach dem Studium allerdings wird man arbeiten "müssen", weil man sich dadurch Verdienst und Aufstiegschancen zumisst. Dann muss man auch Fenster putzen und freundlich sein, da dies der Lebensweise eines Aufsteigers angemessen erscheint. Entschlösse man sich für etwas anderes, dass es zum Beispiel für das eigene Leben angemessen wäre, unter einer Pariser Brücke bei erbetteltem Rotwein über die Sinnlosigkeit einer geregelten Existenz zu philosophieren, dann müsste man das alles nicht.

"Die Muße" ist eine Substantivierung zu "müssen". So wie das "Müssen" weit weniger mit blindem Zwang zu tun hat, als man glaubt, und mehr mit der eigentlich freien Wahl zwischen verschiedenen Lebensmöglichkeiten, so bezeichnet "die *Muße*" den freien Zeitraum, den man sich zumisst, um darin *"Maß"* zu nehmen. In den Mußestunden geht man keiner definierten Lebensweise nach, sondern man hat Gelegenheit, die viele Möglichkeiten, die offen stehen, gegeneinander abzumessen und zu erwägen, was als nächstes angemessen wäre. Im Erwägen wird das Gewicht abgewogen, das man den Möglichkeiten zumessen will.

Dieses Thema des "Abwägens" und "Ab*mess*ens" wird auch in den Begriffen *"Medizin"* und *"Meditation"* sichtbar. Beide Wörter gehen wie "die *Muße*", das *"Messen"* und *"müssen"* auf die indogermanische Wurzel *"me[d]"* zurück. Dieses *"me[d]"* heißt "wandern, abstecken, abschreiten, messen".

Aus der gleichen Wurzel stammt das lateinische Wort *"meditari* = geistig abmessen". Unschwer erkennbar ist darin der Ursprung des Wortes "Meditation". Wenn man meditiert, misst man das Äußere der Welt an ihrer inneren Wirklichkeit. Während man an der Oberfläche der Welt ruht, vermisst man im Geiste ihre Tiefe. Während man nach außen schweigt, durchschreitet man den Weg zu seiner inneren Mündung.

Ebenfalls Spross des indogermanischen *"me[d]"* ist das lateinische Verb *"mederi"*. Von da aus geht es zum *"Medicus"* und der *"Medizin"*. "Mederi" heißt "heilen" und zwar in dem Sinne, dass dort wo etwas fehlt, das Richtige zugemessen wird. *"Heilen"* heißt "Ganzmachen". Man vergleiche dazu auch das englische Wort *"whole* = ganz". Der gängige Satz "Na, wo fehlt es denn?", mit dem Ärzte ihre Patienten ermuntern, ihre Leiden zu beschreiben, entspricht somit dem etymologischen Wesen ihres Berufsstandes. Ein Mediziner sei daher ein klug ermessender Ratgeber. Er soll dem Kranken helfen, sich seinem Sein im Ganzen anzumessen.

31. **Gut**
   Das Gute weist über seine Grenzen hinaus.

Auf der Suche nach dem Sinn des Wortes *"gut"* verweist das Lexikon auf die indogermanische Urmutter *"ghedh"*. "Ghedh" ist mit "zusammenfügen, zupassen, umklammern" zu übersetzen.

Als man an Europas Seen noch in Pfahlbauten wohnte und das Holz zu deren Konstruktion mit Steinäxten im nahen Urwald schlug, sprachen die Zimmerleute zufrieden das Wort "ghedh", wenn die geschlagenen Balken beim Bau zusammenpassten. "Ghedh" war auch der süße Met, der süffig durch die Kehlen floss und sich beim Richtfest harmonisch in die ausgelassene Stimmung fügte. passten die Balken aber schlecht zusammen, dann stand der Bau schief über dem Wasser und durch die Fugen pfiff ungemütlich der Wind. Das war weniger "ghedh". Fügten sich sogar Schaft und Steinkeil der Äxte nicht zu einem brauchbaren Werkzeug zusammen und brachen sie bei der Bearbeitung der Stämme auseinander, dann wurde aus dem ganzen Pfahlbau nichts, die Bauherren blieben in der Tropfsteinhöhle wohnen, sie bekamen Rheuma und die Baufirma machte pleite. Das war dann gar nicht "ghedh".

Wie man also sieht, ist das "Gute" ursprünglich das "Was-in-ein-Gefüge-passt". Das Urteil "gut" bezieht sich auf ein angestrebtes Ganzes, in das das Gute passen soll. Was die menschliche Logik als "gut" bezeichnet, gliedert sich in eine höhere Ganzheit ein. Das Gute fügt sich mit anderem Guten zu einer höheren Seinsform zusammen, die immer komplexer ist, als das einfache Gute selbst, aus dem sie besteht. Höherkomplexe Seinsformen sind zum Beispiel menschliche Ziele, Zwecke und Werke, die durch ein Zusammenfügen geeigneter Elemente entstehen.

Um ein Lied zu komponieren, braucht man gute Einfälle, ein gutes Gehör und die passenden Noten. Aus guten Zutaten und der geeigneten Kochkunst entsteht Rinderfilet in Speck-Sahnesoße an Lorbeerblatt, was dann selbst dem höherkomplexen System des ausgehungerten menschlichen Körpers zugute kommt. Höherkomplex ist auch die menschliche Gemeinschaft, in die ein guter Mitbürger sich einfügt oder ein persönliches Leben, zu dessen ganzer Gestalt sich seine guten Elemente verweben. Was man gutheißen kann, hängt vom Wesen der Ganzheiten ab, die man in der Lage ist zu erkennen.

Da das Ganze, das den Sinn eines Guten bestimmt, für den Verstand immer komplexer ist als das Gute selbst, kann das Gute sein Ganzes und damit seinen Sinn nie begreifen. Da ein Gutes den Sinn seines Seins nicht begreifen kann, bleibt es, was den Sinn seines Daseins betrifft, naiv. Der Sinn des Guten ist zwar immer transzendent, trotzdem kann das Gute nicht entscheiden, in welches Ganze es hinübergehen wird. Sein eigentlicher Sinn liegt jenseits des Guten und seiner Möglichkeiten, Sinn zu sehen.

Im Unterschied zum "Sinn", der die heile Einbindung des Gegensätzlichen in ein heiliges Ganzes benennt, begnügt sich der "Zweck" damit, aus dem Vielen das Wenige auszuwählen, das so glatt zueinander passt, dass es sich gegen das andere zum eigenen Vorteil zusammenfügen lässt. Zwecke sind daher parteiisch und wehren das Ganze ab.

Auch der Sinn des "Bösen" liegt jenseits von dessen Verstandeshorizont. Das "Böse" glaubt aber, der Zweck, den es erkennt, sei bereits der Sinn und seine Berechnung, wie es die Zwecke erreichen könnte, werde dadurch geheiligt. Indem das Böse das "Jenseits seiner Grenzen" zu seinem Vorteil berechnen will, ist es nicht wie das Gute naiv, sondern bauernschlau dumm.

Da sich das Gute auf etwas bezieht, ist es seinem Wesen nach relativ. "Relativ" meint als romanisches Fremdwort "bezogen auf". Was gut ist, kann nur in Relation zu einem übergeordneten System beantwortet werden, denn "gut" ist immer ein "gut für...". Jedes Gute ist daher ein "sogenanntes Gutes" und zwar aus der Sicht des Ganzen, dem es dienlich ist. Das Gute ist eine Brücke zum Ganzen. Es dient als Mittel zu dessen Zweck.

Definiert man Gott als das höchste denkbare System, dann ist er über alles, was als gut beurteilt werden kann, erhaben. Das Gute mag seinem Dasein dienen, er selbst ist aber keinem Guten mehr verpflichtet; was seine Schöpfung knochenhart zu spüren kriegt.

Im Hochmut glaubt der Mensch aber nur zu gerne, Gott sei für den Menschen gut und Gottes Güte sei ihm daher dienlich. Im Beten bittet er, dass Gott sein Schicksal zu seinen Gunsten lenkt. Das ist blasphemisch und wird vom Lauf der Dinge folgerichtig ein ums andere Mal als falsch entlarvt. Sofern es diese Güte Gottes gibt, dient sie dem Menschen nämlich nur, wenn sich dessen Sein nicht in einem abgegrenzten Selbst erschöpft, wenn er nicht mehr zwischen Vor- und Nachteil unterscheidet und nur noch tut, was für das Ganze richtig ist. Nichts Menschliches kann auf Gottes Güte hoffen, sofern es nicht über die Grenzen der Person hinausreicht und sie damit als ein Ich, das sich selbst etwas Besonderes ist, verwirft.

Jede erreichte Ganzheit erhebt sich über die Urteile, aus denen sie besteht. Ganzheiten brechen die Brücken der Beurteilung hinter sich ab. Was ganz ist, hört auf, sich zu beurteilen. Das Urteil "gut" ist ein Werkzeug jener Macht, die das als "gut" benannte in ihre Dienste zwingt. Jedes sogenannte Gute ordnet sich daher einem Ganzen unter. Was sich nicht unterordnen will, muss auf ein Gutsein verzichten, es sei denn, man sieht sein vorletztes Gutsein in dem, was zu seinem Wesen passt, und dass sein Wesen im Grunde sein vorletztes Ganzes ist. Wenn es authentisch ist nähert sich das Gute dem Ganzen, ohne es jedoch in sich zu erreichen. Gott ist nur gut, weil er sich nicht in seine Dienste zwingt. So ist er, ohne etwas zu sein.

Zur Verwandtschaft des Wortes *"gut"* gehören "das *Gitter*", "das *Gatter*" und "der *Gatte*".

Bei den Begriffen "Gitter" und "Gatter" ist leicht das bei der Übersetzung des *"ghedh"* genannte Thema des "Umklammerns" zu sehen. Das Gitter umklammert einen eingeengten Raum. Das Gatter hält die Viehherde zusammen, die sich ohne Umzäunung in der freien Wildbahn verliefe.

Die Grundidee des *"Ergatterns"* liegt darin, dass da etwas mit grapschenden Händen umklammert wird. Am Grabbeltisch im Schlussverkauf umgreifen die Finger des Kunden die Ware wie zehn unbeugsame Gitterstangen.

Bemerkenswert sind die Folgerungen, die sich zwischen den Vorstellungen von "gut" und "der Gatte" ergeben. Gatte und Gattin fügen sich ihrem Namen entsprechend zu einem Ganzen zusammen. Damit aus ihrer Umklammerung etwas Gutes wird, müssen sie zueinander passen. Sie sind gut zueinander, wenn sie sich in ihre Beziehung einfügen.

Leider beschert die genussreiche Umarmung meist nicht nur Erfreuliches. Aus dem Gatten selbst oder den plärrenden Folgen der guten Begattung entsteht für die spontanen Impulse des Lebens ein Gitter. Das ist kein bedauerlicher Zufall. Es liegt vielmehr im tiefen Wesen des Guten selbst, sich dem Ganzen zu opfern. Die Macht des Ganzen, das entstehen will, verurteilt das Gute, ihm zu dienen. Erlösung aus der Knechtschaft erlangt das Gute, indem es sein Ganzes verwirklicht. Erst das Ganze entlässt die für gut befundenen Teile, die sich zu ihm zusammengefügt haben, in ihre urteilsfreie Existenz. Das so erreichte Ganze selbst spricht über sich kein Urteil. Man kann nicht ganz sein, solange man über gut und schlecht in sich urteilt. Die umgitterte Enge des Guten endet erst, wenn die Welle des Urteils an der letzten Ganzheit zerbricht. Jenseits von "gut" liegt das Sein in seiner vollen Weite.

Nachdem wir uns nun einmal mehr ausgiebig am pathetischen Schwindel letzter Themen berauscht haben wie struppige Affen am Weingeist, kehren wir mit gläsernem Blick aus den Sphären der Kosmen, Götter, Welten und der letzten Ganzheiten in die überschaubaren Gefilde sprachlicher Untersuchungen zurück.

Da das Gute seinem Wortsinn nach "das Passende" ist, lohnt es sich im Umfeld der Begriffe *"passen"* und *"passieren"* weiterzuforschen. Beide lassen sich auf das lateinische Verb *"passare"* zurückführen. "Passare" meint "Schritte machen, durchschreiten". Dazu gehört *"passus"*: "der Schritt".

Die Schritte, um die es da geht, beschreiben einen Weg in Richtung auf ein Ziel. "Passen" in Sinne von "angemessen sein, entsprechen, sitzen" heißt eigentlich "das gesteckte Ziel erreichen". Was passt, hat die notwendigen Schritte zu seinem Ziel gemacht.

Eines der gesteckten Ziele beim Besuch eines Opernhauses mag der Genuss der Arien sein. Arien genießt der Kenner aber auch nackt in der Wanne. Passende Kleidung ist für den akustischen Genuss also unerheblich. Trotzdem geht niemand nackt in die Oper. Das gesteckte Ziel, das der Musikfreund durch passende Kleidung zu erreichen sucht, ist, in der vornehmen Gesellschaft als einer der ihren anerkannt zu sein. Legere Freizeitbekleidung erschiene im Opernhaus der Situation nämlich nicht angemessen. Ein Nackedei mit Badeente und Wurzelbürste in der Amateurdirigentenhand würfe man sogar, selbst wenn er ein absolutes Gehör hätte, empört hinaus.

Passen soll die Kleidung aber nicht nur zur bestimmungsgemäßen Situation, sondern bereits im Geschäft. Hier handelt es sich um eine andere Nuance des Begriffes "passen". passt die gewählte Kleidung nicht auf Anhieb, werden von der Änderungsschneiderei passende Schritte unternommen, um das gesetzte Ziel zu erreichen.

Möglich, dass der fürs Opernhaus vorgesehene Smoking nicht rechtzeitig fertig wird, weil der Schneider bei der Arbeit gebummelt hat und nach den Fesseln unterm wippenden Rock der Schneidersfrau Ausschau hielt. Dann wird der Musikfreund leider die Oper *"verpassen"*. Dieses Wort "verpassen" meint, dass das gesteckte Ziel um mindestens einen Schritt verfehlt wird.

Fehlt dem Käufer jetzt die nötige Gelassenheit, wird er dem Schneider einen Rüffel "verpassen". Dieses "Verpassen" spricht davon, dass etwas Ungutes verabreicht wird und zwar von angemessener Menge. Das Ausmaß des verpassten Rüffels passt gut zum Ausmaß des Ärgers, den die Säumigkeit des Schneiders beim Opernfreund hervorgerufen hat.

Anpassung ist also eine Bewegung auf einen Sollzustand hin. Angepasst wird so lange, bis der Istzustand zumindest passabel ist. Das Gute ist als Passendes seinem Zweck angeschneidert.

Das Wort "passieren" verrät, warum sich das eben noch Gutgeglaubte, das Passende und Angemessene überraschend in sein Gegenteil verwandeln kann. Es geht hier, bildlich gesprochen, um die oben aufgetauchte Verbindung zwischen dem guten Gatten und dem engen Gitter.

Das Verb "passieren" hat heute drei Bedeutungen. Bei der Beschreibung der Ereignisse, die einer Gruppe frommer Pilger auf dem Weg zur Kaaba widerfuhren, hat das Wort drei verschiedene sprachliche Funktionen. Es spricht:

1.) vom Durchqueren,
2.) vom Geschehen, und
3.) vom Durchseihen und Aussieben.

Auf dem Weg von El Dschof zur Oase Shakra passierte (1) die Karawane mit Allahs Hilfe die berüchtigte Wüste Nefud. Einen Tagesritt hinter dem Wadi Dawasir passierte (2) ein Unglück. Scheich Khaleds Lieblingskamel Aischa verstauchte sich den rechten Vorderlauf. Khaleds Herz wurde schwer wie der Ozean und aus der pechschwarzen Tiefe seines Kummers stieß er ein zorniges "Schaitan al Dschehebel err'tuawa fighe" in den saudischen Gluthimmel. Doch das Fluchen nützte nichts, und die Karawane kam nur noch langsam voran. Lange vor Shakra war bereits der letzte Wassertropfen aus den Ziegenschläuchen aufgebraucht. Zum Glück hatte der alte Scheich aber kaum noch Zähne und aß daher passierte (3) Kost. Suleika, sein viertes Weib, seine Pfirsischfrucht, sein Honigmond, seine zartrosa Doldenblüte, trug deshalb im Kochgeschirr immer ein Sieb mit sich, so feinmaschig wie die Barten eines Buckelwals. So konnten sie am Sumpfloch El-Hataṭaba genug Wasser gewinnen, um ihre geschwollenen Zungen zu benetzen. In Mekka angekommen, dankte Khaled Gott für die Weisheit seines Weibes.

Setzt man nun die drei Sinnfacetten des Wortes "passieren" mit dem Gehalt der Begriffe "gut" und "passen" zusammen, entsteht ein wohlgeschliffenes Kristall, in dem sich das eine weiße Licht der Wirklichkeit zu einem bunten Tanz der Bedeutungen zu verspielen scheint. Man glaubt dann, vom Schicksal des Guten in einer Welt des Wandels eine Episode zu sehen.

Gut ist alles, was in die Gegenwart des Ganzen gehört. Das Einzelne misst den Grad seines Gutseins daran, welchem Ganzes es zugehörig ist. Was nicht dazugehört, weil es von dem Ganzen, an dessen Sein es teilhaben will, zurückgewiesen wird, wird sich, sofern es urteilen kann, als schlecht empfinden. Das gilt für jedes Kind, dem eine erwachsene Welt durch spezielle Regeln die Rolle "Bloß-ein-Kind-sein" zuweist ebenso, wie für einen ausgelassenen Nachtschwärmer, der ohne verstehbare Gründe an der Pforte eines verlockenden Gasthauses abgewiesen wird.

Die Wirklichkeit erfindet das Gute, weil sie es als Brücke zum Ganzen braucht. Gut ist, was über den Abgrund zum Ganzen trägt. Bis das Ganze sich in seinem Herzen mit sich selbst vereint, sind Dschungel und vernichtende Wüsten zu durchqueren. Die Dschungel und Wüsten sind Ereignisse, die den Akteuren des Schauspiels passieren. Weil im Dschungel etwas anderes gut ist als in der Wüste, unterliegt das Gute einem Wandel und was hier gut ist und passt, kann dort sogar stören. Ganz wird, was die Welt durchquert, ohne sich in den Gittern ihrer Güter zu verfangen. Während das Gute sich wandelt, wird das Ewige aus ihm ausgesiebt. Im Geschehen siebt sich die Welt in ihre höchste Gegenwart.

32. Jenseits
Das Jenseits versteht sich ins Diesseits.

Ein besonderer Genuss ist die Analyse des Wortes "Jenseits". Sie vermittelt eine Intuition von dem, was für Menschenaugen grundsätzlich unsichtbar bleibt. Niemand kann das Jenseits erkunden, wenn er seine fünf Sinne nicht hinter sich lässt und die Welt seines Alltagsverstandes als ein winziges Loch in einer großen Mauer durchschaut. Vom Jenseits könnte daher nur berichten, wer durch seinen Lebensmut bereits einmal bei voller Lebendigkeit gestorben ist, wer erlebt hat, dass das Leben die Erinnerung eines Gestorbenen an seine Vergangenheit ist. Stirbt man erst widerstrebend, wenn der Zeiger der Weltuhr das Sterben mit einem Schlag besorgt, kommt man zum Rapport bekanntlich niemals zurück.

In der alltäglichen Vorstellung ist das Jenseits räumlich vom Diesseits getrennt. Das Diesseits ist hier und ganz konkret da, von wo aus man über die Lage des Jenseits nachdenkt. Das Jenseits ist irgendwo dort, jedenfalls ganz woanders als hier und jetzt und weiter von Diesseits weg, als es das Diesseits mit dem Begriff "weit" begreifen könnte. Überhaupt bleibt das Jenseits dem Diesseits unbegreiflich, so als läge das Diesseits samt seiner Begriffe im Schoße des Jenseits und als könne es so nach dem Jenseits zwar tasten, es mit dem Zugriff seiner Begriffe aber nicht umgreifen.

Gefragt, wo das Jenseits denn sei, zeigt man entweder vage und fromm in den Himmel oder man entwirft, seit der euklidische Kosmos durch das Fernrohr und die Weltraumsonden seiner Geheimnisse profan entschleiert wird, als philosophierender Wissenschaftler mit Hilfe der Computertechnik höherdimensionale Räume. Dort könnte, so die schwindelerregende Spekulation derer, die die kindlichen Bilder der Kirche nicht mehr glauben und doch die Weite des Geistes über der flachen Materie erahnen, das Jenseits seinen ätherischen Adel vor der Neugier zudringlicher Blicke verbergen.

Wie dem auch immer sei, das Jenseits ist topographisch irgendwo anders als dort, wo man selbst gerade ist. Dabei ist es nicht sehr weit oder weniger weit entfernt, sondern man empfindet seine Distanz zum Hier-und-Jetzt als grundsätzlich und nach menschlichem Ermessen unüberbrückbar weit. Seine Entfernung ist nicht nur quantitativ. Sie ist qualitativ. Sie wird nicht gemessen, sondern von der Spannweite des Denkens und vom Schrecken des Todes bestimmt. Die Entfernung des Diesseits vom Jenseits ist die Angst vor dem Tod. Je enger die Angst, desto weiter erscheint die Kluft.

Nach weiterem Nachdenken meint man, dass sich das Jenseits auch in seinen Zeitmaßstäben vom Diesseits unterscheidet. Bei uns im Hier ist es immer gerade jetzt. Merkwürdig, das kann kaum ein Zufall sein, denn es widerspricht aller statistischen Wahrscheinlichkeit, dass der physikalische Zeitpunkt der Gegenwart nur zufällig immer gerade dort sein sollte, wo sich der Mensch der Gegenwart der Dinge gegenwärtig ist. Noch kein Mensch hat in seinem Sein die Gegenwart verpasst. Schon das alleine lässt vermuten, dass weder Raum noch Zeit noch Geist aus ihrer Einheit ganz herauszulösen sind.

Von dieser auffälligen Gesetzmäßigkeit verführt, kann man im Geiste einen Abstecher machen und den Blickwinkel verschieben. So gesehen, verknüpft sich ein räumliches Hier mit einem zeitlichen Jetzt zu jenem Geist, dessen Blick sich am Schnittpunkt der beiden um seine Achse dreht. Als erkennender Geist ist man die Gegenwart von Raum und Zeit. Man ist die Begegnung zweier physikalischer Felder und der Geist die Summe der Physik. Man ist, womit sich Raum und Zeit begegnen. Ohne das Leben existierten beide nebeneinander her wie zwei siamesische Zwillinge im Dunkeln.

Durch das Jetzt fließt wie ein Strom die Zeit als sei sie die Verwirklichung von Unaufhaltsamkeit. Was das Diesseits auch enthält vergeht: Quantensprünge, Eintagsfliegen, Erntezyklen, Menschenleben, Hochkulturen, Sonnensysteme oder der Herzschlag des Universums von einem großen Knall zum nächsten. Wegen dieser Vergänglichkeit erscheint das Diesseits der strengen Kritik als trügerisch und eitel.

Das Jenseits dagegen erstreckt sich endlos in die Ewigkeit. Es enthält das wirklich Wahre und dieses Wahre ist durch göttlichen Ratschluss von der Vergänglichkeit befreit. Es ist über den Wandel erhaben. Es ist das Absolute als reines Extrakt allen Wandels und überdauert unantastbar die Versuchungen der Zeit. Man empfindet es deshalb als heilig.

Die sonstigen Vorstellungen von der Inneneinrichtung des Jenseits unterscheiden sich nur unwesentlich von dem, was man vom Diesseits her schon kennt. Im Grunde stellt man sich das Jenseits als eine zweite Welt vor, prinzipiell strukturiert wie das Diesseits, bloß dass jene Strukturen einfach viel besser sind als diese. Wie auf der Erdenwelt auch läuft man dort herum und geht den jeweils anstehenden Geschäften nach, Geschäften allerdings, die vergnüglicher und wahrer sind, und die die himmlische Erhabenheit vom irdischen Kleingeist befreit. Im Himmel sind die Leute nicht so hektisch, sorgenvoll und angstgetrieben, dafür eher heiter und entspannt. Sie brauchen auch nicht fürs tägliche Brot zu rackern. Sie essen Manna und Ambrosius und spielen danach ausgelassen Harfe. Kurz und gut, das Jenseits ist ein reines Diesseits, in dem die Kacke nicht stinkt, sondern wie Brillanten glitzert.

Besonders drastisch schildert dieses Bild der Koran. Das Jenseits der Suren ist eine vom Leiden befreite Welt für die endgültig Guten.

Der Gute lebt im siebten Himmel verdientermaßen in Saus und Braus. Für die Gerechten, denen das Jenseits des Orients versprochen ist, ist es ein endlos ausgelassenes Festgelage mitten in einer grünen Oase. Kristallklar sprudelt frisches Wasser aus unerschöpflichen Quellen und der glücklich glucksende Klang des Geplätschers wird vom liebreizenden Flötenspiel luftreiner Engel ummalt. In schattigen Zelten tummeln sich kichernd und sinnlich die üppigsten Frauen....

Weniger handfest ist das Glück des Abendlandes. Doch auch hier sitzt der Heilige im Himmel zur Rechten Gottes und wenn er so dasitzt, dann hat er auch einen Hintern, der durch seine verdrängende Existenz die duale Struktur jener Weltgegend beweist. Leider werden in den Kirchen die körperlichen Genüsse des Paradieses weniger schamfrei geschildert als dem Moslem in seiner Moschee, weil die christliche Geistlichkeit Prüderie schon immer für eine besonders große Tugend hielt. Aber konkret körperlich denkt man sich auch in diesem Jenseits präsent, auch wenn jener Körper sublimer und seliger als der Erdenleib ist.

Das Jenseits ist also eine richtige Welt mit einer klaren Ordnung. Es ist wie die Erdenwelt eine duale Struktur. Die Missratenen hocken dort im schalldichten Höllenkeller der himmlischen Gesellschaft ganz ohne Hoffnung auf künftige Befreiung. Selbst, wenn sich einer der Verdammten im Ansturm teuflischer Qualen bekehrte und statt selbstisch vor Schmerzen zu schreien, sich einem Samariter gleich um seine Leidensgenossen kümmerte und dabei auch noch Satan, dem Erzfeind, seine Bosheit verziehe und so in Anbetracht der misslichen Situation tugendhafter wäre, als es je ein Christenmensch im Jammertal der Erde überhaupt hätte sein können - denn so schlimm, wie in der echten Hölle ist es da nicht - dann wird ihm das nichts helfen. Oben im sorglosen Äther des Jenseits werden Gott und die Seligen weiter der Sphärenmusik lauschen und kein Zweifel, dass es da irgendeine Ungerechtigkeit geben könnte, wird ihren von der Tugend verzückten Ohren den Genuss der Ewigkeit vergällen.

Wie dem auch immer sei, wesentliches Merkmal der alltäglichen Vorstellung vom Jenseits sind seine dualen Strukturen. Spröde Wissenschaftler sprächen auch von der Subjekt-Objekt-Spaltung. Hinweise darauf, ob es dort tatsächlich dual zugeht, ob das Subjekt also von seinen Objekten abgespalten ist, soll nun die Analyse des Wortes "Jenseits" selbst ergeben.

Im Begriff *"Jenseits"* verschmelzen die trächtigen Essenzen zweier uralter Worte zu einem neuen Verständnis. Es setzt sich zusammen aus den Wörtern *"jene(r)"* und die *"Seite"*.

"Jener" weist als Gegenpart zu "dieser" auf die entferntere Seite einer konkreten oder abstrakten Angelegenheit hin. "Jener" und "dieser" sind hinweisende Fürwörter.

Spricht die Sprache von der "Seite", dann sagt sie implizit, dass ein Ganzes sich in mindestens zwei Teile spalten lässt. Eine Seite nämlich kommt nie alleine vor. Gibt es die eine Seite, dann gibt es auch die zweite, oder sogar tausend, selbst wenn man nicht eigens davon spricht. Diese Weisheit ist an Hand der sprichwörtlichen zwei Seiten der Medaille sprachlich in eine plastische Formel gegossen. Im Begriff "Seite" ist Vielfalt immer schon mitgedacht, und der Begriff "Vielfalt" benennt immer schon Trennung, Spaltung und Unterschied.

Mit der Erkenntnis, dass sich Diesseits und Jenseits voneinander unterscheiden und dass der Wahrnehmung das Diesseits näher liegt, braucht man sich nicht zufrieden zu geben, wenn man weitere Aspekte des Wortes "jener" näher betrachtet.

Das Wort *"jener"* entstammt vermutlich dem Urstamm *"eno"*. Dieser ist eng mit der indogermanischen Wurzel *"oinos"* verquickt. "Oinos" ist der Urgroßvater des Zahlwortes *"eins"*. Klanglich ist die Verwandtschaft der Wörter "eno", "oinos", "jener", dem griechischen *"oine"* und dem lateinischen *"unus"* gut zu erahnen. "Oine" und "unus" heißen "eins".

Das Jenseits ist also nicht nur wahrnehmungsfern und dem Zeitfluss enthoben. Es steht auch für das Wesen der einen Zahl "Eins", die der endlosen Vielfalt jeder erdenklichen Wirklichkeit mathematisch objektiv zu Grunde liegt. Auch wenn wir in unserer zeitflüssigen Welt beim Zählen mit der "Eins" beginnen und erst zeitlich danach "Zwei" sagen, geht die "Eins" der "Zwei" oder "Drei" nicht zeitlich voran, sondern wirklich. In jeder Zahl, sei es nun "Zwei" oder "Elfhundertdrei" ist die "Eins" in der ganzen Fülle ihrer Wirklichkeit enthalten. Es ist das Wesen der "Eins", dass sie alle Vielfalt in ein Eines birgt.

Zwar sind tausend verschiedene Grashalme ein Rasen und tausend Bäume ein Wald. Tausend Grashalme sind aber auch Grashalm und tausend Bäume Baum. Das eine Baumsein ist in jedem Baum und das eine Menschsein in jedem Menschen. Die ganze Vielfalt ist der Inhalt der Welt. Alles was ist, ist bereits Welt.

Sieht man das Jenseits mit diesem Wissen neu, verwandelt sich sein Bild in unserem Denken. Das Jenseits unterscheidet sich von "unserer Welt" nicht so sehr topographisch oder zeitlich und auch nicht darin, dass das Jenseits echter oder absolut erhaben wäre. Das Jenseits ist keine endlich gerechte Idealwelt, die die Fallstricke des Teufels in ihrem Inneren in schmucke Perlenketten verwandelt hätte.

Diesseits und Jenseits sind vielmehr zwei Aspekte einer untrennbar vielfältigen ganzen Welt. Das Wort "Jenseits" meint dabei den Aspekt der Einheit aller Elemente, was logischerweise mit keinem der trennenden Sinne erfasst werden kann. Die Einheit des Seins ist unsichtbar, weil ein Auge eben nur Unterschiede sieht. Man sieht den Unterschied von "grün" und "blau", aber man sieht nicht, worin beide identisch sind. Daher ist das Jenseits der Wahrnehmung so fern. Das Jenseits kann man nicht sehen. Man kann es nur sein, denn als Jenseits sind erkennendes Subjekt und erkanntes Objekt, sind Geist und Welt als ein Eines identisch.

Das Jenseits ist der Aspekt des Wirklichen, der nicht mit Sinnen und keinem Werkzeug erfahrbar ist. Kein Dies kann als Geste auf Jenes weisen. Das "dort und dann" als ungefähre Lage dieses Jenseits bezieht sich daher nicht auf sein substantielles Sein, sondern auf den Horizont differenzierender Wahrnehmung. Nicht alles ist durch Differenzierung erkennbar. Hier und Jetzt ist das Jenseits durchaus, erkennbar aber nur, wenn man jenseits des Sehens der Unterschiede für deren Gaukelspiel wieder blind wird. Wenn man am Strand sieht, dass man nicht nur poetisch, sondern tatsächlich das Glitzern der Sonne auf den Wellen ist, dann ist man schon jenseits. Man ist dann nicht nur in diesem Hier-und-Jetzt. Man ist auch in jenem Hier-und-Jetzt. Es ist ein Jetzt, dessen Wandel sein Gestern nie verliert, ein Hier, das schon dort ist.

Das Wort "Diesseits" weist auf die sichtbare Vielfalt im Inneren des Einen hin. Die wahre Einheit ist sehr vielfältig. "Sehr" ist hier konkret mit "schmerzhaft" zu übersetzen. Der Schmerz der Vielfalt wurzelt im Glück der Einheit. Das Glück des Einheit wäre dem Vereinzelten ein unendlicher Schmerz.

Diesseits der sinnlichen Wahrnehmung sind die konkreten Unterschiede im Leib der Welt. Hier kann man sehen, hören, fühlen und schmecken. Man selbst ist dabei nichts von dem, was man begreifen könnte. Man selbst ist das Verständnis der Welt, die als Leben ihr Sein begreift.

Jenseits der sinnlichen Wahrnehmung ist das Sein stets mit sich gleich. Diesseits sind die Formen und Inhalte der Welt, jenseits deren

Sein und ihre Wirklichkeit. Diesseits bin ich ich und du bist du. Jenseits sind wir wir und wir sind Es.

Als Diesseits entstehen Raum und Zeit durch das Wesen der Vielfalt. Hier sind sie Aspekte des Auseinander im Ganzen des Seins. Beide beruhen im Unterschied. Der Raum benennt dabei die Begegnung der Unterschiede, die Zeit springt aus der Verwandlung des einen ins andere. Deshalb erlebt man sich im Diesseits ausgesetzt in den Ozean der Fremde.

Als Jenseits ist Raum nicht Begegnung der Unterschiede, sondern ihr Beruhen im ganzen Zusammensein. Die Zeit trennt dort nicht eines vom anderen durch ihre Verwandlungskraft, sondern sie bewahrt als ewiges Gedächtnis die Erinnerung, dass auch das Unterschiedliche trotz aller Verwandlung verwandt und mit seinem Gegenteil identisch ist.

Das Wort *"heilig"* findet in seiner Ahnenreihe das germanische Substantiv *"haila"*. Der Begriff "haila" benannte "günstige Zeichen" oder "das Glück". Es ist eine Abwandlung des Wortes *"heil"*, was bekanntlich "ganz, vollständig, gesund" meint. Im englischen *"whole"* ist die enge Verwandtschaft von "ganz" und "heil" zu hören. Ganzheit besteht dort, wo alle Teile beisammen sind. Im heiligen Jenseits sind daher die unterschiedlichen Teile der Welt im wahren Beieinander versammelt. In dieser Ganzheit des Seins ist das Anwesen der Zeit kein Wandel, sondern die ewige Dauer. Das Jenseits ist die Versammlung des Seins vor der Bühne des Lebens, wo die Rollen, in die das Diesseits sein Schauspiel aufspaltet, zum ganzen Verständnis des Stückes verschmolzen sind. Das Jenseits versteht sich ins Diesseits.

Es darf gar nicht sein, dass das Letzte je verstanden wird. Wenn ein kecker Menschengeist mit kindlichem Pathos die Begriffe "Jenseits" und "Diesseits" in einem Gedankenstrumpf zusammenstopft und dann meint, er spräche wirklich von dem letzten Ganzen, das auch das erste ist, dann ist das eigentlich nur harm- und folgenlos.

Zwar kann man Diesseits und Jenseits zum ganzen Sein zusammentun, es fragt sich aber, ob das Sein, das sich als Verständnis vor seiner Bühne versammelt, nicht nur einer von tausend Modi eines unbeweisbaren Gottes ist. Hinweise darauf, dass die beiden Seiten nicht absolut das Ganze sind, gibt das Wort "Seite".*"Seite"* gehört mit *"seit"*, *"Saat"* und *"Same"* zur indogermanischen Wurzel *"se[i]-"* mit der Bedeutung säen. Bevor es etwas zu Säen gab, sprach der Wortstamm vom "Schleudern, Werfen, Ausstreuen". Wie der Sämann sein Saatgut beim Gang über den Acker mit der Hand seitlich von sich wirft, ist ein Bild, das die Motive "Säen", "Werfen" und "Seite" in idealer Verschmelzung zum Ausdruck bringt. Wie seit der Aussaat der Samen aus der Brache etwas wächst, zeigt, dass die Aussaat dazu dient, dass später reiche Ernte ist. In diesem Satz verbindet sich das Besäen der Seite durch die Vielfalt der Samen mit den Vorstellungen eines "später" und einer Vermehrung des Saatguts zur Ernte.

Da der Begriff "Seite" mit seinen eben benannten etymologischen Assoziationen konstitutiver Bestandteil des Wortpaares Jenseits-Diesseits ist, kann man durchaus fragen, zu wessen Seite das Jenseits liegt und ob er es als den einen Boden von sich wirft, um darin diesseits die eine Vielfalt auszupflanzen. Wenn es so wäre, könnte man auch verstehen, warum diese Mitte, die die zwei Hälften des Seins von sich wirft, selbst nicht als ein ebenso Seiendes zu beweisen ist. Gottes Sein ist nicht beweisbar, weil ihn ein Beweis in seine Existenz zwingen könnte. Gott hat aber die Macht, nicht zu sein, denn das Sein ist nur eines seiner vielen Spiele.

33. Schlecht

Das Böse ist ehrlich besser als das Gute, das dahergeschlichen kommt.

"Schlecht" gehört etymologisch zur Sinnfamilie des *"Schleichens"*. Bei dieser Art der Fortbewegung denkt man zuerst an die Schlange, der spätestens seit dem ersten Buch Mose Falschheit, Lüge und Schlechtigkeit nachgesagt wird. Im biblischen Gleichnis ist die Schlange Botin des Bösen. Indem sie sich mit lautloser List an die jungfräuliche Seele anschleicht, verführt sie Eva dazu, dem Bösen Zugang zu dieser Seele zu verschaffen und sich so am Geist des Guten zu vergehen.

Während die Schlange Eva verführt, verführt ihr zum Schleichen geschaffener Körperbau bis auf den heutigen Tag den arglosen Betrachter allzu leicht dazu, das Schlechte schlechthin mit dem Bösen gleichzusetzen. Untersucht man jedoch die sprachlichen Ursprünge der Wörter "schlecht" und "böse", dann findet man deutliche Unterschiede. Beide Wörter bezeichnen zwar Gegensätze zur Idee des "Guten", sie meinen aber etwas ganz Verschiedenes und obwohl das "Böse" auf seinen Wegen oft opportunistisch die schleichenden Sohlen der Schlechtigkeit benutzt, sollte man die Sachverhalte nicht blind vermengen.

Dem Wesenssinn von *"schlecht"* und *"schleichen"* kommt man am besten auf die Schliche, wenn man ihn dort sucht, wo das Gute so oft vom Schlechten untergraben wird: im täglichen Leben. Vom Begriff *"Leben"* aus verweist die Sprachforschung zu dem Begriffen *"Leim"*, *"Lehm"*, *"bleiben"* und *"kleben"*. Die Zusammenhänge zwischen diesen fünf Wörtern wurden bereits näher untersucht. Als ihre gemeinsame sprachliche Urmutter fanden wir die indogermanische Wurzel *"[s]lei-* = schleimig, glitschig, gleiten". Diese Wurzel nun ist auch der Ursprung der Wörter "schlecht" und "schleichen". Die Binsenweisheit, derzufolge es reichlich Schlechtes im Leben gibt, wird durch den Nachweis sprachlicher Schleichwege zwischen dem "Leben" und der "Schlechtigkeit" bestätigt.

Der Sinnzusammenhang zwischen "schlecht" und "schleichen" ist offensichtlich. Das Schlechte am Schlechten nämlich ist, dass es unauffällig dahergeschlichen kommt. Seinem Urwort "[s]lei-" entsprechend glitscht und gleitet es lautlos und schleimig in jene Strukturen hinein, die es von innen her verderben will. Das Wort "schlecht" meint keine bösen Inhalte und Absichten, sondern die lautlose Verheimlichung mit der absichtlich ans Werk gegangen wird. Das Wort "schlecht" meint kein Was, sondern ein Wie. Es meint eine besondere Art und Weise mit der sich etwas, unabhängig davon, ob es gut oder böse ist, zu verwirklichen sucht. Die jeweils konkrete Absicht, um die es geht, mag selbst gut oder böse sein, schleicht man sich zur Verwirklichung der besten Absichten aber lautlos ein, dann ist auch die Verwirklichung des Guten schlecht; im Prinzip ist es sogar genau so schlecht, als ob man etwas Böses heimlich verwirklicht hätte. Es ist besser, aufrichtig das Böse zu tun, als den guten Zweck zu erschleichen, den man selbst im Namen des Guten geheiligt hat.

Der Unterschied zwischen "schlecht" und "böse" wird im Märchen "Vom Wolf und den sieben Geislein" deutlich. Böse ist am Verhalten des Wolfes, dass er die Geisenkinder fressen will, zumindest aus der Sicht der verängstigten Opfer. Schlecht ist, dass er Kreide frisst und so seiner bösen Absicht den Zugang zur Hütte erschleicht. Das Schlechte ist, dass er sein wahres Ansinnen verbirgt. Plagte den Wolf bloß ein böser Hunger, käme er daher und sagte er ehrlich, offen und mit unverstellter Stimme:
"Hallo ihr schmackhaften Kinder, seid mir ruhig böse, denn ich möchte euch fressen", dann wäre an seinem Tun nichts Schlechtes.

Am Bösen ist nämlich (= namentlich) nichts Schlechtes, wenn es nicht heimlich tut und angeschlichen kommt. Das ehrliche Böse bejaht, dass ihm seine Opfer böse sind, das Schlechte nimmt es ihnen krumm.

Statt des ehrlichen "...ich möchte euch fressen" sagt der Wolf aber ein "...ich habe euch zum Fressen gern" und täuscht so die schutzlosen Geisenkinder über seine wahren Absichten hinweg. Es ist das Schlechte an seinem bösen Spiel, dass er die Wörter zum Lügen benützt. Der böse Wolf im Märchen ist ein schlechter Wolf, denn ein guter Wolf verheimlicht nicht, dass er böse ist.

So mag es durchaus sein, dass die Absichten der ominösen Schlange in der Bibel böse sind. Da die Schlange als Schleiche aber angeschlichen kommt, verkörpert sie damit zunächst das Wesen des Schlechten. Das Wesen des Schlechten verwirklicht sich in der Lüge, der List und der intriganten Verführung. Das Schlechte liegt darin, dass es sein Kommen und Ausgreifen verbirgt. Das Schlechte hat nicht die Stirn, aufrichtig zu seiner Bosheit zu stehen. Schlecht wird es dem ahnungslosen Esser von einer verdorbenen Speise, die scheinbar schmeckt und nährt, bevor er sie erbrechen muss. Eine böse Speise wäre dagegen ein Skorpion, der dem Esser schon vom Teller aus mit erhobenem Stachel droht.

Der Unterschied zwischen "schlecht" und "böse" wurde durch das bisher gesagte schon klarer. Eine Analyse der etymologischen Herkunft des Begriffes "böse" soll diesen Unterschied jetzt noch weiter erhellen.

"Böse" ist mit den Wörtern *"pusten"* und *"Beule"* verwandt. Sie entstammen der indogermanischen Wurzel *"bh[e]u"* in der Bedeutung von "aufblasen, schwellen". Eng verwandt ist das Wort "böse" außerdem mit dem norwegischen *"baus = stolz, heftig"*. Das Wort "böse" meint ursprünglich "aufgeblasen, geschwollen". Das Faktum des Bösen liegt nicht wie beim Schlechten darin, dass es ungebeten in ein fremdes Inneres sickert und dessen Wesen wie ein schmarotzendes Virus für seine Zwecke Missbraucht, sondern dass sich das Böse selbst wie ein Beule bläht und so seinem eigenen Inneren mehr Platz verschafft, als gut ist. Dem anderen ist das Schlechte ein falscher Freund. Das Böse ist ein guter Feind. Während das Schlechte, auch wenn es gut ist, so tut, als wolle es ihm selbst zu Liebe seinen Wirt erhalten und ihm doch bloß von innen die Kraft aus den Adern stiehlt, um, wenn es denn gut ist, die eigene Tugend zu stärken, kommt das Böse wie ein stolzer Räuber und erschlägt wahllos seine

Opfer, egal ob diese selbst nun gut oder böse oder doch bloß schlecht sind.

Das "Böse" ist kein Dämon, der Hasserfüllt in der Metaphysis säße und mit Krakenarmen nach der frommen Menschenseele griffe. Es ist kein Fürst in einer schaurig erhabenen Dunkelheit, in einem fernen düsteren Dämmerreich, von wo aus es die Regie des Lebens mit unheilschwangeren Arien boshaft untermalte. Das Wesen des Bösen ist vielmehr so banal wie eine schmerzhafte Schwellung, wie eine überspannte Beule, die den Blick dafür verloren hat, das es etwas Wichtigeres geben könnte als ihr eigenes Volumen. Das Wesen des Bösen ist seine einsame Expansion, die die Zerstörung des anderen achtlos in Kauf nimmt. Das Böse zerstört ohne das Gute zu sehen. Das Schlechte nimmt sein Ziel vor dem Zugriff listig ins Auge.

Bei aller Unterscheidung des Schlechten vom Bösen ist bemerkenswert, wie viel doch vom Bösen bei der Beschreibung des Schlechten die Rede ist. Es scheint so, als habe sich das Böse nach Art des Schlechten hier eingeschlichen, womöglich um dem Ruf des Schlechten heimtückisch dadurch noch zu schaden, indem sich das Böse selbst stolz als ein aufrechter Räuber anpreist, der damit trotz seiner aufgeblasenen Blindheit dem Guten mehr ebenbürtig ist, als das schleimig verschlichene Schlechte. Wenn das so ist, dann ist das Böse selbst schlecht und es sollte ihm nicht gelingen, sich die Sympathie des Guten zu erwerben. Vielleicht liegt es daran, dass zwischen "böse" und "schlecht" mehr Gemeinsamkeit besteht als ihr beider Gegensatz zum Guten. Womöglich bedient sich das Böse so gerne der Schleichwege des Schlechten, weil das Böse ein Leben im Schatten des Guten führt, sich seines Neides auf das Gute schämt und sich daher nur ungern öffentlich zeigt. Wenn es das Böse aber fertig bringt, sich bekennend gegen die Verführung zum Schlechtsein zu wehren, dann sollte das Gute auf Hochmut verzichten.

Wäre das Böse im Paradies nicht wie ein Parasit in die Schlange geschlüpft, sondern hätte es wie ein zorniger Rebell offen vom Guten verlangt, seiner Raublust zu weichen oder sich zu einer eigenen Bosheit zu bekennen, indem es den Expansionsdrang des Bösen in offener Feldschlacht verdrängt, dann hätte das Böse im Guten gut sein können und das Böse selbst hätte sich in seiner Niederlage in ein Gutes bekehrt. Durch die Niederlage am Guten hätte sich das Böse aus seiner Einsamkeit befreit, indem ihm das Gute durch einen geraubten Apfel vom Baum der Erkenntnis die Augen für das Maß geöffnet hätte, welches der Bosheit in Liebe zusteht. So aber war es zu feige, offen die Kräfte zu messen und seinen Platz zu finden. Aus Neid auf das Gute erfand es das Schlechte, um doch noch die Schöpfung zu verderben, von der es sich aus Dummheit ausgeschlossen fühlt. Vielleicht ist das Gute im Jenseits über den Einfluss des Schlechten erhaben. Hier wird das Gute vom Schlechten zersetzt, wenn sich das Gute nicht mit seiner Bosheit verbündet.

34. Trauer
Trauer und Hass sind ungleiche Kinder des Schmerzes.

Zum Thema "Trauer" kommt man auch, wenn man statt dessen beim Wort "Feindschaft" beginnt. Ohne dass die Wirklichkeit sich den menschlichen Hoffnungen, Plänen und Wünschen gegenüber oft widerspenstig verhielte und ohne dass die Mitmenschen manchmal sogar feindselig wären, gäbe es nämlich keinen Anlass zur Traurigkeit. Es gelänge alles und im satten Strom ständiger Erfolge wäre es leicht, zu jedermann freundlich zu sein. Ohne die Feindschaft zwischen widerstrebenden Motiven gäbe es keine Niederlagen. Trauer zeigt an, dass im Widerstreit zweier Motive eines eine Niederlage und damit seinen Untergang erlitten hat. Trauer ist die Sichtweise des Unterlegenen, der die Entscheidung im Zwiestreit der Motive als Niederlage sieht. Trauer begleitet als seelisches Echo jeden echten Verlust.

Das dem Wort *"Feind"* zugrunde liegende Verb *"fien"*, in der Bedeutung von "Hassen", ist nach der mittelhochdeutschen Zeit in Vergessenheit geraten. Forscht man tiefer in der etymologischen Ahnengalerie des Wortes "Feind", stößt man dort auf das indogermanische Urbild *"pe[i]"*. "Pe[i]" meinte "schädigen, weh tun, schmähen".

Für die weitere Untersuchung von besonderem Interesse ist ein gemeinsamer lateinischer Verwandter der Wurzel "pe[i]" und des deutschen Wortes "Feind": das Verb *"pati"*. "Pati" heißt "erdulden, erleiden" und ist, wie man unschwer erkennen kann, der Großvater des Fremdwortes *"passiv"*. Der Feind ist ein Leidensbringer, den man schädigen und den man im Wehtun schmähen möchte, um sich für die Schmach an ihm zu rächen, dass man sich ihm passiv ausgeliefert sah. Die Quelle der Feindschaft ist daher meist die frühe Kindheit, in der die Ohnmacht am größten war.

Widersacher, denen man begegnet, können Feinde oder Gegner sein. Der Gegner ist ein Widersacher, der im Interesse seiner eigenen Pläne, dem, der sie zu durchkreuzen versucht, einen Widerstand entgegensetzt. Er weist zwar seine Gegner im Konkurrenzkampf aktiv zurück, ohne sie durch die Zurückweisung jedoch zu verachten. Gegner sind Rivalen, deren Rivalität eine echte Begegnung bleibt.

Im Wort "Feind" tauchen assoziativ die Begriffe "schmähen" und "passiv" auf. Das muss beim Verständnis der Feindschaft berücksichtigt sein. Das Wort "schmähen" spricht vom Verachten, Schänden und Entehren. Wen man schmäht, weist man verachtend zurück.

Feinde sind folglich solche Widersacher, die sich nicht nur als Anwälte ihrer Interessen im Kampf begegnen, sondern die versuchen, einander in eine Ohnmacht zu zwingen, in der der Feind Schande, Verachtung und den Verlust seiner Ehre passiv erdulden muss. Den Feind weist man nicht nur zurück, um zu verhindern, dass er sich der Ressourcen bemächtigt, auf die man selbst Anspruch erhebt, sondern man macht ihn nieder.

Offensichtlich gehört zu den Ursachen der Feindschaft nicht nur der Schaden am fremden Interesse, den der Feind wie ein Gegner verursachen könnte, sondern auch die Angst vor der ehrlosen Ohnmacht, ohne deren Androhung der Feind kein zu Hassender Feind wäre, dem man, aus Angst, es geschähe einem selbst, beim Entehren zuvorkommen möchte. Vielmehr hätte man es dann mit einem Gegner zu tun, einem durchaus respektablen jemand also, dessen grundsätzlichen Wert man nicht verneint und dessen Existenz man daher auch nicht zu beseitigen trachtet, sondern dem gegenüber man, bei aller Achtung, die man ihm sonst zollen mag, die eigenen Interessen aufrecht zu vertreten weiß - vielleicht sogar soweit, dass man ihn tötet. Während man sich über dem toten Feind jedoch im Triumph des Rechtes wähnt, wird man beim Anblick eines toten Gegners vor sich selbst erschrecken.

Wichtige Elemente der Dynamik des Hasses und des Leidens entspringen, wie die etymologische Verwandtschaft von "fien" und "pati" belegt, dem Seinsmodus der Passivität. Passives Erleiden wird als ehrlos erlebt, wenn der, der da leidet, sich durchaus wehren könnte, es, nicht aus Tugend, sondern aus falschem Kalkül, aber nicht tut. Nicht alles nämlich, was weh tut und schadet, was man im Sinne von "pati" erleidet, wird gemeinhin gehasst. Hass entsteht auch auf dem Boden einer Passivität, die nicht wirklich will, dass nichts zur Abwehr des Schadens passiert und nur so tut, als ob sie am Eigennutz kein Interesse habe. Sie erwartet insgeheim, dass der andere Rücksicht nimmt und dass das Gegenüber an ihrer Stelle aktiv wird. Der Passive hat nur selten die ehrliche Absicht zu dulden. Meist will er bloß versorgt sein. Er erwartet vom anderen, an seiner Statt dabei (inter) zu sein (esse) und wundert sich dann aufgebracht, dass er selbst fehlt.

Durch solche Passivität wird verachtet, weil der Passive durch sie seinem Gegenüber wortlos sagt, dass der sein Anwalt und sein Werkzeug und damit Diener eines fremden Interesses sei. Wer notorisch passiv ist und dabei leidet, erhebt den Anspruch darauf, dass ihn die Welt bedient. Entzieht sich der andere der ihm zugedachten Rolle, und weist er so die Verachtung seiner eigenen Interessen zurück, wird er zum Gegner, und es droht dem passiven Part die Schande gescheiterten Hochmuts bewusst zu werden. Oft wehrt er die schmerzliche Einsicht ab, indem er den Gegner zum bösen Feind erklärt, den man nun mit Fug und Recht Hassen müsse. Im Grunde müsste der Passive sich aber eingestehen, dass er ohne rechte Gegengabe gefördert und geliebt werden will. Schädliche Kräfte kann man daher nur Hassen, wenn man sich eigentlich auch in Liebe mit ihnen verbünden kann.

Naturgewalten zum Beispiel töten, ohne dass man sie dafür Hasst, weil es nicht zum menschenmöglichen Handlungsrepertoire gehört, ihr Unwesen zu verhindern und weil man es von speienden Vulkanen und todbringenden Flutwellen sowieso nicht erwartet, dass ihre Existenz den menschlichen Zielen förderlich ist. Deshalb lässt der Mensch das Unheil der Natur im allgemeinen seufzend über sich ergehen und Voltaires schriftlicher Protest gegen das Erdbeben von Lissabon 1755 erscheint ebenso naiv wie unangemessen. Es wirkt so, als habe Voltaire im Überschwang kindlichen Selbstbewusstseins die Gelegenheit des bösen Erdbebens zum Versuch genutzt, die Güte des aufgeklärten Menschen dadurch zu beweisen, dass er sich kräftig empört, wenn Mutter Erde und Gott im Himmel sich einen Scheißdreck um die Wünsche der irdischen Egozentriker scheren.

Wer nicht aus eigenem Willen und aktiv sein Leben meistert, so gut er als Mensch es überhaupt meistern kann, meint leicht, dass eine böse Welt ihn unsanft vorwärts in eine Zukunft treibe, die er wehrlos schlucken muss wie eine kalte grüne Kröte. Er meint dann, er werde von der Welt drangsaliert, und aus seiner Trägheit aufgeschreckt fühlt er in sich den Hass der Gehetzten.

Ursprung des Wortes *"Hass"* ist das indogermanische *"kados"*, das im Grunde das gleiche meinte wie der griechische Begriff *"kedos"*, nämlich "Sorge, Trauer, Leichenbestattung".

Wie anlässlich einer Leichenbestattung aus dem Schmerz des Verlustes entweder Trauer oder Hass entsteht, ist zu beobachten, wenn Menschen ihre im Kampf gegen Feinde gefallenen Toten bestatten. Wer dabei trauert, wirft sich nieder. Wer Hasst, bäumt sich auf. Wer trauert geht durch den Verlust über das Verlorene hinaus. Durch den Tod des Nächsten wird er im Absoluten seines Seins berührt. Wer trauert sieht den Schmerz des Seins. Er sieht, dass sich das wahre Sein über die bloße Richtigkeit erhebt. Er anerkennt, dass das Ziel für das sein Liebster starb im besten Falle richtig war, dass das Leben im Sieg des Richtigen aber noch nicht wahr sein kann. Er sieht, dass sich die Wahrheit ihres Hochmuts über das Richtige schmerzhaft schuldig weiß. Der Trauernde sieht, dass sich das Wahre, im Wissen, selbst ohne Rücksicht zu sein, um Vergebung bittend um seine Wunde beugt. Das Wahre west als Wunde der Welt.

Wer Trauer verweigert und statt dessen Hasst, weigert sich das Tote zu bestatten. Er vergräbt es in der Erde, aber bloß, weil er kein anderes Wohin für den Kadaver kennt. Er vergräbt, aber er bestattet nicht und gibt so dem Toten in der Erde keine Stätte. So anerkennt er nicht, dass auch er und sein in ihn eingegrenztes Recht einmal in dieser Erde enden und dass das laute Fordern seiner Interessen schweigend Boden verstummt. Statt dessen trägt er mit den anderen Aufgehetzten die Leiche durch die Straßen, er ballt die Fäuste und skandiert Hasserfüllt Parolen. Er lässt sich nicht durch die Gegenwart des Todes beim Verfolgen seiner Ziele auch nur kurz beirren. Die Leiche ist ihm kein Symbol eines heiligen Jenseits, wo er selbst mit seinem ärgsten Todfeind noch verbrüdert ist, sondern er Missbraucht sie als moralische Waffe, um damit das Daseinsrecht seines Widersachers zu erschlagen. Wer bei der Bestattung Hasst, schändet die Leiche, indem er sie für seine Zwecke benutzt. Wer Hasst, macht sich blind für die Hinfälligkeit der Motive.

Geht man dem ursprünglichen Wortsinn der *"Trauer"* nach, stößt man in den indogermanischen Sprachen durchweg auf Begriffe, die sich um die Vorstellung des "Niederfallens" gruppieren. Altenglisch hieß es zum Beispiel "*drusian* = sinken, matt und kraftlos werden". Entsprechend dem gleichen Bild senkt der Trauernde Augen und Kopf oder er wirft sich gar schluchzend zu Boden.

Klanglich assoziiert sich zur "Trauer" der *"Tropfen"*, die *"Traufe"* und die *"Träne"*. Bei allen drei Wörtern erkennt man als gemeinsamen Nenner das Bild des fallenden Wassers. Kein Wunder also, dass tropfendes Wasser an Trauer erinnert, seien es nun Tränen oder die Wassertropfen, die bei trübem Regenwetter trostlos vom Dach in die Traufe triefen.

In der Trauer lässt man das Vergehende dorthin niederfallen, wohin es spontan fällt, wenn man den Versuch, es aufrecht zu erhalten fallenlässt. Trauer bleibt warm, weil Wasser nur im lebensnahen Temperaturbereich in satter Schwere niedertropft. Hass ist kalt oder heiß. Er lässt das Wasser und das Leben erstarren wie Eis, oder er lässt es verdampfen, damit sich nichts mehr daran laben kann.

In der Trauer gibt man dem Urgrund des Seins jene Formen der Existenz zurück, die im Zyklus des Werdens geworden, gereift und damit beendet sind, und deren Bestehensenergie aus dem Sein ihrer Form zurück ins Magma anonymer Möglichkeiten fällt. Während der Impuls des Werdens in immer neue Formen führt, bricht hinter ihm jede Brücke mit ihrer Vollendung ein.

Wenn man sein Wesen in einer Spielart seines Seins schon als vollendet wähnt, zum Beispiel als netter Nachbar, Freund und Geliebter, als Erfolgsmensch im Beruf oder als Sportskanone und daher nicht zulassen will, dass diese Form wie jeder Klang durch ihr Dasein schon zerbricht, lehnt man sich gegen das Werden auf. Dann weigert man sich, seine Seinsschuld zu betrauern und errichtet zum Schutz gegen den Tränenfluss, der das Sein zurück in die Schmelze des Möglichen zerfließen will, eine einsame Mauer aus Hass. Hass ist verweigerte Trauer. Er ist die Leiche, die man in der Seele nicht bestatten will. Er ist, was in der Seele keine Ruhestätte hat.

35. **Beachtung**
Im Vergleich zu sich selbst ist man irreal.

Neben dem Zahlwort, das hier nicht Gegenstand der Untersuchung sein soll, taucht das Wort "Acht" im Deutschen zweimal auf. Die jeweiligen Bedeutungen der beiden Wörter sind dabei eng miteinander verknüpft und doch scharf voneinander abgegrenzt.

Einmal weist das Wort *"Acht"* zum Verb *"achten"*, ein anderes Mal zum Verb *"ächten"*. Ob und gegebenenfalls wo die beiden Begriffe gemeinsame Vorfahren im Stammbaum der Sprache haben ist unsicher. Es wäre aber verwunderlich, wenn die klangliche Assoziation nur auf einem nichtssagenden Zufall beruhte.

In der Menschengesellschaft entscheiden die unterschiedlichen Tätigkeiten des Achtens und des Ächtens in großem Maße über das

Ach und Weh des einzelnen. In dem Teil des Seins, in dem man nicht einsam mit dem Rücken zur Wand wie ein ins kalte Schicksal geworfener Existentialist dem nackten Dasein begegnet, sondern in dem man ein eingeordnetes Glied im System der menschlichen Gemeinschaft ist, einer Gemeinschaft, die die Rechte, Pflichten, Grenzen und Möglichkeiten des Lebens so entscheidend mitbestimmt, in diesem Teil also regulieren Achtung, Verachtung oder gar Ächtung welche Wege dem Individuum zu seiner Verwirklichung offenstehen.

Für alles, was es im Leben zu erreichen gibt, braucht man seine Mitmenschen. Selbst ein Fakir, der in asketischer Armut meditiert und in einem Dornengestrüpp verharrt, um, das Nirwana suchend, dem Weltlichen zu entsagen, benötigte in seinem Werdegang die Hilfe anderer, um überhaupt bis zum Antritt der Entsagung zu gelangen. Hat die einsame Selbstkasteiung dann begonnen, konstituiert sie sich in Form und Inhalt als Abgrenzung zu den üblichen Formen weltlichen Daseins. Der ehrgeizige Asket vermeint das göttlich Absolute auf sich aufmerksam zu machen, indem er sich durch Verzicht auf den spontanen Gang seiner eigenen Natur deutlich aus dem Hintergrund des normalen Treibens hervorhebt. Der Asket sitzt in seiner zugigen Berghöhle als Gegenpol zum warmen Gewimmel der Täler. So bleibt auch sein Asketentum Sonderfall einer sozialen Rolle und zumindest um ihm den Kontrast zu geben, von dem er entsagt, ist der Asket auf die Mithilfe derer angewiesen, die er im Tale zurücklässt.

Genauso lässt sich diese stets wechselseitige Abhängigkeit individuellen Seins an den Personen illustrieren, die den Asketen am Berg vom Tal aus für seine Entschlossenheit bewundern. Zufällig aus dieser Menge ausgewählt sei Christoph Kolumbus, der einen großen Teil des Lebens sogar auf Meereshöhe verbrachte und doch dem Asketen, auf seine Art, an Entschlossenheit nicht nachstand.

Als Kolumbus' Vater im kalten Januar 1450 unter der Bettdecke näher an seine Frau rückte, dachte er weder an Amerika noch an die Freuden der Vaterschaft. In der Wärme des Weibes belebten sich jedoch seine Glieder. Statt nur nach harmloser Wärme suchte der Vater bald nach Lust. So war Christophs Leben selbst als reines Ob darauf angewiesen, dass anderen ein lüsternes Spiel gut gefiel. Später nährte ihn die Mutter mit ihren vollen Brüsten und wer ihn nach dem Stillen zufrieden in seiner Wiege sah, sagte zu ihm "Dududu" und "Lalala". Ohne das wäre Christoph verhungert oder stumm geblieben. Dann fiel der aufgeweckte Bub durch besonderen Ehrgeiz auf. Deshalb brachte man ihm das Lesen und Schreiben bei. Als junger Spunt heuerte er auf einem Schoner an und lernte von den älteren Matrosen die

Seefahrt von der Pieke auf. Als er mit Kompass und Sextant selbst im Schlafe die ungefähre Lage Amerikas bestimmen konnte, ernannte man ihn zum Kapitän. Von seinem Freund Toscanelli ermutigt, umwarb er Isabella, la bella dolce mujer Isabella von Kastilien mit seinem Genueser Charme und seinen kühnen Plänen, und sie gab ihm drei ihrer besten Schiffe hin, damit er den Ozean damit durchpflüge und den neuen Kontinent entdecke.

Ohne die Hilfe und Beachtung anderer hätte Kolumbus also nicht einmal das Schaukeln im Fruchtwasser, geschweige denn das Schaukeln seiner Wiege erlebt und erst recht nicht das große Schaukeln des Ozeans an Bord seines berühmten Schiffes.

Das übliche Dasein spielt sich in sozialen Interaktionen ab. Das Individuum tritt nicht etwa gelegentlich und erst nach seiner Erschaffung in diese Interaktion ein, sondern es entwickelt sich als Gegenpol zum sozialen Kontext des Menschseins erst aus. Das Menschsein selbst erschöpft sich weder als ein sozialer Kontext mit individuellen Gliedern noch als eine Summe von Individuen, die sich opportunerweise zu einer Gesellschaft zusammentäte. Was der Mensch selbst ist und was sein ganzes Selbst ausmacht, kann man nicht beantworten. Es ist aber zu vermuten, dass das Selbst sowohl die Mitgliedschaft in der Gemeinschaft als auch die Individualität an Realität übersteigt. Im Vergleich zu sich selbst ist man in allen seinen bekannten Erscheinungen irreal.

Der Abhängigkeit vom Umfeld ist man besonders als Kind ausgesetzt. Als Menschenkind ist man selbst für das nackte Überleben vom ersten Tage an auf die Beachtung durch die Umwelt angewiesen. Junge Heuschrecken oder Erdkröten dagegen überleben mit viel Glück auch ohne die Fürsorge ihrer Eltern. Keine lebende Heuschrecke hat je die Beachtung ihrer Eltern für ihr Überleben in Anspruch genommen. Zwar braucht auch der Nachwuchs höherer Tiere Zuwendung von außen, Art und Ausmaß der Beachtung, die Menschenkinder brauchen, ist jedoch spezifisch.

Wie man sich in der langen und zunächst fast ohnmächtigen Abhängigkeit von der Familie entwickelt, hängt entscheidend davon ab, welche der breitgefächerten kindlichen Lebensäußerungen mit Beachtung gefördert, mit Verachtung entmutigt oder gar durch Ächtung aktiv unterdrückt werden. Zu einem großen Teil ist der einzelne, was die Welt von ihm bejaht. Es ist schwer eine individuelle Position durchzuhalten, wenn man dafür verachtet oder geächtet wird. Die

Möglichkeit zu einer eigenen Werteautarkie, der Mut zu einem einsamen Ja oder Nein, ist in jedem angelegt. Dazu braucht man die Selbstachtung, mit der man sein Inneres gegen die Ächtung, die von außen kommen könnte, abschirmt. Die Früchte dieses Mutes wachsen aber oft so langsam, dass man nur ungern darauf warten mag und für die Zustimmung der anderen ihre Meinung übernimmt.

Wie es scheint, wird aber durch diese Zusammenhänge das Motiv des mächtigen Ringens um Beachtung nicht ausreichend erklärt. Warum suchen Individuen die Beachtung ihrer Umwelt über jenes Maß hinaus, das zum individuellen Gedeihen unmittelbar notwendig ist? Sicher, dem Angesehenen, der beachtet wird, öffnen sich Türen, die dem Verachteten verschlossen bleiben. Auf der Ebene gesellschaftlicher Rivalität grenzt Verachtung ein, Beachtung gibt Raum und eröffnet neue Möglichkeiten. Ungeklärt ist aber, warum Verachtung nicht nur eingrenzt, sondern das Individuum auch noch über die Grenze hinweg in seinem Inneren zu schwächen droht. Es geht um die Frage, ob Be- und Verachtung vor jedem Rivalisieren um gesellschaftliche Vor- und Nachteile für die Existenz des Ichs eine tiefere Relevanz besitzt. Warum nützt dem Menschen Beachtung nicht erst zum sozialen Aufstieg, sondern warum braucht er sie schon zur Entwicklung seiner Psyche?

Zur Vorbereitung einer Antwort auf diese Frage lohnt sich der Rückgriff auf die etymologischen Wurzeln des Begriffes *"achten"*. Das Wörterbuch verweist hier auf das indogermanische *"ok-"*."Ok-" ist mit "nachdenken, überlegen" zu übersetzen. Wenn man etwas beachtet, nimmt man das Beachtete in sein Denken auf. Das Beachtete findet eine Repräsentanz im Geiste. Das Beachtete wird bewusst. Das Bewusstsein gibt dem Beachteten den Raum zur Existenz.

Um die Bedeutung der Beachtung, also des Versehens mit Achtung, zu verstehen, muss man sich daher den Sinn des Wortes *"Existenz"* näher vor Augen führen. "Existenz" bedeutet als lateinisches Fremdwort in etwa "hervorstehen, herausragen, zum Vorschein kommen". Es besteht zum einen aus der Silbe *"ex"* im Sinne von "heraus", zum anderen aus dem Verb *"sistere"*.

Den Sinn der Silbe "ex" erkennt man in Wörtern *wie "Expansion"*, *"Expression", "Export" "extrem"* und vielen anderen mehr.

Das Verb "sistere" heißt soviel wie "hinstellen, sich stellen". dasselbe Wort "sistere" ist ein Vetter des Wortes *"stare"*. "Stare" heißt "stehen". Außer in "Existenz" kommt es in Begriffen wie *"Assistenz"* und *"Persistenz"* vor. Der Assistent steht bei, das Persistierende bleibt bestehen.

Wenn man nun die Existenz als ein Sich-stellendes-Herausragen definiert und wenn man bei der Definition nicht nur die körperliche Präsenz in den physikalischen Raum ragen sieht, sondern das persönliche Ich als ein transmaterielles Gefüge abstrakten Soseins erkennt, fragt es sich, wohin dieses Herausragen denn hineinragt. Wenn das Ich als Kontaktorgan zur Welt aus dem Selbst heraus in ein transmaterielles Dasein ragt, wo in dieser Welt findet man dann die Bestätigung seiner Existenz? Woran erkennt man, dass man ist?

Das "Ich denke, also bin ich" mag für aufgeklärte Philosophen Existenzbeweis genug sein, die vitale Naivität eines quirligen Kleinkindes lässt sich aber durch derart trockene Theorie kaum in ihrem Dasein selbstbestätigen. Dessen Individualität entdeckt sich erst, wenn sie in den Raum sozialer Wirklichkeit hineinexistiert. Auch Descartes erkannte seine Existenz nicht daran, dass er dachte, sondern daran, dass sein Gedanke "Ich denke, also bin ich" ein Aha in ihm bewirkte. dass sich Descartes im Gedanken selbst sieht, liegt daran, dass das Innere des Philosophen Teil des Kontextes ist, in den hinein er existiert und an dessen Reaktion er sein Auswirken erkennt. In Wirklichkeit ist das Aha ihm näher als das Denken, ohne schon er selbst zu sein.

Zur Ausformung des menschlichen Lebens in die Wirklichkeit der Welt hinein braucht man schon während seiner Kindheit eine Bestätigung der eigenen Wirklichkeit. Ohne diese Bestätigung verlöre man die Orientierung und ginge in die Irre. Man erkennt sich als existent, weil man in der Welt Wirkungen hervorruft, in deren Zentrum man zunehmend die Ahnung eines Seins zur Gewissheit seiner selbst verdichtet. Diese aufklarende Gewissheit des individuellen Selbst ist die Substanz aus der Selbstsicherheit entsteht. Damit man seiner selbst sicher wird, kann man nicht warten, bis man so alt ist und so abstrakt denkt wie Descartes. Man braucht lange bevor man sich selbst denken kann, das nachhaltige Erlebnis seiner animalisch vitalen Wirksamkeit. Diese Wirksamkeit erkennt man daran, dass jemand kommt, wenn man schreit, dass es rappelt, wenn man Bauklötze durch die Gegend wirft und dass es stinkt, wenn man in die Hose scheißt. Glücklicherweise geht das menschliche Sein in seiner weiteren Entwicklung über diese grundlegenden Elemente hinaus.

Da man ein sprechendes Wesen ist, dessen Existenz sich kaum im körperlich konkreten Dasein erschöpft, sondern das sich zunehmend in den virtuellen Raum geistiger Symbole erstreckt, verlagert sich der Schwerpunkt wirkender Existenz zu den Mitmenschen hinüber, auf die man sich mit der Sprache bezieht. Man ist sicher, dass man ist, weil man erkennt, dass man auf seine Mitmenschen einwirkt. Und man erkennt sich auch darin, dass es umgekehrt nicht anders ist. Man erkennt sich an seiner Wirkung auf das Du und daran, was die Beziehung zwischen Ich und Du am Ich bewirkt.

Dem Herausragen einer Existenz entspricht sein erkennbares Hineinreichen ins Dasein anderer. Existenz ist damit im gleichen Zuge Insistenz. Daran, dass man beachtet wird, dass man als existent anerkannt wird, erkennt man als erstes seine Existenz. Indem man den anderen beachtet, erkennt man dessen Existenz im Gegenzug an.

Mißachtet, verachtet und übersehen zu sein ist eine reale Bedrohung der individuellen Existenz. Verachtung wird durch das Unterlassen jeglicher Form des Beachtens ausgedrückt. Der Verachtete wird nicht gegrüßt, man blickt durch ihn hindurch, als gäbe es ihn nicht, man anerkennt nicht, was er Gutes tut, man hält sein Schlechtes nicht einmal des Tadels wert. Verachtung ist ein Versuch zu vernichten, ohne das der Verächter durch eine sichtbare Handlung erkennbar schuldig wird. Der Verächter will sich vor der Verantwortung für seinen Anschlag gegen den Verachteten drücken.

Weil Verachtung tatsächlich existenzgefährdend ist, zieht ein kluger Verachteter, der sich keine andere Beachtung verschaffen kann, es manchmal vor, sich so unbeliebt zu machen, dass er, wenn schon nicht positiv beachtet, wenigstens geächtet wird. In der Ächtung wird die Existenz des Geächteten zwar der Meidung anempfohlen, damit aber aktiv anerkannt. Dem vogelfrei Erklärten gesteht man darin zu, als Vogelfutter gut zu sein.

Ein Rückgriff auf das Themenrepertoire englischer Gruselromane soll als Beweis für diese Thesen dienen. Es geht dabei um die Existenz von Gespenstern:

Stellen Sie sich vor, sie seien ein verstorbener Vorfahre und geisterten wegen eines misslichen Fluches als Untoter ruhelos durch das Haus ihrer Erben. Stellen sie sich weiter vor, der missliche Fluch habe Sie nicht nur entleibt, so dass Sie unsichtbar sind, sondern auch noch soweit entmachtet, dass ihnen keine Stimme bleibt, und Sie auch sonst kein Rasseln oder Stühlerücken verursachen können, um ihre achtlosen Erben auf ihre Existenz aufmerksam zu machen. Gemäß dem naturwissenschaftlichen Weltbild, wären Sie dann nicht wirklich existent. Wahrscheinlich würden Sie bald selbst an ihrer Existenz zweifeln, oder sie würden vermuten, nicht Sie seien unwirklich, sondern die achtlosen Erben seien nur ein flüchtiges Gaukelspiel närrischer Trugbilder.

Das Gefühl wirklich zu sein gründet also wesentlich in der Wahrnehmung durch andere. Wirklich ist man nicht mit sich allein. Das Ich sieht sich zwar als abgetrenntes Sein, das dann durch die Formen der Kommunikation über den Graben des Nichts hinweg mit anderen abgetrennten Ichs eine Art Funkverkehr unterhält, wirklicher ist aber das Bild, dass sich das Sein verschiedener Menschen, sobald es die körperliche Präsenz im physikalischen Raum übersteigt, tatsächlich überlappt. Das Ich ist nicht individuell. Das eigentliche Selbst ist ohne ein Zwischen subexistent. Das Ich ist in sich selbst, aber sein Selbst ist jenseits von ihm. Eins kann ohne zwei nicht sein. Alles ist, weil Nichts ohne es nicht sein kann.

36. Lunge
Mit Leichtigkeit tut man sich schwer.

Das Wort *"Lunge"* ist sprachlich eng verwandt mit den Begriffen *"gelingen"*, *"gelangen"* und *"leicht"*. Es ist somit kein Zufall, wenn der Name unseres Atmungsorgans ganz in das Wort "gelungen" eingebettet ist. Die Vorstellung des "Gelingens" ist ein Abkömmling des "Leichten". Was gut gelingt, geht oft leicht vonstatten und ist eine Aufgabe gelungen, ist man endlich am Ziel seiner Mühen angelangt, dann atmet man erleichtert auf.

Wie das Gelingen eines Vorhabens Erleichterung verschafft, indem es das angestrebte Soll erfüllt und in der Erfüllung des Solls die Last einer Pflicht von sich wirft, ist allgemein bekannt. Zu verstehen bleibt, was Art und Wesen dieser erlangten Leichtigkeit bestimmt. Als Gegenpol zu einer Schwere, die sich als Kraft zwischen zwei taubstummen Brocken Materie erweist, ist die genannte Leichtigkeit des Geistes nämlich nur in grober Analogie zu sehen. Eigentliches Wesen der Leichtigkeit ist nicht die Abwesenheit einer Kraft, die stur und blind nach unten zieht, sondern dass man von jenem Zwang entledigt ist, den man erzeugen muss, um das erstrebte Soll gegen den Widerstand des spontanen Weltgeschehens zu erfüllen. Sofern Leichtigkeit sagt "So ist es gut", ist sie nicht taubstumm, sondern ein helles Schweigen.

Wie vor dem Gelingen der Erleichterung die Beschwerlichkeit des Zwangs entsteht, kann man mit den Begriffen "halten" und "sträuben" gut beschreiben. Kaum ein Ziel erreicht man in einem einzigen kühnen Sprung. Meist sind dafür planvolle Schritte nötig, die zielstrebig aufeinander abzustimmen sind. Die Verben "halten" und "sträuben" bezeichnen die grundsätzliche Webart jenes Musters, ohne das jedes zielstrebige Tun die Orientierung verliert. Auf dem Weg zum Ziel muss man das bereits Erreichte halten und sich dagegen sträuben, dass der launige Lauf der Dinge den Wagen in die falsche Richtung zieht. Nur so kann man die Hindernisse bezwingen, die zwischen hier und dort im Wege stehen.

Ist man im ruckelnden Planwagen unterwegs nach Kalifornien, dann lenkt man mit dem Halten und Sträuben die Bewegung in Richtung San Francisco. Gehalten wird West, man sträubt sich gegen Nord, Süd und Ost.

An einer Grenze bestimmt man mit dem Halten und Sträuben, was über die Grenze hinweg ausgetauscht wird. An der Grenze zwischen einem zielbestimmten Ich und der eigensinnigen Übermacht der Welt ist es ein Austausch zwischen dem Inneren einer in ihr Selbst zentrierten Existenz und dem Wechselspiel taumelnder Strudel da draußen, denen es, auf ihrem Weg über den Tanzboden des Kosmos, erheblich an Respekt für die Werke der Menschen mangelt. Die durchdacht an sich bauende Existenz wird an dieser Grenze zwischen ihrem Innen und dem Außen halten, was zum Bau gut passt und sich sträuben, wenn ein frecher Strudel ungefragt den Bauplan ändern will.

Der indogermanische Urgedanke des "Haltens" bezog sich auf das Vieh. Als stolzer Tierhalter hält man das Vieh tunlichst davor zurück, sich auf und davon in die Wildnis und aus dem Staube zu machen, was so manches gute Stück aus Gründen der Entropie und der tierischen Instinkte ohne Gatter und Koppel schnurstracks täte. Man treibt das Vieh zu einer Herde zusammen, damit es besser unter Kontrolle bleibt. Das deutsche Wort *"halten"* ist daher urverwandt mit dem griechischen "*kellein* = treiben" und dem altindischen "*ka-layati* = treibt, beobachtet, hält". Während der Hirte das Vieh im Inneren der Koppel hält, sträubt er sich dagegen, wenn das Wolfsrudel vom nahen Wald wie ein hungriger Strudel die gehaltene Herde in Stücke reißen will. Der Hirte betreibt am Gatter eine strenge Grenzkontrolle.

Als geradezu haarsträubend empfindet es dann das Vieh, wenn es entsetzt feststellen muss, dass seine menschlichen Bewacher es nur deshalb gegen die Wölfe beschützten, um es hinterher mit kaum verhohlener Gier selbst aufzufressen. Mit diesem Sträuben der Haare signalisiert es sein Entsetzen und dass es bei diesem Spiel nicht freiwillig mitmachen will. Das Vieh versucht sein Inneres vor dem Übergriff der gefräßigen Hirten durch die demonstrierte Grenze der Widerborstigkeit abzuschirmen.

"Sträuben" meint ursprünglich ein "Starrwerden", dessen Sinn es ist, sich zu sperren und dem unerwünschten Lauf der Dinge zu widerstreben. Da zwischen dem Weltlauf, wie er spontan vonstatten geht und dem, was man sich im Dienste seiner Ziele wünscht, ein Graben klafft, und die Welt den Menschen ungefragt ins Spiel ihrer Strudel einbezieht, muss man sich gegen den Sog der Strudel sträuben, wenn man an ein Ziel gelangen und dort um seine Pflicht erleichtert werden will.

Ebenfalls zur Sinnfamilie des Leichten gehören die Verben *"lichten"* und *"lungern"*.

Wird der Anker bei sinkender Tide gelichtet, trägt das abfließende Wasser das befreite Schiff aufs offene Meer hinaus. Mit gelichtetem Anker schwingt das Schiff mit den Wellen wie in einem unbeschwerten Tanz. Wer es sich leisten kann und an Bord nicht mit lästigen Pflichten belastet ist, lungert müßig an Deck, und, dies bestätigt die Sprache, wer in die Sonne blinzelnd im Liegestuhl lungert, betätigt nicht viel mehr als seine Lungen. Jenseits der Reling sieht er, wie sich des Himmels Horizont im trägen Takt der Wogen hebt und senkt. Im Auf und Ab des Schiffes atmet er ein und aus. Ach, wie ist das Leben doch so leicht, wenn es im Rhythmus des Atems unbeschwert in seine Zukunft schwingt.

Entnähme man nun dem, der sich da mit leichter Seele dem süßen Nichtstun hingibt und gelassen dem Lauf der Welt vertraut, seine Lunge und würfe sie ins Wasser, dann würde diese Lunge bestens schwimmen. "Die Lunge" heißt "die Leichte". Hier ist die Sinnverbindung vom konkreten Organ zu einer atmosphärischen Eigenschaft und zu jener Leichtigkeit, die aufkommt, wenn man da ist, wo man nichts mehr aus eigener Kraft zu erreichen gedenkt.

Im freien Atmen spiegelt sich jene Leichtigkeit des Seins, die sich in ihrer ungezwungenen Gegenwart bereits als Lauf der Welt versteht, und die dem was ist, kein Ziel, kein Soll, kein Muss und keinen Wunsch entgegensetzt, und die daher auch nichts halten muss und sich nicht sträubt. Im Ausatmen hält die freie Lunge nichts zurück, was ihr nicht, ohne dass sie etwas haben will, ohnehin schon bleibt. Im Einatmen nimmt sie wohlgemut und ohne sich zu sträuben, was ihr die Welt in ihre Kammern füllt.

Derart gelassene Momente an Bord eines Schiffes sind selten. Meist ist man dabei, nach etwas zu greifen und deshalb nicht in Gelassenheit da, wo man ist, sondern bemüht in ein Dort. Wenn man vom Meer und vom Schiff getragen am Bug dieses innere Müssen vergisst, und der Bug leicht wie die Luft durch den Scheitel einer Welle fliegt, spürt man sich leer und ganz ohne Gewicht. Nach dem Flug durch den Gipfel bleibt eine Spur jener Leichtigkeit, mit der man seine Lungen lässt, auch wenn das Leben mit strenger Miene dazu mahnt, sich seiner Ziele zu erinnern. Es reicht der Eifer, das zu tun, was man für den Seelenfrieden braucht.

Vom selben Autor ebenfalls erschienen:
Cham, Weder Jude, Christ noch Moslem, Books on Demand
Der Kontakt, Verlag Königshausen & Neumann